1967년 8월 15일 서울 중구 광희동 입체교차로 준공식에 참석한 朴대통령.

1967년 5월 7일 고향인 경북 선산을 찾은 朴대통령.

중앙정보부는 1967년 7월 8일 동독 동베를린을 거점으로 북한을 드나들면서 간첩활동을 한 학계, 문화계 인사, 언론인, 공무원 등 대규모 간첩단을 적발 수사중이라고 발표했다. 관련자 315명 중 65명이 기소됐다.

의암댐을 시찰하는 朴대통령(67년 9월 30일).

농구스타 박신자 씨를 접견하는 朴대통령 부부. 11월 2일 은퇴 경기를 가진 아시아의 농구스타 朴信子 씨가 3일 오후 朴대통령을 예방했다. 이날 朴선수는 5·16 민족상 副賞 200만원을 받았다(67년 11월 3일).

중앙일보 사진기자 張洪根의 특종 사진. 1968년 1월 22일 새벽 3시 30분경 서울 홍제동 파출소에 끌려온 생포 공비 김신조.

대전공설운동장서 1만여명의 향군이 모인 가운데 열린 향토예비군 창설식. 朴대통령은 예비군이 승공의 간성이 돼 달라고 했다(68년 4월 1일).

1968년 4월 18일 朴대통령과 존슨 대통령은 美 하와이주 호놀룰루에서 만났다.

대구-부산간 고속도로 기공식. 「일하며 싸우고 싸우면서 건설하자」란 구호가 행사장에 걸려 있다(1968년 5월 11일).

1968년 5월 9일 울산공업단지 조성지를 시찰하는 朴대통령.

1968년 10월 30일 쌍용 시멘트 공장 준공식에 참석하여 첫번째 생산되는 시멘트에 기념휘호를 쓰고 있는 朴대통령.

1968년 11월 울진 삼척에 침투한 무장 공비를 생포한 국군. 1960년대 후반 대한민국은 제2의 한국전쟁을 치르며 성장해야 했다.

1968년 11월 2일, 동해안인 경북 울진군 북면에 120명의 무장 공비가 해안선을 따라 침투했다. 공비들이 숨은 곳이 극히 험준한 산악 지대이고 폭설이 내려 우리 軍은 헬기로 특수부대원들을 공비들이 있는 곳에 투입해 산의 외곽으로 모는 작전을 전개했다.

태릉 사격장을 찾은 朴대통령.

부산-대구 구간 고속도로 개통식을 마치고 도로를 달리던 朴대통령이 감격에 벅차 차에서 내려 샴페인을 고속도로에 뿌리며 기뻐하고 있다.

朴正熙 9

"총 들고 건설하며 보람에 산다"

부끄럼 타는 한 소박한 超人의 생애

'인간이란 실로 더러운 강물일 뿐이다. 인간이 스스로 더럽히지 않고
이 강물을 삼켜 버리려면 모름지기 바다가 되지 않으면 안 된다.'

박정희를 쓰면서 나는 두 단어를 생각했다. 素朴(소박)과 自主(자주). 소박은 그의 인간됨이고 자주는 그의 정치사상이다. 박정희는 소박했기 때문에 自主魂(자주혼)을 지켜 갈 수 있었다. 1963년 박정희는 《국가와 혁명과 나》의 마지막 쪽에서 유언 같은 다짐을 했다.

〈소박하고 근면하고 정직하고 성실한 서민 사회가 바탕이 된, 자주독립된 한국의 창건, 그것이 본인의 소망의 전부다. 본인은 한마디로 말해서 서민 속에서 나고, 자라고, 일하고, 그리하여 그 서민의 인정 속에서 생이 끝나기를 염원한다〉

1979년 11월 3일 國葬(국장). 崔圭夏 대통령 권한대행이 故박정희의 靈前(영전)에 건국훈장을 바칠 때 국립교향악단은 교향시 〈차라투스트라는 이렇게 말했다〉를 연주했다. 독일의 리하르트 슈트라우스가 작곡한 이 장엄한 교향시는 니체가 쓴 同名(동명)의 책 서문을 표현한 것이다. 니체는 이 서문에서 '인간이란 실로 더러운 강물일 뿐이다' 고 썼다.

그는 '그러한 인간이 스스로를 더럽히지 않고 이 강물을 삼켜 버리려면 모름지기 바다가 되지 않으면 안 된다' 고 덧붙였다. 박정희는 지옥의 문턱을 넘나든 질풍노도의 세월로도, 장기집권으로도 오염되지 않았던 혼을 자신이 죽을 때까지 유지했다. 가슴을 관통한 총탄으로 등판에서는 피가 샘솟듯 하고 있을 때도 그는 옆자리에서 시중들던 두 여인에게 "난 괜찮으니 너희들은 피해"란 말을 하려고 했다. 병원에서 그의 屍身을 만진 의사는 "시계는 허름한 세이코이고 넥타이 핀은 도금이 벗겨지고 혁대는 해져 있어 꿈에도 대통령이라고는 생각하지 못했다"고 한다.

소박한 정신의 소유자는 잡념과 위선의 포로가 되지 않으니 사물을 있는 그대로, 실용적으로, 정직하게 본다. 그는 주자학, 민주주의, 시장경제 같은 외래의 先進思潮(선진사조)도 국가의 이익과 민중의 복지를 기준으로 하여 비판적으로 소화하려고 했다. 박정희 주체성의 핵심은 사실에 근거하여 현실을 직시하고 是非(시비)를 국가 이익에 기준하여 가리려는 자세였다. 이것이 바로 實事求是(실사구시)의 정치철학이다. 필자가 박정희를 우리 민족사의 실용-자주 노선을 잇는 인물로 파악하려는 것도 이 때문이다.

金庾信(김유신)의 對唐(대당) 결전의지, 세종대왕의 한글 창제, 광해군의 國益 위주의 외교정책, 실학자들의 實事求是, 李承晩(이승만)의 反共(반공) 건국노선을 잇는 박정희의 조국 근대화 철학은 그의 소박한 인간됨에 뿌리를 두고 있다.

박정희는 파란만장의 시대를 헤쳐 가면서 榮辱(영욕)과 淸濁(청탁)을 함께 들이마셨던 사람이다. 더러운 강물 같은 한 시대를 삼켜 바다와 같은 다른 시대를 빚어낸 사람이다. 그러면서도 자신의 정신을 맑게 유지했던 超人(초인)이었다. 그는 알렉산더 대왕과 같은 호쾌한 영웅도 아니고 나폴레옹과 같은 電光石火(전광석화)의 천재도 아니었다. 부끄럼 타는 영웅이고 눈물이 많은 超人, 그리고 한 소박한 서민이었다. 그는 한국인의 애환을 느낄 줄 알고 그들의 숨결을 읽을 줄 안 土種(토종) 한국인이었다. 민족의 恨(한)을 자신의 에너지로 승화시켜 근대화로써 그 한을 푼 혁명가였다.

自主人(자주인) 박정희는 실용-자주의 정치 철학을 '한국적 민주주의'라는 그릇에 담으려고 했다. '한국적 민주주의'란, 당시 나이가 30세도 안 되는 어린 한국의 민주주의를 한국의 역사 발전 단계에 맞추려는 시도였다. 국민의 기본권 가운데 정치적인 자유를 제한하는 대신 물질적 자유의 확보를 위해서 國力을 집중적으로 투입한다는 限時的(한시적) 전략이기도 했다.

박정희는 인권 탄압자가 아니라 우리나라 역사상 가장 획기적으로 인권신장에 기여한 사람이다. 인권개념 가운데 적어도 50%는 빈곤으로부터의 해방일 것이고, 박정희는 이 '먹고 사는' 문제를 해결함으로써 다음 단계인 정신적 인권 신장으로 갈 수 있는 길을 열었다. '먹고 사는' 문제를 해결하는 것이 정치의 主題라고 생각했고 이를 성취했다는 점이 그를 역사적 인물로 만든 것이다. 위대한 정치가는 상식을 실천하는 이다.

당대의 대다수 지식인들이 하느님처럼 모시려고 했던 서구식 민주주의를 감히 한국식으로 변형시키려고 했던 점에 박정희의 위대성과 이단성이 있다. 주자학을 받아들여 朱子敎(주자교)로 교조화했던 한국 지식인의 사대성은 미국식 민주주의를 民主敎(민주교)로 만들었고 이를 주체적으로 수정하려는 박정희를 이단으로 몰아붙였다. 물론 미국은 美製

(미제) 이념을 위해서 충성을 다짐하는 기특한 지식인들에게 강력한 지원을 아끼지 않았다. 그러면서도 미국은 냉철하게 박정희에 대해선 외경심 어린 평가를, 민주화 세력에 대해선 경멸적인 평가를 내리고 있었음을, 그의 死後 글라이스틴 대사의 보고 電文에서 확인할 수 있다.

박정희는 1급 사상가였다. 그는 말을 쉽고 적게 하고 행동을 크게 하는 사상가였다. 그는 한국의 자칭 지식인들이 갖지 못한 것들을 두루 갖춘 이였다. 자주적 정신, 실용적 사고방식, 시스템 운영의 鬼才, 정확한 언어감각 등. 1392년 조선조 개국 이후 약 600년간 이 땅의 지식인들은 사대주의를 추종하면서 자주국방 의지를 잃었고, 그러다 보니 전쟁의 의미를 직시하고 군대의 중요성을 계산할 수 있는 능력을 거세당하고 말았다. 제대로 된 나라의 지도층은 文武兼全(문무겸전)일 수밖에 없는데 우리의 지도층은 문약한 반쪽 지식인들이었다. 그런 2, 3류 지식인들이 취할 길은 위선적 명분론과 무조건적인 평화론뿐이었다. 그들은 자신들과는 차원을 달리하는 선각자가 나타나면 이단이라 몰았고 적어도 그런 모함의 기술에서는 1류였다.

박정희는 日帝의 군사 교육과 한국전쟁의 체험을 통해서 전쟁과 군대의 본질을 체험한 바탕에서 600년 만에 처음으로 우리 사회에 尙武정신과 자주정신과 실용정치의 불씨를 되살렸던 것이다. 全斗煥 대통령이 퇴임한 1988년에 군사정권 시대는 끝났고 그 뒤에 우리 사회는 다시 尙武·자주·실용정신의 불씨를 꺼버리고 조선조의 파당성·문약성·명분론으로 회귀하려는 움직임을 보이고 있다. 이 복고풍이 견제되지 않으면 우리는 자유통일과 일류국가의 꿈을 접어야 할 것이다. 한국은 이승만, 박정희, 전두환, 노태우 네 대통령의 영도 하에서 국민들의 평균 수

준보다는 훨씬 앞서서 一流 국가의 문턱까지 갔으나 3代에 걸친 소위 文民 대통령의 등장으로 성장의 動力과 국가의 기강이 약화되어 제자리 걸음을 하고 있다.

1997년 IMF 관리 체제를 가져온 外換위기는 1988년부터 시작된 민주화 과정의 비싼 代價였다. 1988년에 순채권국 상태, 무역 흑자 세계 제4위, 경제 성장률 세계 제1위의 튼튼한 대한민국을 물려준 歷代 군사정권에 대해서 오늘날 국가 위기의 책임을 묻는다는 것은 세종대왕에게 한글 전용의 폐해 책임을 묻는 것만큼이나 사리에 맞지 않다.

1987년 이후 한국의 민주화는 지역 이익, 개인 이익, 당파 이익을 민주, 자유, 평등, 인권이란 명분으로 위장하여 이것들을 끝없이 추구함으로써 國益과 효율성, 그리고 국가엘리트층을 해체하고 파괴해 간 과정이기도 했다. 박정희의 근대화는 國益 우선의 부국강병책이었다. 한국의 민주화는 사회의 좌경화·저질화를 허용함으로써 박정희의 꿈이었던 강건·실질·소박한 국가건설은 어려워졌다. 한국의 민주화는 조선조적 守舊性을 되살리고 사이비 좌익에 농락됨으로써 국가위기를 불렀다. 싱가포르의 李光耀는 한국의 민주화 속도가 너무 빨라 法治의 기반을 다지지 못했다고 비판했다.

박정희는 자신의 '한국적 민주주의'를 '한국식 민주주의', 더 나아가서 '한국형 민주주의'로 국산화하는 데는 실패했다. 서구 민주주의를 우리 것으로 토착화시켜 우리의 역사적·문화적 생리에 맞는 한국형 제도로 발전시켜 가는 것은 이제 미래 세대의 임무가 되었다. 서구에서 유래한 민주주의와 시장 경제를 우리 것으로 소화하여 한국형 민주주의와 한국식 시장경제로 재창조할 수 있는가, 아니면 民主의 껍데기만 받아

들여 우상 숭배의 대상으로 삼으면서 선동가의 놀음판을 만들 것인가, 이것이 박정희가 오늘날의 우리에게 던지는 질문일 것이다.

조선일보와 月刊朝鮮에서 9년간 이어졌던 이 傳記 연재는 月刊朝鮮 전 기자 李東昱 씨의 주야 불문의 충실한 취재 지원이 없었더라면 불가능했을 것이다. 아울러 많은 자료를 보내 주시고 提報를 해주신 여러분들께 감사드린다. 이 책은 박정희와 함께 위대한 시대를 만든 분들의 공동작품이다. 필자에게 한 가지 소망이 있다면, 박정희가 소년기에 나폴레옹 傳記를 읽고서 군인의 길을 갈 결심을 했던 것처럼 누군가가 이 박정희 傳記를 읽고서 지도자의 길을 가기로 결심하는 것이다. 그리하여 그가 21세기형 박정희가 되어 이 나라를 '소박하고 근면한, 자주독립·통일된 선진국'으로 밀어 올리는 날을 기대해 보는 것이다.

2007년 3월

趙甲濟

9 "총 들고 건설하며 보람에 산다"

차례

제29장 청와대 습격사건

제30장 自主國防의 길

제31장 한국 전자공업의 元年

제27장

金大中을 의식하기 시작하다

金大中 대변인의 공격

1967년 제6대 대통령 선거에서 공화당 측은 선전 방법의 근대화와 야당의 도발에 말려들지 않는 데 역점을 두었다. 박정희 대통령 후보는 여당 현직 후보로서 초연한 태도를 취하기 위해 야당 후보의 거명을 삼가하고 지방 공약은 일절 거부했다. 그는 지역감정이나 계급의식을 자극하지 않는 대신 국가의식과 민족의식을 강조했다.

1967년 4월 18일 전주에서 2차 유세를 가진 박정희 공화당 대통령 후보는 유머와 비유를 많이 사용했다. 박 후보는 경제 성장과 관련해서 "우리들이 목포에서 서울까지 가는 여행자라고 친다면 이미 끝난 제1차 5개년 계획은 이리에 도착한 정도이며, 제2차 5개년 계획이 끝날 때에는 천안에 닿을 것이고, 제3차 5개년 계획이 끝날 때에야 비로소 한강을 넘어 서울에 도착하게 되는 것"이라고 말했다.

그는 자신의 경제건설 청사진을 밝히면서 "이러한 일을 거짓말과 소란만 떠는 야당에 맡겨 잘 해나갈 것이라고 생각하는 분이 있으면 아무 생각 말고 야당에 표를 찍으시오. 그러나 박 대통령과 공화당만이 일을 잘할 수 있다고 생각한다면 나에게 표를 찍어 주시오"라고 했다.

이날 오후 박정희 후보는 다음날 광주 유세에서 김종필 당의장과 합류하기 위해 광주로 떠나려다가 비가 쏟아져 서울로 향했다. 특별기동차를 타고 상경하던 도중 박 후보는 대전, 전주 유세 성과를 분석하는 참모 회의를 하면서 "그 많은 청중들이 궂은 날씨에도 거의 자리를 뜨지 않고 진지하게 내 말을 들어주는 것을 보고 내가 이들을 위해서 앞으로 무엇을 해야 하느냐를 새삼 절감했다"고 했다.

1967년 대통령 선거를 12일 앞둔 4월 21일 박정희 대통령은 과학기술처 개청식에 참석, 치사를 했다.

이날 金大中 신민당 대변인(전 대통령)은 "약 100억 원으로 예상되는 공화당 선거 자금의 출처를 밝히라"고 성명을 통해 요구했다.

金 대변인은 "대통령 선거운동비가 규정에 따라 2억 8,000만 원으로 제한되고 있는데 공화당은 그 몇십 배를 사용하고 있다"고 주장했다.

"공화당 선거 자금의 출처는 대재벌로부터의 성금, 대일 청구권 자금에 의한 물자 도입을 수의계약으로 하여 자금을 염출하고 지불보증의 반대급부로서 자금 헌납을 받고, 5,000만 달러나 되는 외자 대부에 따른 정치자금, 정부 건설공사의 지명 입찰에 따른 자금 염출, 월남 건설공사 알선 대가로의 자금 염출 등 권력을 배경으로 한 온갖 부정한 방법을 총동원하고 있는 것으로 알려지고 있다."

〈박 대통령은 국회에서 내가 발언할 때면 청와대에서 인터폰을 통해 나의 발언을 듣고는 나의 질문에 답변하지 못한 각료를 불러들여 호통을 쳤다. 그리고 1967년 국회의원 선거가 시작되기 직전에 박 대통령은 "김대중을 무슨 일이 있더라도 국회의원 선거에서 낙선시키도록 하라"고 관계 기관에 강력하게 지시했다.

뿐만 아니라 중앙정보부 간부라든가, 내무부 장관 등과 식사를 하게 될 때면 그런 때 "여당 후보자 열 명이나 스무 명 정도가 떨어지는 건 상관없으니 어쨌든 김대중이 당선되지 않도록 전력을 기울이도록 하라"고 '지시' 한 것으로 알려졌다〉(김대중 著 《행동하는 양심으로》에서)

익명을 요구하는 당시 공화당 의원은 이런 설명을 했다.

"국회에서 김대중 의원은 말을 참 잘했습니다. 그냥 잘한 것이 아니라 구체적인 숫자를 동원해 가며 항목까지 세세하게 나열했어요. 商高(상고) 출신이어서 예결산안 등에 밝았던 겁니다. 청와대 집무실에서 연결된 스피커로 의원들의 발언을 라디오처럼 들으며 집무하던 박 대통령에게는 이런 김 의원의 논리가 몹시 귀에 거슬리곤 했던 게 사실입니다.

김 의원의 연설 내용은 일부 사실을 이용해 전체를 표현하는 때가 종종 있었습니다. 이럴 때 어떤 방법으로든 사실이 아니라고 국민을 설득하기란 난망할 때가 많잖습니까. 결국 감정으로 남게 되는 겁니다. 하여간 그 무렵 박 대통령은 김대중 의원을 곱게 보지 않았습니다. '그냥 놔뒀다가는 호랑이로 키우겠구나' 하는 생각을 분명히 했을 겁니다. 더 이상은 말하기 곤란합니다."

아직 공개되지 않은 박 대통령의 비망록을 읽어본 한 인사는 이런 증언을 해주었다.

"1971년 대선 무렵 박 대통령의 비망록에는 '김대중 이 나쁜×, 예비군을 폐지하라고 하다니…' 라는 대목이 있었습니다."

선거에 대한 懷疑

1967년 4월 22일 토요일 아침, 박정희 후보와 후보반 일행은 특별기동차를 타고 부산으로 향했다. 대통령 전용 기동열차는 총 두 량으로 앞 칸은 '각하실' 과 '수행원실' 로 나뉘어 있었고, 뒤 칸은 '기자실' 로 되어 있었다.

이날 수행원실에는 박종규 청와대 경호실장, 이후락 비서실장, 길재호 사무총장, 김성곤 재정위원장 및 대통령 비서실에 근무하는 주관중 정무수석이 타고 있었다.

기동차가 서울을 출발하여 경기도로 들어서자 박 후보는 창 밖을 한참 동안 내다보다가 "올해는 보리농사가 잘 됐구먼" 하며 미소를 지었다.

박 후보는 기자들을 불러 환담을 나누던 중 이날 서울 남산 야외음악당에서 있을 윤보선 후보의 연설과 관련해서 이런 말을 했다.

"관계관들은 남산 야외음악당을 신민당 유세 장소로 허가해주는 데 반대했는데, 내가 허가해주라고 서울 시장에게 지시했소. 김현옥 서울 시장은 음악당 주변에 300만 원의 예산을 들여 나무를 심어 놓았는데 나무가 상할 것이라고 울상을 짓더구먼."

박 후보는 야당이 유세 때마다 사전에 가두방송, 삐라 살포 등으로 청중들을 동원하고 행진까지 벌이고 있는 사실을 들며 "그 사람들 법을 너무 무시하더군"이라고 가볍게 말했다.

기차는 이날 오후 1시 30분에 부산진역에 도착했다. 박 후보는 역장실에 들러 잠시 휴식한 뒤 오후 2시 정각에 초량역 광장에 승용차 편으로 도착했다.

유세장은 박 후보가 도착하기 한 시간 전부터 인기 가수들의 노래를 방송하는 등 흥을 돋우었다. 언론사들은 부산 유세장에 모인 청중 수를 약 23만 명으로 추산하고 있었다.

같은 시각 윤보선 후보 측 유세장인 서울 남산 야외음악당 주변은 오전부터 사람들로 뒤덮이다시피 했다. 언론사 추정 약 25만 명.

윤보선은 그의 회고록에서 '사실 서울에서의 반응으로 보아 박 정권이 아무리 부정으로 선거를 치른다 해도 결코 내가 불리하리라고 생각하지 않았다' 고 쓰고 있다.

부산 유세장에서 가장 먼저 연단에 오른 김종필 의장은 박 후보를 지지해 줄 것을 호소하고 내려왔다.

오후 2시 30분, 검은색 싱글 차림에 검은 넥타이를 맨 박 후보는 연단에 올라 48분간 연설을 했다. 박 후보는 "내가 보기에는 전 부산 시민이 다 나온 것 같은데 집 볼 사람이나 계십니까"라며 농담을 하자 청중들이 박수로 화답했다. 이날 박 후보는 "야당은 당장에 잘살 수 있다는 말을 하면서 선심 공세를 하고 있다"며 가볍게 비난하고 "야당 주장대로 하자면 대전에 있는 조폐공사에서 돈을 마구 찍어내도 모자란다"고 비꼬았다.

당시 〈조선일보〉는 부산과 서울 유세장에 중견작가 崔貞熙(최정희 · 작고), 李浩哲(이호철)을 보내, 유세 참관기를 실었다. 부산 초량역 광장에서 박 후보의 유세를 참관한 작가 최정희는 청중들이 이런 대화를 옮겨 적었다.

〈내가 앉은 주변엔 할머니들이 많이 앉아 있었다. 할머니들은 박정희 후보가 왜 저리 살이 안 붙었냐고 걱정이다.

"면사무소에 한자리만 차지해도 기림(기름)이 반들거리는데 저 높은 양반이 와 저럴꼬."

"아따 모르는 소리 작작 하소. 나랏일 생각만 하고 살만 짜드레 쪄도 탈이 아닝교."〉

비슷한 시각, 서울 남산 야외음악당에 나온 작가 이호철은 '울분이 지나친 호소'라는 제목의 소감문을 썼다. 그는 '공화당 유세 앞에서는 우리의 민주주의가 그럴 수 없이 밝은 모습을 지니고 있지만, 여기 신민당 유세 앞에서는 우리의 민주주의가 잔뜩 그늘진 모습을 지닌다'고 했다.

〈이 사람들에게 신민당은 무슨 얘기를 하였을까? 과연 귀가 번쩍 뜨일 무슨 얘기를 하였을까. 앞으로 정권을 잡으면 어쩌겠다는 소리를 분명히 안 들은 것도 아닌데 귀에 남은 것이 별로 없는 듯하다. 이것은 내 탓인가. 신민당 탓인가.

그들은 한마디로 너무도 지나치게 울분에 사무쳐 있는 듯하다. 우리가 모를 그들대로의 사정이 있을 테지〉

4월 22일 부산 유세를 마친 박정희 후보는 해운대 극동호텔에서 묵으며 참모들과 회합을 가졌다. 참모들이 "청중이 50만 명은 모였는데 신문들이 절반 이하로 보는 것 같습니다"라고 불만스럽게 말하자, 박정희는 "그만하면 어떻소. 아프리카에 가면 그만한 인구의 독립국가도 있는데…"라며 달랬다.

4월 23일 일요일 오후 1시 30분, 박정희 후보는 특별기동차 편으로 대구에 도착했다. 박 후보가 대구역에 내리자 역전에서 유세 장소인 수성천변에 이르기까지 시민들이 박수로 박 후보를 맞았다.

이날 아침 육영수는 대전 유세에 이어 두 번째로 대구 유세장에 참석하기 위해 여객기 편으로 대구에 도착해 있다가 유세장에서 박 후보와 만나 나란히 본부석에 앉았다. 김종필 당의장, 이효상 국회의장, 安浩相(안상호) 씨 등이 지지 유세를 위해 동석했다.

이날 대구 수성천변에는 역대 최대 청중인 약 30만 명(5대 때 15만 명)이 모여들었다. 오후 2시 40분에 연단에 오른 박 후보는 한 시간 10분 동안 연설하면서 "1975년까지는 반드시 근대화를 완성할 것"이라고 한 뒤 "야당은 거짓말, 생떼, 중상모략을 하는 데 세계에서 둘째 가라면 서러워한다"고 했다.

박 후보를 줄곧 수행했던 주관중 정무비서관의 회고.

"박 대통령은 솔직 담백한 성품이어서 적당히 과장하거나 축소하여 말하는 법에 익숙하지 못했습니다. 선거란 과장과 축소가 따를 수밖에 없는 정치 광고전이다 보니 유세를 할수록 야당의 억지가 박 대통령의 심기를 자극하기 시작했습니다.

이런 판에 선거 유세가 종반에 이르자 박 대통령은 선거 자체에 회의적인 표정이 역력했습니다. 훗날 등장하는 3선 개헌과 10월 유신의 배경에는 이런 심정도 작용했으리라 봅니다. 박 대통령의 야당에 대한 불신이 강화된 것도 선거를 통해서라고 봅니다.

가끔씩 박 대통령이 비서관실에 와서 한마디 툭 뱉는 말 중에 '법대로 하면 독재가 아니다. 개헌도 무엇도 법대로 하면 민주주의다. 사상, 이념보다 법이 중요하다. 선거도 법에 있으니까 해보는 것이다' 란 말도 이런 배경에서 나온 것일 겁니다."

李舜臣의 현충사에서

1967년 4월 26일 오전, 김종필 공화당 의장과 길재호 사무총장은 청와대를 방문, 박정희 후보와 마지막 1주일간의 유세 전략과 투·개표 관계 대책을 협의했다. 오전에 청와대에서 회의를 마친 박 후보는 오후에 열차편으로 청주에 내려가 유세를 가진 뒤 특별기동차 편으로 광주로 향했다. 박 후보는 차내에서 엄민영 내무장관, 이후락 비서실장, 申範植(신범식) 청와대 대변인 등과 함께 선거 주변 이야기로 환담을 나누었다.

화제가 야당의 선거운동 방법에 이르자 박정희 후보는 "요즘 야당 지도자들이 유세하기 전에 차를 타고 퍼레이드를 하는 모양인데, 이런 방법은 아직 우리 사회에 맞지 않는 방법"이라며 "그 사람들이 만일 정권을 잡으면 더 화려한 퍼레이드라도 벌일 것이 아니냐"며 걱정을 했다.

이 자리에서 이후락 비서실장이 《頂上의 주변》이란 책이 곧 나올 것이라는 보고를 하자 박 후보는 "나와 관계되는 책은 어떤 것이라도 선거가 끝나기 전에는 시중에 내놓지 말라"고 지시했다.

4월 27일 오전, 비가 내리던 광주의 날씨가 개이기 시작했다. 오후 2시 광주 조선대학교 운동장에서 연단에 올라선 박정희 후보는 윤보선 후보 측이 호남의 지역감정을 부추기고 다닌다는 보고를 의식한 듯 속담과 비유를 많이 사용해가며 야당의 주장을 반박해 갔다.

"요즘 민주주의가 사망했다고 하는데 '수염이 석 자라도 먹어야 산다'고, 배가 불러야 민주주의도 할 수 있는 겁니다."

"야당 사람의 몸은 20세기 것이나 머리는 19세기 것입니다. 이 야당인 머리의 근대화가 우리나라 근대화의 첩경입니다."

"야당 유세에 官(관)이 방해해서 청중이 안 모인다는데 우리 국민은 관이 방해하면 샛길로 해서라도 더 많이 모입니다."

약 10만 인파가 몰린 가운데 박정희 후보는 40여 분간 연설한 뒤 내려왔다.

4월 28일 오전, 박정희 대통령은 특별열차 편으로 아산 현충사를 방문하고 충무공 422회 탄신 기념 및 현충사 성역화 식전에 참석해 기념사를 했다.

〈(전략) 지난 몇 년 동안 우리는 자립경제 건설과 근대화 작업에 총력을 기울인 보람으로, 오늘날 조국의 모습은 일신하여 4,000년 역사상 처음으로 정치·경제·사회 등 모든 분야에서 안정과 발전의 기틀이 마련되었고, 국민의 가슴속에 중흥의 의욕이 넘쳐흐르고 있습니다.

이 새 역사 창조의 국민적 대열에서 우리의 전진을 가로막는 장애가 있으니, 그것은 아직도 우리 주위에 잔존하고 있는 수구와 派爭(파쟁)이며, 시기와 모략이며, 독선과 아집이며, 短見(단견)과 無定見(무정견) 등 전근대적이며 비생산적인 요소입니다.

變轉(변전)하는 세계 조류에 눈이 어두워, 명백히 국가 이익으로 결실된 국민의 노력을 反국가적이며 反민족적인 행위라고 비분강개하는 사람들이 스스로 국민의 지도자임을 자처하고 있다는 것입니다.

우리가 처한 내외 정세의 전망 밑에, 현실에 대한 정확한 발판을 토대로 미래를 설계할 능력과 의욕이 없는 낡은 세력이 스스로 대오각성하거나 국민의 준엄한 심판으로 제거되지 않는 한, 우리의 역사는 다시 후퇴하게 될 것이며, 온 국민이 피땀 흘려 쌓아 올린 자립경제와 근대화의 토대는 한 줌의 흙이 되고 말 것입니다. (후략)〉

116만 표 差의 당선

1967년 5월 3일 오전 7시부터 전국적으로 실시된 투표는 오후 5시까지 큰 사고 없이 마쳤다. 이날 오전 7시 40분경, 박정희 후보는 부인 육영수 여사와 함께 청와대 앞 궁정동 농아학교에 마련된 투표소에 도착했다. 이후락 비서실장, 김현옥 서울시장, 金晟鎭(김성진) 공화당 종로지구당 위원장의 안내를 받은 박 대통령 부부는 정문에서 약 50m되는 거리를 함께 걸었다.

육 여사가 투표소에 들어가기 전 기자들에게 "시험을 잘 치르셨는지 모르겠어요"라고 말하자 박 대통령이 "지금 시험 치러 들어가는 거야. 시험이 아직 끝난 것은 아니지"라고 받아 넘긴 뒤 "기자들이 너무 떠들어 자유로운 분위기를 해치는데…"하고 농을 했다. 기자들이 투표를 마치고 나온 박 대통령에게 누구를 찍었냐고 묻자, 박 대통령은 육 여사를 돌아보면서 "이 사람 누굴 찍었을 것 같아? 아마 야당을 찍었을 거야"라고 말했다. 이 말을 받은 육 여사는 "왜 야당 비례대표라도 하나 얻었느냐고 묻지 않으셔요"라며 얼굴을 붉혔다.

이날 밤 11시, 박정희 대통령은 이후락 비서실장과 함께 공화당 중앙당사와 내무부를 시찰했다. 김종필 당의장의 안내로 개표 상황실에 들른 박 대통령은 김 당의장에게 "記票(기표)에 쓰이는 붓두껍을 껌이나 인주로 막아 무효표를 만드는 처사에 대해서는 적절한 대응책을 강구해야 한다"고 지시하면서 "자유당 때는 집권당이 부정선거를 했는데 지금은 야당이 부정을 한다"고 말했다.

이날 밤 박정희는 공화당 상황실에 걸려 있는 대형 칠판에 시시각각 기록되는 투표 현황을 살펴보다가 "유세를 하지 않은 지역에서도 저렇게 표가 많이 나오는데!" 하며 흐뭇한 표정을 지었다.

내무부 상황실에 들른 박 대통령은 마산에서 신민당이 공화당을 약간 앞지르자 마산 출신인 박종규 경호실장을 돌아보며 "마산이 왜 그 모양이야?" 하고 농담을 했다. 박종규 경호실장이 할 말을 잃고 머뭇거리자 옆에 있던 진해 출신의 김성은 국방장관이 "진해는 7 대 1로 우세합니다"라고 거들었다.

박 대통령은 그의 고향인 경북 선산에서 10 대 1로 우세한 결과가 나오자 "내 고향이 최고군. 그런데 저거 부정선거 아니야?" 라며 껄껄 웃었다. 이날 밤 박 대통령은 자정이 넘어 청와대로 돌아갔다.

5월 4일 아침, 박정희 대통령은 평소와 다름없이 집무실로 내려와 정무에 몰두했다. 오전 9시 30분경, 신민당 청년 당원들이 난동을 부릴 것이란 내무부 보고를 받고 박 대통령은 엄민영 내무장관을 불러 "모든 것을 관대하게 처리하라"고 지시했다.

오전 10시경, 그는 당선이 확실할 것이란 보고를 받고 申範植(신범식) 대변인을 불러 對국민 담화문을 작성토록 지시했다. 간간이 개표 상황을 측근으로부터 보고받던 그는 오전 10시 20분경에 이후락 비서실장으로부터 당선 확정 득표수인 500만 표를 넘어섰다는 보고를 받고 명상하듯 눈을 감고 잠시 생각에 잠겼다.

오전 10시 30분, 중앙선거관리위원회는 개표를 완료하고 각 후보별 득표수를 발표했다. 박정희 공화당 대통령 후보(568만 8,666표)는 윤보선 신민당 대통령 후보(452만 6,541표)보다 116만 2,125표를 앞서 총 유효 투표수의 과반수를 획득, 당선이 확정됐다. 1963년 제5代 대통령 선거 때의 15만 6,026표보다 크게 벌어진 표 차였다.

제6대 대통령 선거는 한국 정치사에 여러 가지 의미를 던져준 선거이기도 했다. 우선 광복 직후부터 난립해 오던 군소 정당의 몰락을 가져왔다.

공화당은 도시에서도 표를 많이 얻었다. 서울의 경우 5代 선거에서 3(박) 대 7(윤)이었으나 이번 선거에서는 4.5(박) 대 5.5(윤)의 비율로 나타났다.

박정희 대통령은 선거가 끝난 며칠 뒤 청와대 집무실에서 최종 결과를 보고받았다. 이때 박정희는 서울에서 야당에 밀린 것을 두고 서운한 표정이 되어 주관중 비서관에게 물었다.

"왜 서울은 저 모양이야? 지식인들은 나라가 발전하는 게 싫은 모양이지? 나는 서울에서만은 이길 줄 알았는데."

"각하, 서울이야말로 야당이 이겨야 하지 않습니까?"

"뭐?"

"우리나라에 야당이 다 모여 있는 곳이 서울입니다. 그런데 서울에서도 여당이 이기면 야당은 갈 곳이 없게 되고 각하는 독재자로 몰리게 됩니다."

박정희는 말없이 고개를 끄덕였지만 실망스런 표정은 가시지 않았다.

목포 유세

1967년 5월 8일, 정부는 제7代 국회의원 선거일을 6월 8일로 공고함으로써 정국은 다시 선거 기류를 타기 시작했다.

5월 9일 오후 5시 박정희 공화당 총재는 청와대에서 공천자들에게 직접 공천장을 전달했다. 6·8 선거는 11개 정당이 참가, 702명의 입후보자가 등록한 가운데 대통령 선거에서 대결한 공화당과 신민당이 전국 131개 지역구에 후보를 등록함으로써 양당 간 대결로 압축되고 있었다.

공화당은 1963년 선거 때 확보한 110석(전국구 포함)에서 10석쯤 줄어드는 100석 내외가 될 것으로 전망했다. 1963년 대선 때의 15만 표 차가 1967년 대선에서 116만 표 차로 벌어졌음에도 공화당 의석수가 줄어들 것이라고 본 것은 4개 야당이 신민당으로 통합되었기 때문이었다. 특히 1967년 대선에서 영남 지역을 제외하면 확실히 야당을 누른 여당 지역구가 많지 않다는 점도 이런 추정을 가능하게 했다.

박정희 대통령이 공명선거를 거듭 천명하는 가운데 치러진 6·8 국회의원 선거는 내무장관과 중정부장이 선거에 관여했을 뿐 아니라 중앙부처 관리와 국영 기업체 임직원이 지역에 파견되고 막대한 자금을 동원해 부정을 하는 등 무리를 했다. 3·15 부정선거 다음으로 큰 후유증을 동반한 이 선거에서 공화당은 비례대표를 포함하여 129석(지역구 102석, 비례대표 27석)을 차지, 전체 의석(175석)의 3분의 2를 넘기는 압승을 했다.

박정희 대통령은 경남 하동, 전남 광양·순천·벌교·고흥 등지를 계속 시찰하다가 5월 25일에는 전남 목포에 도착했다. 이날 목포에는 박정희 대통령을 비롯, 장기영 경제기획원 장관, 朴忠勳(박충훈) 상공부 장관, 鄭熙燮(정희섭) 보사부 장관, 金允基(김윤기) 건설부 장관, 朴璟遠(박경원) 체신부 장관이 모였다.

공화당 金炳三(김병삼) 후보가 고흥에 있던 박정희 대통령에게 전화로 간청한 것이 주효했기 때문이었다. 공화당에서는 박 대통령과 4부 장관이 이곳에 모인 사실을 들어 "임시 소국무회의를 열고 목포지방 개발사업을 구체적으로 검토 결정하게 된다"고 선전했다.

비교적 낮은 관심 속에 있던 6·8 총선은 박 대통령이 공화당 총재의 자격으로 5월 26일 오전 목포에서 처음으로 공화당 후보 지원 유세를 벌임으로써 새로운 양상을 띠기 시작했다.

신민당 등 야당은 즉각 이에 반발, 박 총재의 유세가 '명백한 위법' 이라고 단정하고 고발 등 모든 가능한 법적 투쟁을 벌일 것을 26일 목포지구당에 지시했다. 중앙당에서도 '박 총재의 유세와 정일권 총리의 지방 시찰 등 정부 각료의 여당 후보 지원'을 들어 27, 28일 이틀 동안 부산·대구 등 대도시에서 열리는 유세를 통해 규탄 방침을 세워 선거 분위기가 험악하게 돌아가기 시작했다.

목포에서 출마하게 된 김병삼 후보와 관련, 최근에 필자를 만난 새천년민주당의 한중진(당시 공화당 의원)은 이런 증언을 했다.

"김병삼 씨는 공천을 거절하기 위해 권총 오발 사고까지 낸 걸로 알고 있습니다. 정치와는 거리가 먼 사람이었는데 전남 진도 출신에 육사 3기생인 관계로 박 대통령이 강력히 권고한 것이었습니다. 출마 후에는 김병삼 씨가 박 대통령에게 도와달라며 하소연했다고 합니다. 박 대통령도 김대중 의원을 견제할 겸, 김병삼 후보를 지원할 결심을 단단히 하게 된 것으로 압니다."

박정희 공화당 총재는 목포 역전 광장에서 열린 공화당 후보 지원 유세에서 공화당이 헌법을 개정하여 종신 대통령제를 만들 것이라고 야당이 비난한 데 대해 "이번 국회에서 공화당이 다수당이 되더라도 대통령의 3선을 금지한 현행 헌법을 개정할 생각은 없다"고 반박하고 "5·3 선거에서 내건 공약을 실천하기 위해서는 무엇보다도 정국 안정이 필요하다"고 역설, "7대 국회에 공화당 국회의원을 많이 보내달라"고 호소했다.

이날 박 총재는 김병삼 후보를 가리켜 "군 재직 시절 나의 친구"라고 소개하면서 "이번만은 여당 국회의원을 뽑아 여당 도시를 해 보는 것이 어때요"라고 말해 청중을 웃기기도 했다. 박 총재는 "야당 의원 출신 지역이라 해서 정부가 그 지역을 미워하는 일은 없다"고 말한 뒤 "그러나 여당 의원들은 자주 청와대를 찾아와 지역사회 발전을 위한 고충을 털어놓기 때문에 자연히 관심을 갖게 되지만, 야당 의원들은 1년이 가도 청와대를 찾아오는 일이 없으니 본의 아니게 그 지역에 대해서는 관심이 소홀해지는 것이 사실"이라고 했다.

박 총재가 다녀간 뒤 목포는 6·8 총선에서 가장 치열한 선거운동 지역이 됐다. 양 진영이 맞고발을 지속하는 가운데 유세 마지막 날인 6월 7일 저녁 8시 목포에서는 김대중 후보와 김병삼 후보가 동시에 유세를 가졌다. 김대중 후보 측 청중은 약 5,000명, 김병삼 후보 측은 수백 명 선.

멍든 公明

선거운동이 종반에 이르자 이번에는 중앙정보부가 신민당에 전국구 후보 10번으로 입후보한 金載華(김재화·당시 64세·재일동포) 씨를 구속하는 일이 벌어졌다. 공천 헌금 이면에 조총련 자금이 개입됐다는 이유였다. 신민당의 경리장부도 압수했다가 선거 자금 3,000만 원만 예금 동결에서 풀어주었다.

투표일을 이틀 앞둔 전국의 선거 분위기는 매수와 폭력과 폭로로 험악해졌다. 경북 영천의 한 면사무소 계장이 부면장으로부터 대리투표 지령을 받았다고 폭로하는가 하면, 부산에서는 이미 폐간된 주간신문에 모 정당 후보자의 인신공격 내용이 실려 수천 장이 돌아다니고, 목포에서는 투표 통지표와 고무신이 함께 배부되었다는 등 말썽이 꼬리를 물었다.

목포에서는 신민당 유세장에 모였던 청중들이 데모를 벌였고, 대구에서는 공화당 후보자 초상화 화형식이 벌어지는가 하면, 천안·보령 등지에서는 신민당 선거운동용 차량이 파괴되는 사건도 일어났다. 6월 6일까지 전국적으로 1,318명이 선거법 위반 혐의로 입건되었고, 702명의 입후보자 중 225명(약 3분의 1)이 입건됐다.

언론은 '멍든 공명' 이라고 보도했다. 6월 8일 투표가 진행되는 동안에도 전국 곳곳에서 매표·폭행·대리 및 공개투표로 시비가 일었다. 개표 과정에서는 일부 지방에서 개표 중단, 부정선거 규탄 데모 등의 사태가 빚어졌다.

서울 동대문 갑·을구, 서대문 갑구에서는 공화당 후보가 불리하자 젊은 당원들이 개표소에 난입, 기물을 부수고 야당 참관인들을 폭행하기도 했다. 이밖에 전주·안동·순천 등지에서는 부정선거를 규탄하는 야당 지지자들의 데모가 잇따랐다.

개표 결과 지역구 131석 중 신민당 28석, 대중당 徐珉濠(서민호) 후보가 1석을 차지한 데 반해 공화당은 102석을 차지했다. 이 결과에 대해 공화당 재정위원장이던 김성곤은 회고록에서 '공화당도 놀랐다' 고 썼다. 신민당은 서울 14개 지구 중 13개 지구에서 압승했고 부산에서도 5석을 얻은 반면, 농촌에서는 공화당이 휩쓸다시피 했다. 이런 양상은 5·3 대선에서 드러난 東西化(동서화) 성향을 뒤엎고, 자유당 정권하 3代 총선인 1954년 5·2 선거 때와 마찬가지로 '都野(도야), 農與(농여)' 로 환원됨을 의미했다.

6·8 선거의 후유증은 개표 완료와 동시에 시작됐다. 연일 야당은 선거 무효를 외치고 학생들이 거리로 나오기 시작했다.

6월 10일 박정희 대통령은 申稙秀(신직수) 검찰총장에게 "공명선거는 준법 선거임을 강조한 바 있거니와 이번 총선거는 1,000명에 가까운 입후보자들의 과열된 경합의 결과로 선거 분위기를 전체적으로 불명예스럽게 했다"고 지적하면서 검찰에 수사를 지시했다.

朴正熙의 항변

6월 12일 박정희 대통령은 정일권 국무총리와 김종필 공화당 의장에게 "얼마간의 의석을 잃는 한이 있더라도 공화당원에 의해 저질러진 선거 부정사건은 엄격하게 다스려야 한다"고 말하고 "사후처리를 철저히 하라"고 지시했다.

공화당 상의역 鄭求瑛(총재 출신)은 사태가 심상치 않다고 판단하고 6월 13일 박 대통령을 만나 "이 사태를 수습해야 합니다. 정치적으로 해결하십시오"라고 진언했다(회고록).

"정치적 해결이라니오?"

"대통령께서 진심으로 선거 사범을 파헤친다는 생각을 가지고 조치를 취했다고 하면 국민들도 납득하고 야당도 국회 출석을 거부하는 극한 투쟁은 안 할 것입니다."

정구영은 두 시간에 걸쳐 간곡하게 건의하며 내각 교체도 거론했다고 한다. 박 대통령은 이렇게 말하더란 것이다.

"저도 이번 선거 기간 동안 여러 가지 보고 느낀 점이 많습니다. 지나친 타락 선거였다는 점도 인정합니다. 그렇지만 야당의 주장은 또 뭡니까. 전면 재선거를 하라는데, 그거 정권 내놓으라는 소리 아닙니까."

박 대통령은 재미있는 감상을 털어놓았다.

"제가 이번 선거에서 몇 사람은 국회에 들어오지 못하기를 바라서, 특히 그 지역의 공화당 후보를 특별 지원했습니다. 그 몇 사람은 내게 반대한다 해서 그런 것이 아닙니다. 6대 국회 4년 동안 보니까 그 사람들은 이면에선 뒷거래다 뭐다 해서 제 실속을 차립니다. 그런데 표면에서는 저만이 애국자고 깨끗한 사람인 양 행세합니다. 차관 승인 같은 것은 양해한다고 뒤에서 업자에게 약속하고 정작 공식 회의에선 내가 언제 그랬느냐는 듯 시치미를 떼고 특혜 아니냐고 짐짓 때리고 그럽니다. 이런 거짓말쟁이들이 국민한테 도리어 인기가 있고 표를 더 받습니다.

이번 선거에서 여당만이 돈을 썼습니까. 야당에도 여당 못지않게 돈을 쓴 사람이 있습니다. 그뿐인 줄 아십니까. 소위 마타도어 작전이라 해서 속임수 선거를 도처에서 했습니다. 김○○ 같은 사람이 선거 운동한 것은 온통 마타도어 흑색선전입니다. 당해낼 재간이 없어요. 잔꾀와 속임수로 선거를 치러요. 그래 놓고 부정 선거다, 재선거하라는 소리를 이런 사람이 앞장서서 하고 있습니다. 어느 선거나 어느 정도의 타락과 부정은 있게 마련입니다. 우리 같은 형편에선 더욱 그렇습니다."

정구영은 박 대통령을 설득하는 데 성공하지 못했다고 판단하고 돌아갔다.

6월 15일 밤 박 대통령은 청와대에서 신직수 검찰총장으로부터 6·8 선거에 관한 보고를 받고 다음날인 6월 16일 아침, 예정에 없던 특별담화를 발표했다.

이날 박정희 대통령은 담화문에서 "선거 부정은 마땅히 규탄받아야 하며 또, 민주 시민은 이것을 규탄해야 한다"고 전제하면서 "온 국민과 더불어 정부도 함께 이것을 분개하고 규탄하지 않을 수 없다"고 말했다. 박 대통령은 총 8개 지역구를 구체적으로 거명하면서 "수사에 공정을 기하기 위해 이들 지구의 당선자들을 공화당에서 제명 처분토록 지시했다"고 밝혔다.

야당의 선거 부정에 대한 공세가 좀처럼 수그러들지 않자 8월 초 박정희 대통령은 기자회견 형식을 빌어 "6·8 선거가 유종의 미를 거두지 못한 데 대해 그 원인이 어디에 있든지 간에 행정부의 책임자로서 미안하게 생각한다"는 이례적인 담화를 발표하기도 했다. 공화당은 광범위한 조사를 벌여 9월까지 모두 10명의 당선자를 제명하는 등 對野(대야) 회유책을 써야 했다. 1967년 6월 16일 특별담화문이 발표되자 야당은 '전면 재선거' 주장을 약간 완화시켜 '先(선)전면 부정 시인, 後(후)협상' 안을 제기하며 국회 등원 거부 의사를 밝혔다.

국회는 선거 후 174일 만인 11월 29일에야 비로소 정상화됐다.

第6代 대통령 취임식

1967년 7월 1일 오후 2시, 중앙청 광장에서 제6대 대통령 취임식이 거행됐다. 이날은 제7대 국회의원의 임기가 시작되는 날이기도 했다. 보슬비가 내리는 가운데 거행된 이날 식장에는 입법·행정 및 사법부 요인, 험프리 미국 부통령, 嚴家金(엄가금) 자유중국 부총통, 사토 일본 총리 등 우방 38개국 170여 명의 경축 사절단과 각계 대표 및 시민 1만여 명이 참석했다. 야당은 이날 서울운동장에서 '6·8 총선 부정 진상 보고대회'를 갖고 취임식에 불참했다.

이날 취임식에서 시인 具常(구상)은 祝詩를 낭독했다.

〈당신의 영광에는

푸르름이 있다.

밤안개를 헤친 決斷(결단)의 그날
이 땅에 또 하나 새벽 동을 트게 하고
우리의 가슴속에 새 삶을 불러일으킨
저 5월의 푸르름이 있다.

당신의 영광에는
땀이 배어 있다.
바위벽을 뚫는 광부의 이마같이
보리타작을 하는 농부의 잔등같이
아니, 앞장서 수레채를 잡은 일꾼같이
전신에 땀이 배어 있다.

당신의 영광에는
우리의 미래가 있다.
찌든 가난과 역사의 멍에를 벗고
북녘 땅, 내 산하 어서 바삐 찾아서
5천만 겨레가 서로 눈물로 반길
그런 눈부신 미래가 있다.

당신의 영광에는
우리의 다짐이 있다.
썩고 곪은 것은 제 살이라도 도려내고
눈 뒤집힌 편싸움과 패가름을 막아서

꿀벌과 같은 질서와 화목을 이룰
우리와 당신의 굳은 다짐이 있다.

당신의 영광에는
우리의 영광이 있다.
일하고 땀흘리는 자의 영광
젊음과 꿈을 갖는 자의 영광
진실로 조국을 사랑하는 자의 영광
오 오, 당신과 우리의 영광이 있다〉

최근 필자와의 통화에서 具常 시인은 친구 박정희 대통령을 이렇게 회상했다.

"참 義氣가 높은 사람이었는데…. 자기 나름대로 복지국가를 완성해 보겠다고 노력했어요. 영남대학교도 지어놓고 은퇴 후 돌아갈 것을 염두에 둔 것이지요. 그러나 육 여사가 잘못되고 나니 '내가 여편네 죽여 놓고 뭘…' 하는 생각이 있었던 것 같아요.

내가 축시를 써 낭독했을 때는 6·8 부정선거 문제가 불거져 나올락 말락 했을 때였지요. 나는 외국에서 폐병 수술을 받고 한동안 있다가 귀국한 지 얼마 안 됐을 땝니다. 비가 부슬부슬 오는 날 식장에서 시 낭독을 하고 내려오며 그이와는 멀리서 서로 쑥스러운 듯 눈인사만 하고 헤어졌습니다. 말년의 그가 안됐던 것은 혁명 때 필요했던 아웃사이더 같은 사람들을 그 후에도 계속 데리고 있었기 때문이지요. 혁명이 끝나면 이들을 버리고 모범생 같은 사람들을 등용해 옆에 앉혀 놨어야 하는데…. 머리 좋은 사람들 대부분이 이렇게 해서 불행해지더라고요."

제28장

東伯林 사건의 진실

朴正熙

조국 근대화의 두 가지 장애물

1967년 7월 1일 제6대 대통령에 취임한 박정희는 1966년 말로 매듭지어진 제1차 경제개발 5개년 계획에 연이어 실시된 제2차 경제개발 5개년 계획에 몰두해야 했다. 연임제 하에서 재임된 박 대통령에게 임기 내 조국 근대화의 기틀을 완성할 만한 시간적 여유는 거의 없었다. 이 무렵 박 대통령에게는 극복하지 않으면 안 될 두 가지 큰 장애물이 기다리고 있었다.

가장 큰 장애는 대한민국의 안보를 위협하는 북한의 對南 도발이었다. 북한은 1946년 이래 연평균 20여 건의 對南 도발 및 간첩단 사건 등을 일으키더니 1965년 한국이 월남에 전투병력을 파병하자 그 횟수와 강도를 높이기 시작했다. 1965년에 48건, 1966년에 59건, 1967년에는 對南 도발 사상 최고인 140건을 기록했다(1968년 86건, 1969년 73건, 1970년 53건).

1966년에서 1969년까지 통계에 따르면 비무장지대에서 540건의 총격전이 벌어졌다. 북한군은 대한민국 후방에 제2전선을 형성하기 위해 특공대를 침투시켰고, 그런 남북 쌍방의 충돌로 전사한 북한군은 397명, 전사한 한국군과 미군은 364명이었다. 1967년에만 한 달 평균 열 건 이상 무장 공비 침투사건 혹은 간첩단 사건이 신문에 실리고 있었다. 당시 신문에서는 다른 뉴스에 밀려 사회면 중급 기사 수준으로 취급하고 있었다.

대통령 취임식이 열리던 1967년 7월 1일 오후에도 강원도 양구군 전방에서 스리쿼터를 타고 귀대하던 아군에게 무장 공비가 수류탄을 투척해 장교와 사병 7명이 그 자리에서 사망했으며, 이날부터 사흘 동안 전방에서만 무장 침투간첩 10명이 아군의 저지선에 걸려 사살되기도 했다.

당시 국방장관 金聖恩의 회고.

“월남파병 직후부터 북한은 對南공세를 강화했습니다. 1967년에는 우리 정부가 월남에서 싸우던 한국군을 신경 쓸 틈이 없었습니다. 국방장관인 저조차 매일 아침에 보고되는 공비 사살 보고서를 청와대로 들고 가곤 했으니 제2의 한국전쟁을 치르고 있었던 겁니다. 이 무렵 미군은 우리에게 증파를 요구해 왔지만 그때마다 이런 사건들이 증파를 거부하는 구실로 제공되었습니다.

북한도 이것을 노린 것이라고 봅니다. 박 대통령도 ‘김일성이가 호찌민(胡志明)을 돕기 위해 우리를 치는군’ 이라고 말했습니다.”

박정희의 근대화 진군을 방해하는 두 번째 장애물은 6·8 선거 부정의 후유증이었다. 신민당을 포함한 야당과 학생들이 거리로 쏟아져 나오기 시작했고 부정선거 규탄대회가 전국으로 번지기 시작했다.

7월 5일 신민당 김대중 대변인은 “신민당은 6·8 총선거 무효소송을 일괄 제기하기로 했으며, 지역구 낙선자가 개별적으로 선거 무효소송을 내는 것도 당에서는 묵인할 방침”이라며 정부 여당과의 비타협적 입장을 표명했다.

7월 6일 박정희 대통령은 청와대에서 기자들과 환담하는 가운데 신민당의 일괄 제소 방침을 전해 듣고 이렇게 말했다.

“부정선거를 하려면 정권을 바꿀 수 있는 대통령 선거 때 할 것이지 하필이면 국회의원 선거 때 했겠소? 일부 선거 부정 지구에 대한 수사결과를 7월 7일 검찰이 발표할 예정인데 정부가 부정을 하지 않았다는 사실은 시일이 지나면 국민들이 차차 알게 될 겁니다. 나와 같이 지방을 다녀 본 당신들이 더 잘 알 것이 아니오."

林錫珍 박사의 공포

1967년 7월 8일 김형욱 중앙정보부장은 '東伯林(동백림·동베를린)을 거점으로 한 북괴 대남 공작단 사건'을 발표했다. 일명 '동백림 사건'은 〈조선일보〉 李基陽(이기양) 기자의 실종사건을 중앙정보부가 수사하던 중 그의 친구가 자수함으로써 세상에 드러나게 됐다.

당시 서독 주재 이기양 특파원은 1967년 4월 14일 체코슬로바키아에서 개최된 세계여자농구선수권대회에 취재차 공산국가이던 체코로 출국한 뒤 소식이 두절됐다.

이 대회에서 한국팀은 朴信子(박신자) 선수의 맹활약으로 소련에 이어 세계 2위를 차지했다. 이 특파원의 실종도 덩달아 교민 사회에 많은 소문을 낳고 있었다. 독일 교민 사회에서는 자진 월북, 납치 혹은 살해 등 각종 소문이 떠돌아 조선일보사 측은 사안이 명확하게 판단되기 전까지 가능한 보도를 자제하고 있었다.

조선일보사는 이 기자가 체코로 출발한 지 5일 동안 연락이 두절되자 4월 19일, 일본 동경을 경유해 체코 프라하의 한국 여자농구선수단에 국제전화로 이 기자의 동정을 알아보았지만 입국 및 체류 여부에 대해 일절 들은 바 없다는 회신이었다. 4월 25일 독일 본을 경유해 귀국한 선수단원들로부터도 이 기자를 목격한 단원을 발견할 수 없었다.

5월 초, 중앙정보부 수사국 李龍澤(이용택·12대 국회의원 역임) 수사과장이 우연히 조선일보 사장실에 들렀다가 方又榮(방우영) 사장으로부터 이 사실을 전해 들었다.

"아우님, 거 우리 서독 특파원 이기양 기자가 어떻게 됐는지 좀 알고 있소?"

"무슨 말씀인지요?"

"체코에서 열리는 농구대회를 취재하라고 지시했는데 도착했는지 어쨌는지 소식이 없어요. 전화를 걸어보면 독일 집에서는 부인이 받는데 체코에 들어갔다고 하고, 체코는 공산국가라 확인할 길도 없고…. 벌써 보름이 지났거든."

"글쎄요, 한 번 알아보겠습니다."

이용택 과장은 최근 필자에게 그 순간을 이렇게 회고했다.

"1967년에 들어서자 미국 정보기관에서 우리에게 유럽을 주의하라고 귀띔해주고 있었습니다. 직감적으로 '북괴에 의한 납치'라고 느껴졌습니다. 하지만 정보 전문가란 이유로 방 사장 앞에서는 표정 관리에 무척 신경 쓰면서 대수롭지 않게 사장실을 빠져 나왔지요."

李 과장은 이문동에 위치한 중앙정보부에 도착하는 즉시 수사에 착수했다.

"이기양 기자가 서독에서 체코로 들어간 것은 확인되었습니다. 그 다음엔 체코에서 묵을 만한 호텔을 뒤졌으나 도착한 흔적이 없었습니다. 이번에는 체코 공항을 통해 알아보니 공항에서 입국 신고가 안 되어 있는 겁니다. 결론은 체코행 비행기를 타고 프라하 공항에 도착해서 곧바로 다른 비행기에 실렸다는 것이지요."

당시 조선일보사는 중앙정보부로부터 사건의 성격을 확인한 뒤 1967

년 5월 14일자 신문을 통해 다음과 같이 보도했다.

〈체코슬로바키아의 프라하에서 열린 제5회 세계여자농구선수권대회를 취재하기 위해 지난 4월 14일 체코에 입국했던 이 특파원이 현재 체코 당국에 의해 억류되고 있는 것으로 알려지고 있으나 한 달이 지난 14일 현재 그의 소재는 확인되지 않고 있다〉

이날 아침 라디오 방송을 통해 이기양 기자의 행방불명 사건을 접한 林錫珍(임석진·명지대 철학과 명예교수) 박사는 귀국한 지 일 년여 동안 자신을 불안하게 만든 모종의 공포와 직면했다. 서독 유학 당시 임석진은 절친한 친구인 이기양 기자를 포섭해 북한 대사관에 연결시킨 장본인이기 때문이었다. 이런 이유로 친구 이기양에 대해 도덕적 책임감을 갖고 있던 차에 친구가 북한에 의해 납치된 것으로 여겨지자 북한에 대한 적개심이 솟아나면서 공포가 사라졌다고 한다.

"도저히 가만있을 수 없었습니다. 나와 이기양 군을 떠나 제2, 제3의 피해자가 나올 것이 뻔했습니다. 우선 누구와 사전협의를 해야 할지 잠시 생각했습니다. 여러 가지 복잡하게 얽힌 문제들이 많은데 이걸 제대로 이해해 주고 종합적으로 상의할 사람이 필요했습니다.

洪世杓, 대통령을 소개

1967년 5월 14일 임석진 교수가 고심 끝에 찾아 간 사람은 한국은행에서 근무하던 洪世杓(홍세표·전 외환은행장·육영수의 언니 육인순의 장남)로 박 대통령의 처조카였다. 洪 씨는 한국은행에서 재직하던 중 1964년부터 약 3년간 독일 프랑크푸르트 한국은행 지점에서 근무하며 임석진과도 친분을 맺고 있었다. 귀국한 지 얼마 안 되었던 홍세표는 사무실로 자신을 찾아 온 임석진을 반갑게 맞았다.

"그 양반이 사무실 책상에 앉아 있다가 나를 반기면서 의자 하나를 끌어 대더군요. 담담히 이야기나 나눌 요량이었겠지요. 나는 그 자리에서 독일 유학 시절에 북한을 두 번이나 다녀왔다며 상세한 내막을 털어 놓기 시작했습니다. 홍세표 씨의 얼굴은 점점 사색이 되더군요. 도중에 그는 제 말을 중단시키고 한국은행 앞 중국집에 방 하나를 잡아둘 테니 가서 기다리라고 했습니다. 한 시간쯤 뒤에 홍세표 씨가 나타났지요."

임석진은 이 자리에서 북한이 한국 지식인 사회를 얼마나 집요하게 흔들고 있는지 설명했다. 그 자신이 지난 5년 동안 포섭해 북한 대사관과 연결시킨 교포와 유학생이 20여 명이나 되었다고 했다. 임석진의 이야기를 다 듣고 난 홍세표는 "일단 남산으로 올라갑시다"라며 자리를 옮겼다. 말없이 한동안 걸으면서 홍세표는 곰곰이 생각을 정리한 뒤 "박 대통령이나 김종필 공화당 의장 혹은 김형욱 중앙정보부장을 찾아가 털어놓도록 해 봅시다"라고 제의했다고 한다.

다음은 홍세표의 회고.

"당시 임석진 씨는 '한국에는 도처에 북괴에서 심어 둔 사람들이 있다. 귀국해서 보니 교수 사회나 정보기관도 도무지 믿을 수 없다'며 강한 불신감을 나타냈습니다. 저더러 '대통령밖에 믿을 사람이 없다'며 대통령을 만나게 해 달라는 겁니다. 하여간 사흘간 시간을 달라고 했지요."

임석진 교수는 이렇게 말했다.

"나의 목표는 청와대가 아니라 어떻게 하면 이 사건을 제대로 처리할 수 있을까 하는 점이었습니다. 곳곳에 북한의 손길이 닿아 있었다고 본 저는 막무가내식으로 수사를 하다가는 지식인들의 반감을 사게 되어 결과적으로 북한을 이롭게 할 것이라 보았습니다. 김형욱 정보부장에 대한 평을 듣고 있었던 차에 그에게 말해 봐야 알아듣지도 못할 것 같아 박 대통령에게 운명을 걸어야 했습니다.

그분에 대해서는 독일 유학 시절에 홍세표 씨로부터 들은 바가 있었습니다. 가난 속에서 대구사범을 나왔으며 만주군관학교와 일본 육사를 졸업하면서 메달을 받았고, 한때는 남로당원으로 옥고도 치렀다는 내용이었지요. 1964년 12월 박 대통령 부부가 독일을 방문했을 때 저는 유학생으로 초청받아 만찬장에서 그분을 뵌 적도 있었습니다.

그 무렵 나의 가슴속 깊이 박 대통령이 각인되는 이야기를 들었습니다. 박 대통령 일행이 라인강 가를 차를 타고 달리다가 돌산을 개간해 포도농장을 만든 곳에 이르자 박 대통령은 차를 세우게 한 뒤 산기슭에 올라 맨손으로 흙을 파보고는 진짜 바위산이었음을 확인하더란 겁니다. 그러면서 바위산을 이런 옥토로 만들 수 있다는 자신감을 안고 산을 내려왔다는 이야기가 교민 사회에 퍼지고 있었습니다. 국토개발에 전심전력을 기울이는 진짜 지도자가 우리 앞에 나타났다는 감격이요 희망이었습니다."

1967년 5월 16일, 박정희 대통령은 5·16 기념식에 참석한 뒤 며칠 후부터 시작될 지방 시찰을 준비하고 있었다. 이날 저녁, 홍세표는 이모부인 대통령을 찾아가 임석진의 이야기를 털어놓았다. 박 대통령은 묵묵히 듣고만 있더니 "이북놈들이 교활한 수법을 잘 쓰니까 그렇게 넘어간 사람도 많겠지"라고 한 뒤 "내일 오후 3시까지 데려와 보게"라고 했다고 한다.

5월 17일 오전, 임석진은 한국 외국어대학교 대학원에서 강의를 하고 있는데 교직원이 들어오더니 급한 전화가 왔다며 받아보라고 했다. 홍세표의 전화였다.

"만나기로 한 분과 약속이 되었소. 오후 2시 30분까지 내 사무실로 오시지요."

누구와 만나게 되냐고 물었지만 홍 씨는 말하지 않고 전화를 끊었다.

오후 2시 30분, 한국은행 정문 앞에 검은 지프차 한 대가 서 있었다. 임 박사는 홍 씨를 따라 무작정 차에 올랐다. 두 사람만을 태운 차는 시청 앞을 지나 광화문 쪽으로 달리더니 효자동으로 방향을 틀었다. 임석진은 믿을 수 없다는 표정이 됐다. 홍세표가 말문을 열었다.

"사실은 박 대통령을 만나러 가는 거요."

대통령에게 자수하다

1967년 5월 17일 수요일 오후 3시 정각, 박정희 대통령은 홍세표를 따라 청와대 1층 서재로 들어 온 임석진 교수를 만나 악수를 청했다.

"임 선생, 고심이 많았겠습니다."

현재 명지대학교 명예교수 임석진 박사의 회고.

"박 대통령의 그 한마디는 진심에서 나오는 위로의 말이었습니다. 멀찌감치에서 본 적은 있지만 가까이서 보니 단단한 분, 속으로 아주 당찬 분이란 느낌을 받았습니다."

1949년 박정희는 좌익이었던 형 박상희의 영향으로 남로당에 연루되었다가 여순반란사건 직후 시작된 숙군 수사에 걸려 사형 구형까지 받았다. 그가 생명을 보전할 수 있었던 것은 白善燁(백선엽) 정보국장에게 구원을 요청함과 동시에 과감한 전향을 시도했기 때문이었다. 당시 金昌龍(김창룡) 특무대장은 박정희 소령이 실토한 명단에 의해 군 내부의 좌익들을 대거 숙정할 수 있었고, 이를 계기로 박정희는 형을 감면받아 자유의 몸으로 돌아왔다. 그로부터 18년 후 대통령이 된 박정희는 자신과 비슷한 운명을 걷고 있던 한 젊은 학자를 만나고 있는 것이다.

이날 면담 자리엔 박 대통령과 임석진, 홍세표 세 사람만 참석했다. 자리에 앉은 뒤 박 대통령은 "임 선생, 사실대로 다 얘기하시오. 아무 걱정 마시고. 발단부터 얘기해주시오"라고 말했다.

임석진은 자신의 출생에서부터 남북 분단의 현실과 어떤 식으로 인과관계가 엮였는지를 차분히 설명하기 시작했다. 두 시간가량 진행된 면담에서 박 대통령은 가끔 담배를 피울 뿐 표정의 변화도 없이 이야기를 듣기만 했다고 한다. 가끔씩 궁금한 점이 있으면 질문을 할 뿐이었다는 것이다.

임석진은 1932년 11월 6일, 강원도 춘천에서 유복한 집안의 장남으로 태어났다. 이화여전을 졸업한 어머니 金馨粉(김형분)의 절친한 친구인 김 씨 성 부인과의 사이에서 임석진의 운명이 꼬이기 시작했다. 김 씨 부인의 남편은 일본 교토(京都)대학에 유학하여 마르크스 경제학을 배우고 돌아온 뒤 국내에서 공산주의 운동을 하다 광복 전 獄死(옥사)했다. 미망인이 된 김 씨는 임석진을 수양아들처럼 대했다.

몇 년 후 김 씨 부인은 강원도 고성군 군수를 지낸 윤희재에게 재가했다. 임석진보다 너덧 살 위인 尹起鳳(윤기봉)이란 아들도 있었다. 창백한 얼굴에 동그란 안경을 썼던 전형적인 부르주아 집안의 외아들인 윤기봉은 새어머니 김 씨로부터 前(전)남편의 유품이던 《이조사회 경제사》 등 마르크스류의 서적과 사상을 전수받고 탐독하게 됐다. 윤기봉은 동생 격인 임석진을 무척 아꼈고 자신이 독파한 이론들을 임석진에게 전해 주었다고 한다.

임석진은 윤기봉을 형이라 부르며 따르다 보니 그의 영향을 받아 철학 및 사회학에 일찍 눈을 뜬 조숙한 중학생이 됐다. 고등학교 때는 古書店(고서점)을 들락거리며 일본어판 《서양철학사》를 탐독하며 책상 앞에 '무지와 빈곤의 타파'란 표어를 써 붙이고 삶의 목표로 삼게 됐다.

1949년에 경제학부를 졸업한 윤기봉은 한국은행에 입사했다. 그는 이곳에서 남로당 비밀당원이 된다.

임석진의 회고.

"수양어머니의 사상적 배경이 크게 작용했습니다. 6·25가 일어나자 수양어머니는 이승엽 서울시 인민위원장과 나란히 지프차에 올라타고 서울 거리를 누비고 다녔지요. 알고 보니 수양어머니는 북조선 노동당과 깊숙이 연결되어 있었고, 서울시 여맹위원장 정도의 권세를 가지고 있었던 겁니다."

국군이 서울을 수복하자 이들 세 가족은 월북했다.

"한국은행의 엘리트 직원들도 월북했고, 서울대학교 문리대의 우수한 학생들과 권위 있는 교수도 대거 자진 월북했습니다. 환상의 축적이 가져온 결과였지요. 당시 한국의 지식사회 풍토는 좌파여야만 엘리트라는 모종의 의식이 유행하고 있었습니다. 그들과 편승하거나 동조하면 엘리트가 된다는 자부심도 있었지요."

이 무렵 임석진은 집안에서 또 다른 비극을 겪어야 했다. 네 명의 사촌 중 6·25 개전 직전 소위로 임관해 전사한 형님, 대한청년단을 지휘하다 인민군에 참살된 형님이 있는가 하면, 공무원이었는데 말 한마디 잘못하여 경찰에게 사살된 형님, 그리고 한 분의 누님은 郡黨 여성동맹위원장이었다가 경찰에 잡혀 네 살배기 아이를 떼어놓은 채 끌려가 총살을 당하기도 했다.

의식과 경험이 동년배에 비해 앞선 임석진은 1952년 서울대학교 문리대 정치학과에 입학했지만 철학으로 목표를 돌렸다. 이무렵 朴鍾鴻(박종홍) 교수가 헤겔의 변증법을 강의했고, 임석진은 박종홍 교수로부터 격려를 받기도 했다고 한다.

1956년 1월, 그는 대학을 마치고 부모를 졸라 600달러를 만든 뒤 독일 하이델베르크대학 철학과로 유학을 떠났다.

"자유당 정부의 무능과 부정부패에 환멸이 많았던 때입니다. 암울한 마음으로 유학길에 오른 사람들이 대부분이었지요."

그가 처음 독일 하이델베르크대학 기숙사에 도착, 여장을 풀자 얼마 안 있어 그의 우편함에는 화려한 컬러판 화보로 꾸며진 북한 체제 선전물이 투입되기 시작했다.

"동독 주재 北대사관에서 용돈 받다"

1959년 6월 하순, 유학생 趙明勳(조명훈)이 임석진의 기숙사로 찾아왔다. 구수한 전라도 억양에 술을 좋아했던 조명훈은 1988년 5월 북한 방문에 이어 한국에 들어와 북한 방문기를 펴낸 바 있으며, 이때 북한 사회를 통렬히 비판, 독일 교민 사회에서 파문을 일으키기도 했다.

임석진을 만난 조명훈은 이렇게 털어놓았다.

"하루는 尹伊桑(윤이상) 선생이 프랑크푸르트에 있는 나에게 오라고 전화를 했어. 자가용이 생겼다는 거야. 그 어려운 형편에 차를 어떻게 샀을까 궁금했지. 같이 드라이브를 하자고 하더라고. 겸사겸사 베를린에 갔더니 날 태우고 여기저기 다니다가 차를 세웠는데 거기가 동베를린 도로데아슈트라세 4번지의 북한 대사관이야. 윤 선생은 날더러 '조군, 여기가 북한 대사관인데, 이 사람들과 만나 얘기를 나눠보면 좋을 거야. 같이 들어가세' 하고 날 끌고 들어갔지. 조금 있다가 윤 선생은 가버리고 나 혼자 남은 거야.

그런데 거기 대접 한번 후했어. 밤새 술을 마실 수 있었으니까. 만나보니 다 같은 우리 민족이더라고. 尹 선생이 생활할 수 있도록 물심양면으로 도와주고 있는 것 같더라니까. 하긴 尹 선생은 수입이 아무것도 없는데 차도 사준 것 같았어. 자네도 한번 가봐."

당시 독일 교민 사회에서 한국 유학생이 자가용을 몰고 다닌다는 것은 꿈 같은 시절이었다. 조명훈은 북한 대사관 주소를 적어 임석진에게 건네주었다. 임석진의 회고.

"東伯林(동백림) 사건의 원점은 윤이상에서 시작되고 있었던 겁니다. 그가 바로 첫 통로를 연 사람이었고, 조명훈도 이 사람 밑에 있었으며 나도 거기에 끌려 들어간 사람이었습니다. 윤이상은 1956년에 파리에 유학와 이듬해엔 베를린으로 유학지를 옮겨버렸습니다. 북한 대사관이 지척이었지요. 프랑스의 李應魯(이응노) 화백은 부인 때문에 순진하게 북한에 말려든 경우였습니다.

그때 독일에 유학 온 학생 대부분은 가난했습니다. 북한은 우리보다 경제 사정이 좋아 유학생이 찾아가면 술도 대접하고 돌아올 때면 생활에 보태 쓰라며 돈도 집어주는 겁니다. 당시 100달러면 우리 같은 유학생들에게는 아주 큰돈이었으니 우리의 마음을 움직이게 하는 데 거의 결정적이었습니다."

1954년경 서울에서 학교를 다니던 임석진은 심야에 북한 방송을 듣곤 했다. 어느 날 방송에서 남로당의 거물로 알려진 朴憲永(박헌영), 林和(임화), 金起林(김기림), 李承燁(이승엽) 등의 이름이 나오면서 모두 미국의 스파이 활동을 하다 사형당했다는 내용이 흘러 나왔다. 이때부터 수양어머니 김 씨와 그의 아들 윤기봉의 生死가 궁금했었다.

1959년 겨울, 친구 조명훈으로부터 격려를 받고 임석진은 용기를 내 북한 대사관 앞으로 편지 한 통을 썼다. 수양어머니 김 씨와 아들 윤기봉의 소식을 알고 싶다는 내용이었다.

해가 바뀌어 1960년, 한국에서는 4·19 소식이 들려 왔다. 독일에서 바라본 고국은 승승장구하고 있던 북한에 비해 엉망진창인 나라로 비쳤다고 한다. 지식인 대열에 포함된 유학생들은 남북한 간 대결상황에서 '국가' 보다 '민족' 개념을 택할 때 북한과의 접촉에 조국을 배반하는 자신을 합리화할 수 있음을 느끼기 시작했다.

이 무렵 그에게 '조선민주청년동맹위원장 오정수'란 명의의 유려한 필체로 씌어진 네 장의 편지가 도착했다. 편지는 긴 서론이 이어진 뒤 말미에 이런 구절이 씌어 있었다.

〈지금 남에서는 피 끓는 애국청년 학생들이 '오라 남으로, 가자 북으로' 하며 통일을 염원하는 열기가 고조되어 있지 않습니까. 이 절호의 기회에 나라의 장래를 함께 이야기하고 걱정한다는 것이 얼마나 뜻 깊은 일입니까. 한번 만날 기회를 가집시다〉

다시 며칠 뒤에는 동백림의 북한 대사관 직원 石學哲(석학철)로부터 정식 초청하는 편지가 왔다. 프랑크푸르트에서 동백림까지 왕복 항공료와 체재비 일체를 책임질 테니 북한 대사관에 다녀가라는 것이었다. 임석진의 파란은 이렇게 시작됐다.

이후 임석진의 행적은 1967년 7월 8일 중앙정보부가 발표한 수사 자료에 다음과 같이 기록되어 있다(注-밑줄 친 부분은 임석진 씨가 사실과 다르다고 한 부분임).

〈…동독 주재 북한 대사 朴日英(박일영)에게 면접 서신을 보내고 1960년 4월 북괴 대사로부터 이에 응하는 회신을 접하고 동백림 북괴 대사관 근처 옥호 미상 호텔에 투숙하면서 북괴 석학철로부터 조국의 평화통일, 북괴의 발전상, 자연법칙에 의한 사회주의화 이념 등 교육을 받고 북괴 공작에 동조, 黨命(당명)에 충실할 것을 선서한 후 한국 모 신문사 서독 특파원을 대동하라는 지령과 함께 공작금조로 미화 500달러를 수수, 1960년 8월 중순경 前記(전기) 특파원을 대동, 동백림으로 월경, 북괴 대사관 공작원 석학철로부터 前示(전시)와 같은 방법으로 교양을 받고 공작금조로 미화 400달러를 수수한 사실이 있고…. (하략)〉

이기양 특파원에 대한 임석진 교수의 회고.

"참 안된 일이었습니다. 내가 서울대학교에 들어가 가장 친하게 사귄 친구였지요. 내가 1956년 1월 독일로 유학 온 뒤 이기양 군은 수시로 나에게 편지를 보내면서 '아무래도 나도 공부를 해야겠다' 고 했습니다. 이기양은 3년 뒤인 1959년에 특파원 신분으로 튀빙겐대학에 유학 와 제가 공부하던 철학을 전공한 겁니다. 그만큼 저와 가까웠던 친구였습니다. 이 모든 사건의 시작이 윤이상이었어요."

이기양 기자가 실종됐던 1967년 당시 임석진은 이것이 자신에 대한 북측의 노골적인 경고라고 느꼈다고 한다.

"내가 한국으로 귀국하겠다고 북측에 의사를 밝히자, 그들은 나를 끝까지 신사적으로 말렸습니다. 내가 편지 한 통을 보내고 귀국해 버리자 이기양이 납치되었던 것은 나에 대한 북한의 경고로 보였지요."

다시 1961년으로 돌아가 보자.

북한 대사관에 발을 들여놓았던 임석진은 그때부터 약 1년 동안 교포와 유학생 등 20여 명을 연결시켜 주었다. 그 자신은 소개로 알았지만 북측으로선 포섭이었다. 순진했던 임석진은 자신을 따라 유학 온 남동생 林錫勳(임석훈)과 쾰른에 살고 있던 여동생부터 북측과 연결시켜 주었다.

임석진은 자신이 무슨 일을 하고 있는지도 잘 모른 채 공부를 계속하여 1961년 7월 26일 프랑크푸르트대학에서 마지막 면접시험을 마치고 철학박사 학위를 취득했다.

잠시 1967년 5월 17일 오후 청와대 집무실로 돌아가 박정희 대통령과 임석진의 대화를 옮겨 본다.

임석진: "독일 유학을 해 보니 자유당 시절의 부패니 뭐니 해서 나라의 어려운 사정이 가슴에 더욱 저려오고, 독일인들의 우월의식이 강해서 반발심으로 우리들 대부분이 냉철한 국가 이성을 지향하기보다는 감상적인 민족주의자로 변해 가더군요.

1961년 5·16이 일어난 뒤 어느 날 두툼한 봉투가 우편함에 들어 있는 겁니다. 열어보니 속 봉투가 있었는데 발신지가 평양이었습니다. 제가 찾으려던 수양어머니 가족들이 북한에서 잘 살고 있으며 윤기봉 씨는 조선 중앙은행에 근무하고 있다는 내용의 편지와 사진이 함께 들어 있었습니다. 이렇게 해서 북한으로 들어가게 됐지요."

박정희: "평양에는 어떻게 들어갔습니까."

임석진: "모스크바를 경유해서 옴스크, 이르쿠츠크를 거쳐 들어갔습니다. 모스크바에서는 저를 안내하던 공작원들과 고리키 공원을 구경했지요."

박정희는 고개를 끄덕이며 살짝 미소를 지었다. 임석진은 박 대통령이 '굉장한 데를 구경하며 다녔군' 하는 뜻으로 웃었다고 기억한다.

林錫珍의 북한 기행

1961년 9월 5일, 임석진은 평양 순안공항에 도착했다.

"비행기에서 내리자마자 북한 사회가 잘못돼 있는 곳이란 걸 직감했습니다. 그 순간부터 저는 생각의 고통을 안고 살아야 했지요."

서독에서 우편물로 받아 본 화려한 화보 속의 밝고 명랑한 북한은 어디에도 없었다. 우중충하고 잿빛 감도는 건물들, 색깔이라곤 새빨간 광목에 씌어진 김일성에 대한 충성 구호들뿐, 보이는 사람들은 창백하고 공포에 질린 얼굴들이었다.

"20세기 초 유럽의 유명 작가인 아서 케슬러나 앙드레 지드가 사회주의를 주창하다 1930년대에 모스크바에 한 번 가보고는 그 환상에서 깨어났지요. 그로부터 30년 뒤에 제가 꼭 그렇게 느낀 겁니다. 당시 박 대통령에게 '1970년대에 접어들면 북한은 분명히 위기국면으로 들어설 겁니다. 남한이 북한을 추월하게 됩니다' 라고 말씀드렸습니다."

박정희는 "왜 그렇게 생각하시오"라고 물었다.

"그 사회는 백성들의 지지를 받아 선 인민민주주의가 아닙니다. 공포와 강제만이 꽉 차 있었습니다. 이조시대 탐관오리보다 더한 사람들이 당 간부였습니다."

임석진의 대답에 박정희 대통령은 말없이 고개만 끄덕였다고 한다. 마치 자신도 그렇게 짐작하고 있었다는 듯이.

임석진은 평양 모란봉 초대소에 도착해 칙사 대접을 받으며 3주일 동안 북한의 여러 곳을 돌아다닐 수 있었다. 벤츠 승용차에 감시하는 안내원과 동승하여 정해진 시간표대로 방문하기는 했지만 순간순간 드러나는 빈틈을 임석진은 놓치지 않고 발견하곤 분석했다.

"청진에서 기차를 기다리고 있을 때였습니다. 초라한 驛舍(역사)였는데 기차가 연착하는 바람에 기약 없이 플랫폼에 서 있어야 했어요. 감시하던 안내인도 화장실을 갔는지 보이지 않았습니다. 마침 주민들이 기차를 타러 나왔다가 제 곁에서 이야기하는 걸 엿듣게 됐지요. 한 사람이 '우리 고향엔 먹을 게 없어 아이들이 아우성이오' 라고 하니 옆 사람이 '그럼 밀가루 과자나 주지' 라고 했어요. 그러자 한숨을 푹 쉬던 주민은 '그것도 있어야 주지요' 하는 겁니다.

기차 안에서도 주민들은 제가 입고 있던 독일제 양복과 구두를 신기한 듯 쳐다보곤 했습니다. 안내인이 허용하는 북한 사회만 보던 나에게 이런 쥐구멍 같은 틈을 통해 흘러나오는 북한의 내면은 충격 이상이었습니다."

며칠 뒤 임석진은 안내원들을 따라 모란봉 바로 아래에 위치한 고급 아파트로 갔다. 평양의 유명 음식점 옥류관이 마주하고 있었다. 안내받아 간 곳에는 애타게 그리던 수양어머니 김 씨와 그의 남편 윤희재, 그리고 윤기봉이 있었다. 윤기봉은 이미 결혼해 다섯 살배기 아들도 있었는데 부인은 평안북도 출신 농부의 딸이었다. 건강하고 후덕하게 생겼지만 학교를 제대로 나오지 않았는지 지식수준으로 봐서는 도저히 남편과 대화가 통하지 않을 성싶었다.

"밤새 함께 술을 마시고 아침에 눈을 떴으니 회포를 충분히 풀었을 성싶은데 그게 아니었습니다. 기봉이 형님은 처음에 나를 보자 반가운 표정을 잠시 짓더니 이내 경계하는 눈빛을 보였고, 그러자 저도 그런 인상이 되어버렸던 겁니다. 푸짐하게 차려진 상을 두고 형님과 제가 마주 앉았는데 중앙당 과장인가 하는 이가 내 옆에 앉고 또 다른 무슨 기관 사람이 그 형님 옆에 앉아 뱀술을 권하기 시작했습니다.

정작 물어보고 싶은 말, 의미 있는 대화를 서로 할 수 없었습니다. 그 형님 속마음을 알 것 같았어요. 그 분은 저를 믿지 못한 겁니다. '석진이 네가 얼마나 이 자들에게 충성했으면 여기까지 초대받아 왔을까. 내가 너에게 솔직하게 말하지 못하는 걸 이해해 달라' 뭐 이런 표정 같았습니다."

임석진은 그 집 자체가 수양어머니의 집이 아니란 느낌이 들었다고 한다.

"방이 두 개인데, 아무리 전후 복구 기간이라 해도 가구가 없다는 게 이해되지 않았습니다. 김일성 사진, 밀감 상자 같은 나무 책상 하나에 이불이 개어져 올려 있는 게 전부였습니다. 수양어머니도 별 말씀 없이

이불이 개어져 올려 있는 게 전부였습니다. 수양어머니도 별 말씀 없이 음식을 준비해 놓고는 옆방에 가 누워 계시고…. 자리 잡고 사는 집이 아니었던 겁니다.”

두 사람은 그 자리에서 쓰러지듯 잠에 들었다가 이른 새벽에 깨어나 안내원들이 없는 틈을 타 조용히 모란봉으로 산책을 했다고 한다. 아파트 정문을 나섰는데 거리에는 인적이라곤 구경조차 할 수 없었다. 모란봉에 올랐지만 11년 만에 만난 의형제는 서로를 믿지 못해 속마음을 털어놓지도 못하고 혹시 누가 오지는 않는지 주위만 두리번거렸다.

임석진은 설사 상부에 보고된다손 치더라도 별 문제가 없을 질문을 생각해 냈다.

“형님, 박헌영 이하 남로당원들을 미국 고용 간첩으로 사형시켰다는데 그게 사실입니까? 제가 보기에는 아닌 것 같은데요. 솔직하게 말씀해 보세요. 형님도 아시다시피 그 사람들이 어떻게 미국 간첩이 됩니까? 전부 몰아버린 것 아닙니까.”

임석진은 형이 북쪽의 상투적인 주장을 하는지 주의 깊게 살폈다. 형은 한발 물러나서며 “정말 나도 그 속을 모르겠다. 다만 김일성광장에서 그들이 간첩 활동할 때 사용하던 물품을 전시하면서 학생과 직장인들을 관람시켰지”라며 더 이상 말하지 않았다. 함께 자라면서 형의 의식 세계를 넘나들었던 임석진은 형의 말투에서 ‘박헌영과 관련된 북한 당국의 발표는 믿을 것이 못 된다’는 암시를 받았다.

모란봉 공원에서 내려 온 뒤 임석진은 윤기봉의 가족들과 헤어져야 했다.

제4차 黨대회

임석진이 방북했던 시기는 공교롭게도 북한 노동당 제4차 당대회가 열리던 기간이었다. 형식상 당 최고기관인 '당대회'는 북한 정권의 공식적인 정책 결정 기구이다. 1946년 8월 28일에 처음 열린 이후 1948년, 1956년에 이어 1961년 9월 11일부터 8일간 제4차 당대회가 열렸다. 1961년에는 북한이 승승장구할 무렵이어서 중공의 당중앙 총서기 등소평, 소련의 공산당 이론가 수슬로프도 참가했다. 임석진은 노동당 대의원 1,657명과 함께 이 대회의 기념집회에 참관했다.

"김일성광장에서 바라보니 70~80명이 나란히 앉은 주석단이 보이더군요. 맨 가운데 김일성이 서 있고 옆에는 김정일도 보였지요. 당시 김일성대학에 재학 중이라고 안내원이 설명해 주었습니다."

노동당 제4차 당대회는 '인민경제 7개년 계획'의 수립을 결정하는 중요한 회의였다. 우리의 '경제개발 5개년 계획'보다 1년 먼저 시작한 북한의 경제계획은 그 후 1960년대를 관통하면서 박정희가 이끌었던 남한과의 경쟁에서 완전히 패배했다.

제4차 당대회에서는 對南 공작의 전술적 전환을 모색하는 중요한 결정을 내리기도 했다. 노동당은 이른바 남조선에서의 혁명의 성격을 제국주의와 봉건주의에 반대하는 '민족해방 민주주의 혁명'으로 규정하고 이 대회를 통해 남한에서 '지하당 조직'의 필요성을 강조했다.

'지하당 조직'이란 남한 사회 저변에 숨어서 정치(반정부·반체제 운동), 경제(노동운동), 사회문화(계급의식 고취·반미·친북 문화 조성) 분야에서 비합법·비공개를 원칙으로 운동하는 집단을 의미한다. 지하에 숨어야 하는 만큼 핵심으로만 구성되는 두뇌 조직이 지하당 조직이다.

어느 정도 사회가 이완되면 半(반)합법, 半(반)공개로 전환하며 정세가 완전히 유리하게 전개되면 비로소 합법, 공개 조직으로 변신하여 각종 단체 이름을 걸고 사회에서 대중적 활동을 한다는 것이 북한의 對南 혁명 전략이다.

1989년 독일에서 유학하던 韓秉勳(한병훈) 씨는 30여 년 전의 임석진과 같은 방법으로 포섭돼 북한을 네 번 드나들었다. 그는 북한에서 2~3주 동안 '교양'을 받으며 지하당 조직의 연원에 대해 교육받은 바 있다면서 제4차 당대회와 관련해 이런 증언을 했다.

"제4차 당대회 때 '지하당 조직'의 필요성이 대두된 까닭은 5·16과 깊은 관련이 있습니다. 북한은 남한 사회에 박정희를 중심으로 군사정권이 들어서고, 그 성격이 반공적임을 확인하자 남한 내에 활동하던 친북 운동가들의 역량을 보존하고 육성할 필요가 생겼습니다. 이 무렵부터 북한의 對南 공작 부서는 남한과 해외 교민사회 내 고급 지식인들을 상대로 포섭 활동을 벌여왔지요. 고급 두뇌들로 구성된 지하당 조직을 구축해야 혁명 역량의 보존이 가능하다는 판단 때문이었습니다.

1967년의 동백림 사건은 북한의 지하당 조직 공작 사업 중 하나가 드러난 정도입니다. 이 사건에 관련된 조직망은 그 후 독일 내에서 다시 소생하여 지금은 半(반)공개 혹은 완전 공개 조직으로 활동하고 있습니다. 그만큼 그들 입장에서는 상황이 좋아졌다고 보는 겁니다."

1961년 9월 임석진이 제4차 당대회에 초청받아 가게 된 배경도 對南 공작 부서의 지하당 조직과 관련된 것으로, 이때 북한은 임석진에게 노동당에 정식 가입할 것을 강권했다고 한다(임석진은 1963년 서독에 거주하며 입당 원서를 쓰게 된다).

임석진의 거듭된 거절 끝에 입당 원서 문제가 보류되자 이번에는 초대소에 머물도록 하면서 공작 부서 간부들로부터 對南 혁명 전략 중 지하당 공작에 관한 교육을 받아야 했다. 그들은 임 박사에게 지하당 조직을 꾸려 남한에서 민주기지를 만드는 일에 대해 강의하고 연방제 통일 방안을 이렇게 설명했다고 한다.

"우리 당의 노선을 인민 대중, 나아가 사회 전반 基層(기층)에 파급시켜 나갈 방도를 강구하셔야 합니다. 지하당 조직을 꾸리기 위해서는 무엇보다 머리 좋은 동지들을 규합해 문화운동으로 시작하시는 것이 안전합니다. 문화운동은 민주기지 건설에 이르는 중간 다리입니다. 민주기지란 권력 핵심부를 장악했을 때 완성됩니다.

북조선의 공고한 혁명기지와 남조선의 공고한 민주기지가 손을 잡는다면 외세를 물리쳐버리고 제1단계 연방제로 나갈 수 있습니다. 나중에 군중 봉기가 나면 우리는 무력으로 제압하고 통일 과업은 완수되는 겁니다."

그들은 임석진이 북한을 떠나는 날 비행장에서 윤기봉 씨만 다시 만나게 해 주었다.

"다섯 시간 가량 출발이 지연됐습니다. 공항 대기실에서 두 사람이 죽치고 앉아 있었지만 얘기다운 얘기를 할 수 없었습니다. 그 형님도 가끔씩 이상한 눈초리로 나를 보곤 입을 다물었지요. 자기 선배와 동료들이 하나같이 간첩으로 몰려 총살을 당한 판이니 누구를 믿을 수 있었겠습니까."

고뇌와 탈출

1961년 9월 30일 서독으로 돌아온 뒤부터 林錫珍에게는 고뇌의 나날이 시작됐다. 북한 대사관과 연결되었던 李基陽 기자는 이런 林錫珍과 만나 술을 마시면 노골적이다시피 북한을 비판하며 함께 고민했다.

"이기양 기자는 술을 좋아하고 낭만적인 데가 많았습니다. 배짱도 좋아 웬만한 것은 직설적으로 얘기하는 사람이었어요. 내가 북한에 들어가서 보고 겪은 걸 털어놓자 술을 마시며 '그럴 줄 알았다. 나쁜 자식들. 우리를 이렇게 속이다니' 하며 노골적으로 불만을 터뜨렸어요. 조심성이 많았던 저는 겁이 날 정도였습니다. 그 이후 이기양은 북한 대사관 쪽 사람들과 겉으로는 아무 일 없이 지내려 했겠지만 다른 사람들 앞에서도 북한을 신랄하게 비판하고 다녔던 것으로 짐작됩니다. 미움을 사게 된 것이죠. 독일에서 나와 가장 가까웠으니 내 문제로 인해 그가 피해를 보게 된 것인지도 모릅니다."

임석진은 학위를 마친 뒤 독일에 머물며 연구원 생활과 번역 등을 통해 어렵게 생계를 유지해 나갔다. 북한 측은 간헐적으로 임석진의 생활비를 대주곤 했다. 그런 만큼 임석진은 북쪽과의 관계를 정리할 수 없었다. 1963년 5월 결혼한 임석진은 급기야 가을에 그들이 요구하는 대로 노동당 입당 원서를 쓰게 됐다. 마음의 방황은 거듭됐다.

"학문도 할 수 없고, 인생이 아무 것도 아닌 게 되는 겁니다. 그렇다고 저쪽 사람들이 요구하는 대로 북한에 들어가 헤겔을 공부한다는 건 상상도 못할 일이었지요. 정리를 결심했습니다."

임석진은 정신적인 방황을 끝내야겠다고 결심하고 1964년에 동베를린의 이원찬을 찾아갔다. 이원찬은 노동당 연락부 소속으로, 1960년 초 동베를린에 부임해 유럽 공작 총책으로 근무하고 있었다.

"그동안 조국 통일에 기여한다는 생각에서 포섭 공작도 하고 여러 일을 해왔지만 이제 저로서는 서독에서의 삶에 아무 의미를 찾을 수 없습니다. 계속 이런 식으로 생활할 경우 머잖아 정체도 노출될 겁니다. 신분을 위장해서라도 서울로 돌아가고 싶습니다."

이원찬은 임석진의 제의에 대해 "너무 위험합니다. 우리가 보기에도 남한 당국이 임 선생의 활동에 대해 낌새를 채고 있는지 아닌지 판단이 안 섭니다. 좀더 두고 봅시다"라며 허락하지 않았다. 그리고 임석진에게 방 두 칸짜리 아파트와 중국음식점에 투자할 수 있는 돈을 건네주었다. 이로써 겨우 경제적 어려움은 해결됐지만 정신적 고통은 전혀 해결되지 않았다.

북측과 실랑이가 3년째 이어지던 1966년 5월, 북한 대사관에 나와 있던 공작원 이원찬은 사람을 보내 임석진의 귀국 의사를 타진했다.

"더 이상 못 참겠다고 말했지요. 그랬더니 회신이 왔는데 동베를린으로 와달라는 것이었습니다. 거역할 수도 없었지요."

북한 대사관의 이원찬은 이렇게 말하더란 것이다.

"내게는 임 선생의 귀국 문제에 대해 가부를 결정할 권한이 없소. 그러니 평양에 가서 임 선생이 직접 당 중앙을 설득해 재가를 받으시오."

임석진은 이렇게 해서 두 번째로 평양을 들어갔다.

1966년 6월 5일 평양에 도착한 임석진에게 對南 공작 총책인 중앙당 부위원장 李孝淳(이효순·당 연락부장, 정치국 서열 4위), 연락국장 林春秋(임춘추·최고인민위원회 위원장) 등 거물급 간부들이 마중 나왔다.

임석진은 일주일간 초대소에 머물렀지만 한 순간도 밖으로 나올 수 없었다. 이들은 번갈아 임석진의 방으로 찾아와 밤새 술을 마시며 '움직이지 말라' 고 설득했다. 이효순과 가장 오랫동안 얘기를 나누었다.

"절대로 나를 의심하지 마십시오. 마음이 변해서가 아니라 나는 학문할 사람인데, 내 적성에는 정치 활동이건 뭐건 맞지 않으니 귀국해서 조용히 지내겠습니다."

"임 선생, 너무 위험합니다. 만약 문제가 생기면 해결책이 없지 않소."

조용히 설득하던 그들은 닷새가 지나면서부터 자기들끼리 새로운 방법을 찾느라 고심하는 모습이 보이더란 것이다.

"우리가 계속 생활비를 대줄 테니 일단 스위스나 네덜란드 아니면 벨기에로 이사를 하시오. 일단 뚝 떨어져 있으면 우리가 상황을 판단해서 적당한 때 귀국할 수 있도록 조치를 취하겠소."

임석진은 잘못하다가는 북한에서 빠져나올 수 없겠다고 생각하고 그들의 주장을 받아들이는 태도를 보이면서 서독으로 돌아올 수 있었다. 이효순은 생활비에 보태 쓰라고 2,000달러를 건네주었다.

이 무렵 임석진은 북한에서 등골이 오싹할 만한 이야기를 들었다. 그들은 임석진에게 윤이상과 함께 崔德新(최덕신) 駐(주)서독 대사까지 거론하며 자신들과 밀접한 관계가 있으니 무슨 일이 있으면 도움을 요청할 수 있을 것이라고 말했다.

"한 국가의 외무장관을 지낸 사람까지 연결되었다니 큰일이다 싶었습니다. 빨리 돌아가지 않으면 내가 더 큰 죄를 짓게 될 것 같았지요."

임석진은 부인과 함께 서독으로 돌아온 다음날 이삿짐을 서울로 발송하고 빈손으로 암스테르담으로 가서 서울행 비행기를 탔다. 떠나기 전 임석진은 이효순 앞으로 한 통의 편지를 보냈다.

'내가 당신들로부터 이탈 행위를 하지만 통일에는 장애가 되거나 역효과가 되는 일은 절대 하지 않을 것입니다.'

朴 대통령의 격려

1966년 6월 24일, 林錫珍 부부는 서울에 도착했고 그해 가을부터 서울대학교에서 현대철학 강의를 맡았다. 11월경 임석진 교수는 훗날 한국 사회의 인문과학계에 내로라하는 이름들을 갖게 되는 동료들과 저녁 술좌석에 합류한 적이 있었다. 그 자리에서 임석진은 북한에 다녀왔다는 말은 못 했지만 자신이 체험한 북한 체제에 대한 의견을 피력했다. 그러자 동료들은 임석진의 의견을 한사코 부정하면서 그들이 상상하는 북한을 제시하곤 했다. 林錫珍은 반동 부르주아 지식인으로 몰렸고 이들과는 1990년 초 사회주의권이 붕괴된 후에야 비로소 다시 만날 정도로 사이가 벌어지게 되었다고 한다. 당시 지식인 사회의 풍경이었다.

해가 바뀌어 1967년이 되자 林錫珍은 한국 외국어대학교 대학원, 서울대, 서강대 등에 강의를 나가며 명지대학교 교양학부 조교수 자리를 얻었다. 이기양 특파원이 실종되기 한 달 전쯤 임석진은 독일에서 함께 공부했으며 북한에 포섭되었던 친구 모 씨를 만났다. 임석진은 그에게 "함께 정리하자"고 제의했다. 그 친구는 "그렇게까지 용단 내릴 일이 아닌 것 같다"며 끝내 거절했다. 이 사건이 임석진을 더욱 불안하게 만들었다.

"나의 속마음을 털어놓은 셈이었는데 거절당했습니다. 그 친구가 만약 북쪽에 이런 사실을 전해버리면 어떻게 되나 하는 생각에 잠을 못 잘 정도가 되었어요. 훗날 알게 되었지만 그 친구는 끝내 나의 입장을 이해해주고 비밀을 지켜주었습니다."

1967년 5월 14일 이기양 특파원의 실종 보도가 알려졌을 때 임석진은 生死의 갈림길에 선 자신을 발견했다.

"다른 문제는 안중에도 없었습니다. 유럽 동포들에 대한 북한의 공작 실태가 한국 사회에 알려지면 어떤 반향을 불러일으킬 것이며, 북한에서는 당 고위층을 포함, 나와 관계된 이들은 이 사실로 인해 어떤 영향을 받을까 등등 엄청난 고민이 시작된 겁니다.

대한민국 출신의 젊은 유학생들이 오죽하면 집단으로 움직이다시피 하면서 순간적인 착각으로 조국과 등을 돌리게 되었나 하는 생각도 해보았지요. 사회적 비리와 피폐한 상황이 가장 큰 원인이었다고 정리가 되더군요. 그렇다면 이 사건이 알려질 때 우리 사회에 경종을 울릴 수도 있다고 보았습니다."

그리고 박정희 대통령을 만난 것이다. 임석진은 박 대통령에게 말미에 이런 식의 구명운동을 했다고 한다.

"각하, 단순한 동기와 목적과 수단으로 대한민국의 젊은 지식인들을 자기네 수족으로 붙들어놓을 수는 없다는 것을 보여주고 싶습니다. 부탁드릴 것이 하나 있습니다. 이 사건에 연루된 사람 중에는 돌이킬 수 없는 사람도 있겠지만 대체적으로 순수한 동기에서 생각하고 행동하다 말려들었습니다. 이들도 살려주십시오."

박정희 대통령은 고개를 끄덕이며 "너그럽게 선처하도록 노력하겠습니다"라고 대답했다.

1967년 5월 17일 오후, 청와대에서 박 대통령과 만나 두 시간가량 털어놓은 이야기의 끝부분은 이같은 내용이었다. 박 대통령은 가끔씩 굳은 결심을 할 때나 그렇듯 어금니를 깨물어 얼굴 근육에 힘이 들어가는 것 외에는 표정의 변화가 없었다. 면담을 마치고 일어서는 임석진과 악수를 나누면서 박 대통령은 이런 말을 했다.

"임 선생, 앞으로 사회 활동에 지장이 없도록 보장해드릴 테니 염려 말고 열심히 일하십시오."

임석진은 감사하다는 인사를 하고 돌아섰다. 박 대통령이 다시 "임 선생" 하고 불렀다.

"예?"

"지금 하신 말씀을 글로 써서 빨리 갖다 주시겠습니까?"

"그렇게 하겠습니다."

"참, 중정에서 연락이 오면 협조해 주십시오."

"알겠습니다."

임석진은 그날 밤부터 200자 원고지 200장 가량의 글을 써 이틀 뒤 홍세표에게 전달한다.

최근 필자와 만난 임석진 명예교수는 박 대통령에 대해 이런 소감을 털어놓았다.

"박정희 대통령은 제 생명의 은인입니다. 세상이 흉흉해서 박 대통령을 독재자라고 힐난하고 있지만 이분은 훗날 우리 역사에 특기할 만한 자리를 차지할 겁니다. 누구는 어디에 끌려가 모진 고생을 했다며 박 대통령을 비난하는데, 그 양반은 쉽게 사람을 옭아매고 죽이는 걸 삼가는 분입니다.

그분이 어릴 때 고생하고 자랐다는 이야기를 들었습니다만, 풀 캐어 먹고 살아야 했던 이 민족을 가난의 구렁텅이에서 이 정도로 끌어냈다는 것은 누가 뭐라고 해도 부정될 수 없을 것입니다. 남과 북을 들여다 보니 더욱 그렇게 느껴졌습니다."

1967년 5월 22일 오전, 서울 갈현동 자택에 머물던 임석진은 전화를 하고 온 중앙정보부 직원과 함께 남산 분실로 갔다. 金炯旭(김형욱) 정보부장실로 안내됐다. 김형욱과 임석진은 예전에 독일 프랑크푸르트에서 한 번 만난 사이기도 했다.

임석진 교수를 맞이한 김형욱은 "아이고, 임 박사 아니십니까" 하며 "그런 일이 있으면 저한테 직접 오시지 않고"라고 말했다. 박 대통령에게 직접 보고한 것이 불쾌하다는 뜻이었다고 임 교수는 회고했다. 그러나 김형욱은 자신의 회고록에서 임석진 교수가 자신에게 찾아와 자수했다고 쓰고 박 대통령과의 부분은 완전히 누락시키고 있다.

林 교수는 이 자리에서 김형욱 정보부장에게도 부탁을 했다고 한다.

"희생자가 덜 나면서 사회적 물의가 크게 일어나지 않고 북한을 정면으로 자극하지 않게 내면적으로 처리하는 길을 부탁했습니다. 그런데 김형욱은 일을 제대로 처리할 능력이 없는 사람 같아 불안했습니다. 결과는 예측한 대로였습니다."

수사 착수

1967년 5월 22일 오후 김형욱 중앙정보부장은 李龍澤 수사과장을 부르더니 메모지 한 장을 건네주었다.

"청와대에 들어갔더니 각하께서 이 사람이 이기양 특파원의 行不사건에 상당한 단서를 갖고 있다고 하시면서, 동백림에 있는 북한 대사관에서 對南 공작을 벌여왔다고 하시는구먼. 은밀한 수사를 지시하셨으니 당신이 이 사람을 만나 알아보고 결과를 나와 함께 청와대로 들어가 대통령께 보고하시오."

李 과장이 메모지를 펼쳐 보니 임석진 교수의 이름과 전화번호였다. 李 과장은 다음날부터 이틀간 충무로에 있는 아스토리아 호텔에 방을 잡아두고 임석진 교수와 만났다.

"얘기를 들어 보니 엄청났습니다. 우리가 갖고 있던 정보는 임 교수의 진술에 비하면 지엽말단적인 것에 불과했지요. 다음날 또 만나자고 하여 상세한 내막을 들을 수 있었습니다."

5월 24일경, 李龍澤 수사과장은 김형욱 정보부장과 함께 청와대로 들어갔다. 이 과장은 박 대통령에게 사건 개요를 보고했다. 그런데 박 대통령은 보고가 끝나자 이런 말을 했다고 한다.

"거, 내가 알고 있는 것과 비슷하군."

이용택 전 의원의 회고.

"대통령께서 우리보다 많이 알고 있다는 느낌을 받았습니다. 나중에 알아보니 임 교수가 사전에 박 대통령을 만났고 보고서를 작성해 올렸다고 합니다. 그 보고서는 김형욱 부장도 보지 못한 걸로 보아서 박 대통령 당신이 연구하기 위해서인지 혹은 김형욱 부장의 업무능력 평가를 위해 갖고 있었던 모양입니다."

이날 박 대통령은 김형욱 부장에게 따끔한 질책을 했다.

"북괴가 해외에 나가 사는 우리 동포를 활용해서 해외로부터 우리를 포위하고 침투 공작을 하려는 의도인 것 같은데, 당신은 외국 정보기관에서 주는 것만 갖고 일하나? 너무 국내에만 치중해서 대남 간첩이나 지하당 간첩단 사건에만 얽매이지 말고 국제적으로도 신경 좀 쓰시오. 국외 업무도 강화하고. 그리고 이 사건은 철저히 수사해서 뿌리 뽑으시오. 이게 어디 동백림뿐이겠어? 북괴 대사관이 있는 곳이라면 전부 이럴 테지."

"예, 철저히 하겠습니다."

김형욱 부장은 90도 각도로 절을 했다.

박 대통령의 '철저 수사 지시'를 김형욱 부장은 '합리성을 잃어도 좋다'는 뜻으로 받아들인 것은 아니었을까. 해외로부터 무리한 구인 과정, 합리적이지 못한 확대 수사, 도처에서 나타나는 고문 흔적들은 진범을 찾아내 엄중 처벌하는 데 실패하고 무고한 피해자 속에 진범들이 섞이게 만들어 종국에는 사건 자체가 조작이란 오명을 쓰기에 이르렀다. 중앙정보부 내에서 김형욱의 위력은 막강했으나 부하 직원들의 자발적 복종심을 얻기에는 턱없이 부족했다고 한다. '존경할 수 없는 인물'로 군림했던 김형욱 시대의 정보기관원들은 북한의 진일보한 지하당 공작사건에 직면하여 재래식 일반 간첩 수사기법으로 대응했던 것이다.

당시 이용택 수사과장은 정보부 수사국 직원을 총 동원하다시피 해서 혐의자 명단을 만들어갔다고 한다.

이용택 전 의원의 증언.

"동백림 사건 수사는 결과적으로 미완의 수사가 됐습니다. 수사관은 한정됐고 동백림뿐 아니라 영국, 네덜란드, 프랑스와 미국에까지 지하망의 뿌리가 뻗쳐 있어 혐의자는 기하급수적으로 늘어났습니다. 일부 관련자를 소환한 직후부터는 서독과 프랑스에서 외교적 압력이 가해져 서둘러 종결시켜야 했습니다.

당시 북괴가 한국 사회에 조성해놓은 지하당은 통상 선거 시기에 활동을 많이 했습니다. 아무래도 선거가 있다 보면 수사관들의 힘이 선거 쪽으로 분산되는 걸 알고 있다는 것이죠. 동백림 사건도 임 교수가 대통령께 제보하지 않았더라면 아마 학생 데모가 과열되는 가운데 7월 말이나 되어야 꼬리가 잡혔을 겁니다.

저의 경우 이기양 특파원 실종사건을 내사 중이었기 때문에 이 사건에서 단서를 잡았을 테고 그러자면 체코에 어떤 수를 써서라도 사람을 투입시켜야 했을 테지요. 그런데 임 교수의 제보는 이런 수고를 덜어 주었습니다."

중앙정보부의 수사는 그 해 5월 말에 시작하여 7월 초까지 한 달 반가량 진행된 후 검찰로 넘겨졌다. 임석진 교수는 매일 출근하다시피 중앙정보부로 나와 수사관들의 질문에 응하고 새벽이 되어서야 집으로 돌아가곤 했다.

이용택 과장은 수시로 청와대로 들어가 朴 대통령에게 직보했다.

"서독의 경우는 수사를 하면 할수록 관련자들의 상부 선은 윤이상에게 연결되고 있었습니다. 결국 이 사건의 정점은 윤이상이라고 판단하게 되었지요."

그런데 임석진 교수가 박 대통령을 만나 털어놓았을 때엔 주요 인물 한 명이 빠져 있었다. 당시 서독 대사로 근무 중이던 최덕신이었다. 중앙정보부 수사관들과 대면한 임석진은 최덕신 대사도 혐의자라고 지적하고 북한에서 보고 들은 그의 행적에 관해 진술서를 작성했다.

다음날 김형욱 정보부장이 임석진을 불렀다.

"최덕신 대사까지 거론했던데, 이거 너무 범위가 넓어지는 거 같아요. 당신 역공작하는 거 아니오?"

林錫珍은 경멸스런 감정이 솟아나면서 어이가 없었다고 한다. 그렇다고 대들 수도 없는 처지라 "나는 다만 이상한 말을 들었기에 적어준 것뿐입니다"라며 빠져 나왔다고 한다.

崔德新을 살려준 朴 대통령

최덕신은 1914년 평안북도 의주군에서 태어나 1936년 중국 남경 육군 중앙군관학교를 졸업했다. 1946년 조선경비사관학교 특별반을 거쳐 1956년에 육군 중장으로 예편했고, 1956년부터 1961년까지 주월남 대사로, 1961년 5·16 이후 외무부 장관으로 재직한 뒤 1963년 12월 駐서독 대사로 발령받았다.

그는 동백림 사건 이후 1977년까지 천도교 교령을 지내다가 공금 횡령 등 비리로 교단의 배척을 받자 그해 미국으로 망명했다. 최덕신은 미국에서 反체제 활동을 벌이다 1986년 4월 부부가 함께 북한으로 들어갔다.

그는 북한에서 對南 전위 조직인 조국평화통일위원회 부위원장과 천도교 청우당 중앙위원장, 조선종교인협회 회장 등을 맡아 김일성-김정일 父子(부자) 체제 선전과 대남 평화 공세의 선전장에 동원됐다. 1989년 최 씨가 75세로 사망하자 북한은 국가장으로 성대한 장례를 치러 주었다. 최덕신의 부인 유미영은 천도교 중앙지도위원회 위원장직을 이어

받아 남편을 대신해 활동하며 1995년 安浩相(안호상) 초대 문교부 장관의 밀입북 당시 초청자로도 활동했다.

최덕신의 아버지 최동오는 일제시대에 만주에서 목사로서 독립운동을 했던 臨政(임정) 계열의 독립운동가였다. 김일성은 중학교 재학 시절 기숙사에 묵고 있을 때 최동오 목사와 친분을 맺었고, 훗날 만주에서 김일성이 경찰에 잡혀 구금되었을 때 그를 구사일생으로 살려준 사람이 최동오였다. 이런 이유로 광복 후 북한에서 정권을 잡은 김일성은 월남하지 못한 최동오를 잘 대우해주었고, 1963년 최동오가 사망하자 혁명열사릉에 안장했으며 평소에도 '선생' 이란 호칭보다 '동지' 라는 호칭을 쓸 만큼 각별했다고 한다.

李龍澤 당시 수사과장은 이렇게 말했다.

"우리는 임석진 교수가 써 준 진술서를 바탕으로 최덕신 대사의 주변을 조사했더니 이미 윤이상의 하부 선과 접촉하여 아버지의 소식을 타진했고 북측과 접촉도 있었음을 알게 됐습니다."

그런데 왜 최덕신은 동백림 사건에서 조사를 받지 않고 무사히 빠져나갔을까. 당시 이용택 과장은 김형욱 부장을 거치지 않고 이 사실을 박 대통령에게 직접 보고했다고 한다.

"이 과장, 거 신중하게 하시오. 좀더 철저하게 수사해 보고. 최 대사도 고향이 이북이니 어쩌면 북에서 마수를 뻗쳤는지도 모르지…. 개인적으로는 효자인데, (만약 사실이라면) 법률적으로는 안 되는 것 아니야…."

李龍澤 전 의원은 이렇게 회고했다.

"최덕신은 박 대통령이 군 시절 때부터 개인적으로 좋아한 인물입니다. 그런데 장관을 지내고 현직 대사로 나간 사람이 북한과 내통하고 있다는 것이 사실로 판명될 경우 박 대통령 개인과 정권에 큰 흠이 될 만한 사안이었습니다. 박 대통령의 '신중하게 하라' 는 지시를 수행하기 위해 우리는 최덕신을 주목하기만 하고 극도의 보안을 기했습니다. 자칫하면 망명할 것으로 보았지요. 이 때문에 최덕신은 동백림 사건 관련자들을 소환하는 과정에서 자신이 소외되었다며 우리에게 감정이 상한 것처럼 행동했습니다."

서독과 프랑스에서 혐의가 있는 관련 당사자들을 소환하는 과정에서 외교적 마찰이 빚어질 때 최덕신은 소극적인 대응을 했다. 그리고 자신은 서독 정부의 항의로 도저히 대사직을 수행하지 못하겠다며 본국 소환을 요청했다.

이런 행동을 하고 있던 최덕신에 대해 김형욱은 회고록에서 다음과 같이 기록하고 있다.

〈현지에 도착한 요원들은 대사 최덕신에게 특수 임무를 알리지 않고 임무 수행 동안 기밀 유지를 위해 대사관의 모든 공문서, 전보의 발신 및 수신을 통제했다. 나중에 이를 안 양심적인 외교관 최덕신이 우리 임무에 비협조적이고 국제적인 문제가 야기될 것이라는 우려를 표명한다는 보고가 들어왔다.

"시간이 급해. 그 사람의 우려는 이해하지만 할 수 없소. 강행하시오(김형욱의 말)."〉

한 나라의 정보부장이 북한과 선이 닿아 있던 대사를 두고 '양심적인 외교관' 이란 修辭(수사)를 써야 하는 배경은 아직도 풀리지 않고 있다. 박 대통령이 최 대사의 소환 요청을 수락하여 본국으로 불러들였을 때, 최 대사는 청와대로 들어가 대통령에게 동백림 사건을 보고했다.

이용택 전 의원의 증언.

"최덕신은 사건 전말을 대통령께 보고하면서도 자기가 북한 측 요원들과 접촉했다는 사실은 쏙 빼버립디다. 그러고는 한술 더 떠 자신도 북괴로부터 친인척 상봉 제의를 받았지만 한마디로 거절했다고 보고했던 겁니다."

박정희 대통령은 최덕신의 거짓말을 알고 있었을까.

"알고 계셨다고 봅니다. 제가 보고드린 것과 최 대사의 진술에서 드러나는 차이를 금방 눈치챘을 테니까요. 최덕신은 그 후 박 대통령이 다른 국가의 대사로 내보낼 줄 알고 기다렸지만 박 대통령은 최 대사를 해외로 내보내지 않았습니다. 외무장관을 지낸 사람을 국내에만 묶어둔 이유가 무엇이었겠습니까."

최덕신은 자신을 대사로 발령을 내지 않자 박 대통령에게 천도교 교령 자리를 원했다고 한다.

다시 이용택 前 의원의 이야기를 들어보자.

"그해 말, 최덕신은 천도교 교령에 앉게 해달라고 박 대통령께 부탁한 모양입니다. 하루는 대통령께서 저를 부르시더니 '내무부 장관에게도 지시했는데 천도교 교령 선거에 최덕신 대사가 될 수 있도록 힘을 써보게' 라고 지시했습니다. 이것 때문에 중정 요원들이 천도교의 각 지방 대의원들을 만나 부탁을 하고 다녀야 했습니다. 결국 교령으로 추대되었지만 실제는 관선 교령이었던 셈입니다."

이용택은 중앙정보부에서 극비리에 최덕신을 계속 주목했다고 한다.

'납치'와 '도피'

1967년 6월 초, 중앙정보부는 임석진의 진술을 바탕으로 부부 다섯 쌍을 포함해 혐의 대상자 23명의 명단을 최초로 작성했다. 수사관들은 이 명단을 토대로 인맥을 그려 나가면서 12명을 추가하고, 며칠 뒤 13명을 추가하여 총 48명의 교포 및 유학생들을 명단에 집어넣었다.

중앙정보부는 이들 48명을 A급, B급, C급으로 나누었다. 윤이상, 이응노 같은 거물급은 A급, 학위를 마치고 교편을 잡고 있던 젊은 교수들은 B급, 유학생들과 派獨(파독) 광부들은 C급이었다.

6·8 국회의원 선거가 끝난 이틀 뒤인 6월 10일, 정보부는 특수공작 책임자를 현지에 급파했다. 이후 총 39명의 공작 요원들을 서독과 프랑스로 보냈다. 6월 15일, 현지에 도착한 정보부 요원들은 다음날 3명 1개 조로 편성하여 혐의 대상자가 거주하는 서독과 프랑스 등의 20여 개 지점으로 출발, 혐의 대상자와 접촉했다.

A, B급 혐의 대상자들에게는 朴 대통령의 초청이라 속이고 8·15 광복절 행사에 참석토록 모시러 왔다고 했다. 비행기를 전세 냈다며 여권과 항공권까지 대사관에서 알아서 마련해 줄 것이라고 설득해 대부분이 이 말에 넘어갔다. C급 대상자는 한국 정부 당국에서 귀하의 활동에 의심나는 것이 있으니 한국에 들어가 해명하고 오자는 식의 半(반)협박을 했다.

사흘간에 걸쳐 독일 본의 한국 대사관으로 30명을 집결시켰다. 총 48명 중 10명은 혐의가 없다고 판명되었고, 나머지 8명은 눈치채고 도주하여 대부분이 북한으로 들어갔다고 한다. 집결한 30명 중에는 프랑스에서 자동차로 독·불 국경을 넘어 온 10여 명도 있었다.

당시 프랑스 파리 주재 한국 대사관에서 공보관으로 근무했던 李基鐸(이기택·전 연세대학교 정외과 교수) 씨는 임기를 마치고 귀국 준비를 하던 중 서독 본에 있던 한국 대사관에서 급전이 들어오는 것을 목격했다.

내용은 대사를 제외한 공사 및 참사관 이하 직원들은 비상 대기하라는 지시였다. 잠시 후 본에서 북괴 공작에 포섭돼 긴급 호송할 인물들의 명단을 암호 전문으로 보낼 테니 해독 준비를 하라고 했다. 암호를 다룰 상황이 아니라고 하자 '이름을 거꾸로 부를 테니 받아 적어라' 고 했다.

이기택 교수의 회고.

"직원들이 긴장감에 싸인 채 전화에서 흘러나오는 이름들을 하얀 종이 위에 써 내려가는 걸 보았습니다. 그리고 모두 경악했습니다. 열댓 명가량 되었는데 대부분이 대사관에서 근무했던 사람들이었습니다. 유학생들은 전부가 대사관에서 용역을 하던 사람들이었고 무관부 소속의 직원도 있었습니다. 기밀이 얼마나 빠져나갔을까 생각하면 소름끼치는 일이었습니다."

駐佛 대사는 대사관 직원들의 여권을 모아 정보부 요원에게 넘겼다. 이 여권들은 즉석에서 혐의자들의 위조 여권으로 둔갑했다. 혐의자들을 독일로 호송하기 위해 사진을 감쪽같이 바꿔 붙여 혐의자들의 여권으로 위조한 것이다. 駐佛 대사관 직원들은 차량을 동원하고 연이어 도착한 수사관들과 분승하여 파리 주변에 산재한 혐의 대상자들의 거주지를 급습했다. 그러나 프랑스에서는 여섯 명가량의 유학생들이 종적을 감추었다.

이기택 교수의 기억.

"코르베지 건축학교에 다니던 어느 유학생과 方俊(방준) 유학생 부부도 사라져버렸습니다. 프랑스에서 변호사 시험에 합격한 朴俠(박협)은 실종됐던 이기양 기자의 서울대 정치학과 2년 선배였습니다. 평소 대사관에 나와 번역일도 했습니다. 일본의 유엔 대사의 조카딸과 동거하고 있었는데, 이 친구 방을 급습해 보니 급히 개봉했던 편지 한 통만 있었습니다. 편지 내용은 박협의 영문자 이름 약어인 P. H.를 이용해 만든 암호 전문이었습니다.

'Paul Heimat is seriously ill. And should be immediately hospitalized in Paris.(폴 하이마트가 위독하다. 즉시 파리에서 입원시켜라)'

박협에게 도피하라는 경고였는데, 박협은 이걸 받아 읽고 사라진 것이었지요. '입원' 이란 의미는 모종의 비상 통로를 찾아 잠적하란 의미였습니다. 박협을 포함해 프랑스에서 잠적했던 여섯 명은 그 후 행방불명으로 처리됐지요. 몇 개월 뒤 프랑스 경찰청은 駐佛 한국 대사관 측에 이들의 출국 사실을 발견할 수 없었다며 'KGB 계통으로 중국이나 소련 대사관을 통해 프랑스에서 빠져 나간 것으로 보인다' 는 회신을 보내왔습니다."

정보부는 본 공항을 통해 혐의 대상자들을 출국시키기 쉽지 않다고 판단하고 함부르크까지 열 시간에 걸쳐 자동차로 이동, 한국과 수사협정이 체결되어 있는 일본항공(JAL)을 이용했다. 그러나 이미 국제법을 위반해 사태가 꼬이기 시작하고 있었다.

한 교민은 자신의 집을 찾아온 정보부 요원을 따라 나섰다가 낌새가 이상하자 도주해, 현지 언론을 통해 이 사실을 폭로했다. 서독 언론은 처음엔 반응이 없다가 시간이 갈수록 한국인 실종 신고가 늘어나자 관심을 갖기 시작했다.

북한의 유언비어에 의해서인지, 혐의 대상자 중에서 허위사실을 발설했는지는 밝혀지지 않았으나 李修吉(이수길·당시 마인츠 대학 병원 방사선과 의사) 박사 등 몇몇 무고한 사람들은 1967년 6월 20일자로 駐서독 한국 대사관을 경유해 서울로 끌려온 경우였다.

이수길 박사는 1965년부터 한국 간호사들의 독일 진출에 앞장섰고 선천성 기형 아동 34명을 한국일보를 통해 모집하여 미국과 독일에서 무료로 치료받게 해 주는 등 한·독 의료계 교류에 힘을 쏟았던 소아마비 장애를 가진 의사였다. 그는 1997년에는 뇌졸중으로 쓰러진 崔炯佑(최형우) 전 신한국당 고문의 치료를 맡았고, 이후 두 집안끼리 사돈 관계를 맺기도 했다.

당시 정보부 수사관들은 서독 주재 한국 대사관으로 이수길 박사를 유인한 뒤 구금하고 강제로 '급히 서울에 가야 할 일이 생겼다' 는 내용의 편지를 부인에게 남겨 두게 했다. 대사관 측은 평소 부인과 안면이 있던 양두원 참사관을 통해 '조용히 계시면 좋은 일이 생길 것' 이라고 안심시켰다. 부인도 잠자코 있었다.

7월 3일, 프랑크푸르트 신문은 이수길 박사를 포함한 다섯 명의 한국인이 행방불명되었다고 보도했다. 다음날엔 마인츠 신문과 라디오 방송까지 이 사실을 대대적으로 보도했다.

7월 6일에는 마인츠 경찰서 수사과장이 형사와 함께 李 박사의 집으로 찾아 왔다. 김형욱 중정부장이 국내 언론을 통해 동백림 사건을 발표하기 전부터 벌어진 일들이었다.

임석진 교수가 김형욱을 만나 조사를 받기 시작한 5월 하순부터 6월

하순까지 한국에서는 제7代 국회의원 선거가 치러졌고 선거 부정 시비로 극심한 후유증에 시달리고 있을 때였다. 이 기간 중 김형욱은 무슨 일을 하고 있었을까. 그는 회고록을 통해 '나는 서독 현지에서의 말썽이 전파를 타고 한국에 전해지기 전에 이 사건의 관련자로서 국내에 있던 혐의자들을 이미 구속해 두고 있었다' 고 쓰고 있다.

1967년 7월 8일 김형욱은 기자회견을 통해 194명에 달하는 대규모 간첩 사건을 포착, 이 중 107명을 입건 또는 구속 수사 중이라고 발표했다.

작곡가 尹伊桑

윤이상은 경남 통영에서 태어나 일제시대에 한국과 일본에서 음악교육을 받았다. 통영여고, 부산사범학교, 부산고에서 음악 교사로 재직하다 1954년부터 서울의 여러 대학에서 강사 생활을 하던 중 1955년 '현악 4중주 1번' 과 '피아노 3중주곡' 으로 서울시 문화상을 수상했고, 1956년 프랑스 파리음악원으로 유학을 떠났다.

그가 동베를린 북한 대사관과 가까운 베를린대학으로 유학지를 옮긴 것은 1957년. 이때 이미 북한과 연계되었다는 것이 당시 수사관과 현지 교민들의 증언이다. 1959년 베를린음대를 졸업할 무렵 그는 이미 독일 사회에서 유명해져 있었다. 한국이 낳은 세계적 음악가이지만 북한이 '길렀다' 고 자부하는 음악가이기도 하다.

1967년 6월, 중앙정보부에서 바라본 尹伊桑은 여러 모로 거물이었다. 현지에서 음악가로서 이미 이름이 알려지기 시작했고, 내사 단계에서부터 그의 이름은 항상 계보 맨 위에 있었다. 1967년 6월 17일, 윤 씨는 베를린 슈판다우의 한 아파트에서 광복절을 즈음한 박 대통령의 초청이라는 中情요원들의 말에 속아 서울로 구인됐다. 尹伊桑은 이문동 중앙정보부 본청 지하실에서 조사를 받았다.

당시 중정 수사과장 이용택의 증언.

"윤이상은 이미 1960년경부터 북한을 드나들었고, 북쪽에서도 그의 사회적 명성이 지하당 공작에 유리하다는 판단하에 그를 위해 끔찍하게 지원해 주었던 것 같습니다. 예술만 알던 사람이니 정치적인 관계를 해석하는 데 서툴러 그들과 엮이게 되었을 거란 짐작은 갔지만, 그 한 사람으로 인해 수십 명이 북한 공작에 이용됐다는 것은 작은 일이 아니었습니다."

윤이상은 독일 작가 루이제 린저가 쓴 《윤이상·루이제 린저와의 대담-상처 입은 龍(용)》에서 자신이 북한 사람을 처음 만난 것은 1959년의 일이고, 북한을 처음 방문한 것은 1963년이라고 말하고 있다.

윤이상은 본에 있던 한국 대사관에 유인된 직후 라디오를 크게 틀어놓는 소음 고문을 받았다고 《상처입은 용》을 통해 밝히고 있다. 서울에 와서도 상상을 초월하는 모진 고문 끝에 '나는 북한에 봉사하는 공산주의자이다' 라는 자백을 했다고 한다. 구타와 고문을 견디다 못해 자살을 시도했고, 재떨이로 자신의 머리를 내리쳐 중상을 입었고, 오랫동안 입원 치료를 받아야 했다는 것이다.

李龍澤 당시 수사과장은 "고문은 없었다고 믿는다. 저 사람들이 법정 투쟁을 하기 위해 고문 받았다고 허위 주장을 했든지 실제로 나 모르게 수사관들이 고문했을 가능성은 있다"고 했지만, 현장에 그 자신이 항상 있었던 것은 아니어서 이 증언은 큰 의미가 없을 것이다.

동백림 사건에 연루돼 조사받은 194명 중에는 고문과 관련하여 두 부류로 나뉘어 있었다. 임석진과 그의 동생들처럼 당국에 자수하여 조사에 순순히 응했던 사람들과 청와대 등 상부의 요인과 관계 있는 사람들은 거의 고문을 받지 않았다고 한다. 반면, 윤이상처럼 혐의를 많이 받은 사람들일수록 고문의 강도가 심했던 것으로 보인다.

윤이상의 경우, 재떨이 自害사건은 동백림 사건의 수사 속도가 늦춰지는 계기가 됐다. 전후관계를 李龍澤 당시 수사과장의 증언으로 재조합해 보았다.

李 과장은 그날 담당 계장이 윤이상에게 최덕신 대사에 관한 심문을 하는 장면을 관찰하다가 올라와 2층 야전침대에서 눈을 붙이고 있었다고 한다. 새벽에 담당 계장이 흔들어 깨웠다.

"왜?"

"윤이상이가…."

李 과장은 직감적으로 윤이상이 죽은 줄 알았다고 한다.

"그는 주범이었습니다. 입구에는 헌병 둘을 배치해 두고 있었는데 담당 계장이 화장실 간 사이에 윤 씨는 책상 위에 있던 네모난 사기 재떨이를 깨 자기 머리 오른쪽을 몇 차례나 찍었습니다. 계장의 보고에 놀라서 뛰어 내려가 보니 4평 정도 되는 취조실 바닥이 피로 물들었을 정도로 많은 피가 흘렀습니다."

이미 윤이상은 후송되고 있었고 벽에는 손가락에 피를 묻혀 쓴 글이 있었다.

'최덕신은 결백하다.'

李 과장은 현장보존을 지시하고 사진을 찍어 두었다고 한다.

1999년 9월 19일 MBC 텔레비전에서 방영된 〈이제는 말할 수 있다-끝나지 않은 동백림 사건〉에서 윤이상의 처 이수자는 이런 증언을 했다.

"…피가 흘러서 흐르는 걸 갖다가 손가락에 찍어 벽에다 '우리 아이들에게 아버지는 간첩이, 간첩이 아니다' 라고 쓰고…."

다시 이용택 당시 수사과장의 입장으로 돌아가 본다.

그는 즉시 윤이상이 후송된 청량리 파티마 병원으로 달려갔다. 의사가 면도칼로 윤이상의 머리털을 깎고 있었다. 윤 씨의 손과 발은 침대에 묶여 있었다.

李 과장과 尹 씨의 대화.

"윤 선생, 정말 죽고 싶어요?"

"내 자신을 저주했습니다. 저는 참 어리석은 놈입니다."

"죽는다고 일이 해결되지 않습니다. 내 종교는 불교입니다. 자살도 살인입니다. 살고 싶습니까."

"예, 살고 싶습니다."

의사는 "생명에는 전혀 지장이 없습니다. 자살 미수가 아니라 자해로 보입니다"라고 소견을 말했다.

이 사건으로 윤이상에게 강제 수사를 할 입장이 못 되었다고 한다. 게다가 외교적인 압력이 가해지기 시작하고 정보부에서의 구속기간 20일이 만료되어감에 따라 증거 포착에 많은 애로가 따랐다. 이런 요인들이 이 사건을 미완의 수사로 만들었다고 한다.

尹 씨는 1967년 말, 제1심에서 무기징역을 선고받고, 1968년 제2심에서 15년 징역형으로 감형 처분받고, 1969년 제3심에서 10년형으로 다시 감형받았다. 이 해 2월 尹 씨는 형 집행정지를 받고 출감해 서울에서 약

1개월간 머물다 독일로 돌아갔다.

당시 독일 정부와 세계적인 예술가들이 그의 석방을 위해 노력했고 이면에서는 북한의 공작도 한몫을 했다. 그는 이러한 정치 외교적 협상의 결과로 다시 독일로 돌아간 것이다.

1995년에 사망한 윤이상은 동백림 사건 이후 한국 땅을 한 번도 밟지 않았지만 북한은 여러 번 방문하고 김일성과도 만나는 등 북측과는 활발하게 접촉했다. 북한은 수시로 윤이상 음악제를 개최하는 것은 물론, 1984년에는 윤이상 음악연구소를 설립해 그의 음악을 집중 연구했다. 윤이상 자신도 북한에 몇 달씩 체류하면서 교향악단과 합창단을 지도하기도 했다.

李修吉 박사

1990년대에 독일 유학생 간첩으로 자수했던 韓秉勳(한병훈) 씨는 독일에서의 윤이상에 대해 이렇게 말했다.

"그는 기회가 있을 때마다 '나는 공산주의자가 아니다. 민족주의자다' 라고 말하지요. 그럴 만도 할 겁니다. 그가 무슨 마르크스 철학을 알 것이며 계급혁명을 알겠습니까. 아무런 인문학적인 바탕이 없는 사람입니다. 단지 음악으로 명성을 얻은 것이 유럽 사회에서는 문화 권력가로 활동할 수 있으니 북한이 이를 최대한 이용한 것이지요.

윤이상의 계보를 따라가면 송○○, 김○○ 등 최근까지 한국 유학생들을 포섭했던 학자들이 등장합니다. 이들의 제자들이 국내 학교나 언론, 출판계에서 자리를 잡고 있는 경우도 비일비재한 시대가 왔습니다. 서독에서 구축된 지하당 사건인 동백림 사건은 지금까지 계속되고 있는 겁니다."

동백림 사건 혐의자 중 金玉姬(김옥희)는 난수표를 소지하고 있다가 발각된 경우에 속했다. 그는 프랑스에 유학 중 북한 공작원에 포섭되었고 뒤에 朴鐘圭(박종규) 청와대 경호실장 비서로 근무하다 이 사건으로 구속됐다.

1999년 9월 19일 MBC 텔레비전의 〈이제는 말할 수 있다-끝나지 않은 동백림 사건〉에서 김옥희의 남편 趙榮秀(조영수)는 담당 PD와의 전화 인터뷰에서 이렇게 말했다.

"난수표를 갖고 와서 그냥 묻어두었다가 끝내 버렸다. 이용택 과장의 얘기가 맞다."

이용택 당시 수사과장은 "그 난수표는 치마 밑에 숨겨 갖고 들어왔던 겁니다. 하지만 조사결과 한 번도 사용한 적은 없었습니다"라고 증언했다.

임석진 교수에 의해 신고된 23명이 194명으로 확대되는 중에는 억울한 사람들도 많이 끼어 있었다. 이수길 박사는 1997년 자신의 회고록 《한강과 라인강 위에 무지개 다리를 놓다》를 통해 무고하게 연루돼 고문받았던 과정을 일기체 형식으로 비교적 객관적으로 소상하게 밝혀놓았다.

그는 뺨 때리기에서부터 물고문과 전기고문에 이르기까지 말로만 듣던 고문들을 다 겪었다고 한다. 이수길 박사는 어릴 때 소아마비를 앓아 지팡이에 의지하며 살았던 1급 장애인 의사였다. 남산 지하실에서 고문의 고통을 견디지 못한 이 박사는 "언제 북한 대사관에 갔느냐"는 수사관의 문초에 "언제라고 쓸까요. 불러주시는 대로 쓰겠습니다"라고 했다가 "너 같이 지독한 간첩은 처음 본다"며 더 심한 고초를 겪기도 했다고 한다.

한국 정부와 독일 정부 사이에 가교를 만들겠다는 일념에 자신의 비용으로 시작한 간호원 파독 사업은 북한이 자금을 대준 공작으로 오인받아 없는 사실을 허위 자백해야 했다고 한다. 공작금 액수와 날짜를 대야 하고 상대방과 접선 장소 등을 써야 했기 때문에 전후 관계가 맞지 않으면 다시 고문을 당하는 과정을 되풀이해야만 했다는 것이다.

이수길 박사는 독일 정부 측의 압력이 계속되는 가운데 수사 결과 '무혐의'로 밝혀져 20여 일 만에 풀려났다. 당시 주한 독일 대사관의 페링 대사는 이수길 박사를 대사관으로 불러 "독일에 돌아가서 조국을 비난한다는 것은 신중히 고려해야 한다고 생각합니다"라고 충고를 했다.

1967년 7월 20일, 그는 프랑크푸르트 공항에 도착해 공항 회견실에서 서독 언론들과 기자회견을 했다.

〈문: 당신은 한국 정보요원들한테 납치되어 갔는가?

답: 나는 간첩 혐의를 받고 있다는 양 참사관의 말을 듣고 해명하기 위해 자진해서 서울에 갔다.

문: 한국 정부의 부정선거 때문에 국민들과 학생들이 데모하는 것을 무마하기 위한 방법이라고 생각하지 않는가?

답: 이런 질문의 답은 한국의 위정자들이 할 성질의 것이다. 한국 여론은 이번 동백림 사건의 적발을 다행으로 생각하며 동시에 민첩한 수사 활동에 만족하고 있다. 만일 지금 이러한 사건을 적발하지 못했으면 뒷날 많은 유학생, 간호원, 광부들이 희생될 뻔했다.(하략)〉

이수길 박사의 이런 회견은 물론 사실과 달랐다. 이 박사는 그의 회고록에서 이런 소감문을 썼다.

'한국에서 받은 인간으로서는 당할 수 없는 고문과 치욕을 생각하면 이가 갈렸다. 하지만 그렇다고 누워서 침을 뱉으면 다시 자기 얼굴에 떨어진다는 것을 생각할 때 독일 사람들 앞에서 나의 조국 한국을 헐뜯을 수 없었다.'

실패한 수사

서울 상대 출신인 시인 千祥炳(천상병·1993년 사망)은 마산중학교 재학 중 담임선생 金春洙(김춘수)의 권유로 시를 써 청마 柳致環(유치환)의 추천을 받아 소년 등단했다. 가난했던 천재 천상병은 술을 친구처럼 벗삼은 기인이기도 했다. 서울대 재학 시절 韓戊淑(한무숙) 선생 집에서 기숙할 때, 안방 화장대 위에 놓인 작은 양주병이 생각나 밤늦게 몰래 들고 나와 마셨더니 향수병이었다는 사건이 일화로 남아 있을 정도다.

그가 이 사건에 연루된 것은 상대 동기생 강 모 씨와 절친했기 때문이다.

강 씨는 필자와의 통화에서 "유학 시절에 아내와 동백림에 들어가 김일성대 교수를 두 차례 만난 적이 있다"며 "그 일 때문에 억울하게도 친구만 죽도록 고생시켰다. 고문이란, 당시로서는 자칫하면 당하는 일인 만큼 별로 할 말이 없다"고 했다.

당시 서울 상대 조교수로 근무하다 부인과 함께 구속된 그는 친구의 이름을 댄 적이 없었는데 어찌된 일인지 천상병이 잡혀 와 있더라고 했다. 부유한 집안의 자제로 바이올린 연주를 즐겼던 낭만주의자 강 씨는 학창 시절부터 천상병과 단짝이었다. 유학을 다녀와서도 천상병을 불러 술을 사주곤 했다. 수사관들에게는 '지하당 조직'으로 보였을 것이다.

동백림 사건 관련 시인 천상병의 공소장에는 죄목이 '반공법과 국가보안법상의 불고지죄 및 형법상의 공갈죄'였다. 천상병은 6개월간 옥고를 치른 후 석방되었지만 행려병자가 되어 떠돌다가 세상 모르게 청량리 국립정신병원에 강제 입원되어 있었다. 文友(문우)들은 그가 죽었다고 생각하고 60여 편의 유작 시를 모아 유고 시집 《새》를 출간했다(1970년 12월). 살아 있는 사람을 두고 유고 시집이 나온 해프닝이 벌어진 것이다.

책이 나온 뒤 비로소 병원으로부터 연락을 받고 친구들이 달려가 보니 천상병은 침대에 걸터앉아 아이같이 천진난만한 웃음으로 친구들을 맞았다. 그의 다리 사이에는 소변을 가리지 못해 커다란 기저귀가 채워져 있었다.

박정희 대통령을 만나 자수했던 임석진 교수는 수사만 받고 풀려났으나 그의 친동생 임석훈(당시 독일 유학 중)은 15년형을 확정 선고받고 1969년에 사면되어 서독으로 돌아갔다. 그는 지금까지 한국 국적을 버리지 않고 있으며 처는 물론 자식들도 한국 국적을 유지하며 살고 있다.

기자와의 통화에서 그는 이렇게 말했다.

"형님이 북한엘 찾아 간 마음도 이해할 수 있었고 다녀온 뒤 태도를 바꾼 것도 이해할 수 있었습니다. 그 와중에 제가 북한에 연루된 것에 대해 원망해 본 적이 없습니다. 저를 문초했던 수사관들은 지식인들의 속성을 몰라 막무가내로 다루었던 게 사실입니다. 그들이 대한민국을 대표하지는 않을 겁니다. 나는 조국을 원망하지 않습니다."

동백림 사건에서 등장한 혐의자 윤이상과 이응노는 각각 독일과 프랑스에서 부와 명예를 누리며 살아갔지만 이들은 한국에 대해 냉정한 만큼 북한에 우호적이었다.

윤이상에 의해 인생의 곡절을 겪어야 했던 철학박사 임석진의 경우 1979년에 가서야 겨우 그에 대한 출국금지 조치가 해제됐다. 이후 독일을 오가며 국제 헤겔학회에서 괄목할 만한 성과를 거두어 뒤늦게 철학계에서 국제적인 명성을 얻었다.

명지대 철학과 명예교수인 임석진이 1961년에 제출한 박사학위 논문 〈헤겔의 노동의 개념〉은 이미 세계헤겔학회에서 선정한 12권의 명저 중 하나로 뽑혀, 임석진을 하이데거, 루카치 등에 이은 세계적인 철학자의 반열에 올려놓았다. 그는 동백림 사건 이후 국내에서 '배신자' 혹은 '이중간첩' 이란 비난을 받아가며 열악한 환경 속에서도 꾸준히 학문에 몰입하여 지금까지 헤겔 저서 10권을 번역, 동양 최고의 헤겔 전문가란 평가와 함께 동양과 서양을 아우르는 헤겔의 철학 세계를 창조적으로 지향한다는 평가를 받고 있다.

1994년 독일 유학생 부부 간첩으로 활동하다 자수한 한병훈 씨는 임석진 교수에 대해 이런 말을 했다.

"우리 사회가 무려 30년 이상 임석진 같은 학자를 깔아뭉개고 윤이상, 송○○ 같은 이들을 영웅시하게 됐습니다. 임 교수야말로 세계적인 석학임에도 국내에서 그가 운영하는 헤겔 학회에 지원하는 재벌 기업은 하나도 없습니다. 요샛말로 '왕따' 를 당하면서 홀로 꿋꿋하게 학문에 정진하여 헤겔의 본고장에서까지 머리를 숙이지만, 우리는 아직도 그를 보는 눈이 멀었습니다. 누가 우리의 눈을 멀게 했단 말입니까."

1967년 5월 17일 임석진 교수의 자수로 시작된 '동백림 사건'은 1970년 12월 25일 크리스마스 특사로 모든 혐의자가 풀려남으로써 공식적으로는 종결된 사건이었다.

내용 면에서는 북한 對南 공작기관의 전술적 변화에 한국 정보·수사기관이 재래식 간첩 수사 기법으로 대응하다 본질을 놓쳐버린 사건이었다. 그 결과 정치적으로 국내 지식인 그룹을 반정부 성향으로 전환시킨 계기가 됐고, 박정희 사후까지 한국 사회 깊숙이 북한의 지하당 공작이 개입하게 되는 여지를 남겨 놓았다.

미완의 수사

1967년 7월 8일 김형욱 중앙정보부장의 제1차 진상 발표를 계기로 세상에 알려지게 된 '동백림을 거점으로 한 북괴 對南 적화 공작단 사건(일명 동백림 사건)'은 1960년대 남북한의 숨 가쁜 상황을 보여준다.

유럽의 한인 교포 및 유학생을 포함한 관련자 194명 중 107명 구속, 수사 발표를 하기도 전에 서독과 프랑스 정부로부터 주권 침해라는 항의를 받기 시작했다. 중앙정보부에 의한 혐의 대상자의 '기만 유인'과 '강제 구인'은 서방 언론에 의해 '납치'로 규정됐다. 서독 정부는 주한 서독 대사와 직원을 소환했고, 이어서 對韓(대한) 차관을 취소하겠다고 통보하는 등 사건이 국제화되자 중앙정보부는 서둘러 수사를 종결했다.

1967년 11월 9일 시작한 공판은 일 년 반이나 끌었고 중앙정보부와 검찰도 자유롭지 못했다. 이 사건으로 사형을 선고받은 鄭奎明(정규명)·鄭河龍(정하룡)과 무기징역형을 받은 趙榮秀(조영수)가 1970년 12월 25

일 크리스마스 특별 사면을 받아 마지막으로 석방됨에 따라 3년 반 만에 관련 피의자가 형무소에 단 한 명도 남지 않게 되어버린, 간첩사건으로는 유례가 없는 이상한 사건이었다.

관련자 대부분이 지식인 계층으로 혐의도 다양했다.

▲난수표를 받아 보관해 온 경우(조영수의 처 김옥희·검거 당시 박종규 경호실장 비서)

▲밀입북하여 對南 공작 교육과 공작금을 받고 적극적으로 활동한 경우(윤이상, 정하룡 등)

▲당시 국내법상 입국할 수 없는 동베를린으로 몰래 들어가 북한 측 인사들과 접촉한 경우(강○○와 처 강○○ 등)

▲북한 측에 의해 주요 인사로 언급돼 소환 조사받은 경우(황○○ 등)

▲혐의자가 허위 증언하여 억울하게 조사받은 경우(이수길 박사 등)

▲혐의자와 가까운 친구라는 이유로 무고하게 조사받은 경우(천상병 등) 등등.

이들 대부분이 실형 선고를 받고 형을 살다 석방됐지만 일부는 사건 자체를 '조작'이라 주장하며 고문 수사를 규탄하고, 일부는 사태 전개 과정에 대한 침묵으로 일관해왔다. 이런 이유로 사건의 본질이 제대로 밝혀지지 않은 채 지금까지 논란이 되고 있다.

검찰 공소장에 따르면 북한은 1957년부터 공산권과 자유 진영의 통행이 비교적 쉬운 동베를린에 거점을 두고 對南공작 경험자 박일영을 동독 대사에 임명했다는 것이다. 조선노동당 연락부의 대유럽 공작 총책인 이원찬을 상주시키고 막대한 공작금을 동원하여 서유럽에 재학 중인 유학생 및 각계각층의 장기 체류자들에게 심리적인 공작을 시작했다는 것이다. 관련자들은 서신·문물·주민의 남북 교류와 주한 미군 철수 및 연방정부 수립, 평화통일이 불가능할 때 남침에 대비하는 각종 교육과 암호 해독 등 간첩 교육을 받았다고 했다.

이들 중 7명은 평양까지 다녀온 후 해외 유학생, 광부, 간호원 등의 명단을 입수해 평화통일 방안 선전, 국내 민족주의비교연구회와의 연계, 정계 등 각계 요인들의 포섭, 선거에서 혁신계 인사들 지지 등의 임무와 7만여 달러의 공작금 및 난수표를 받고 간첩 활동을 벌여왔다는 것이다.

'동백림 사건' 과 관련된 중앙정보부의 발표는 1967년 7월 8일에 이어 11일의 2차, 12일의 3차, 13일의 4차, 14일의 5차, 15일의 6차, 17일의 7차 발표에 이르기까지 연일 신문에 대서특필되었고, 그때마다 주요 관련자의 혐의 내용이 상세하게 보도됐다.

사건 개요에 준하는 1차 발표에 이어 당시 서울대학교 학생 서클인 '민족주의비교연구회' 가 6·8 부정선거 규탄 데모를 선동하고 있던 중 이 서클의 지도교수이던 황○○ 부교수가 피의자로 2차 때 발표됐으며, 3차 발표에서는 윤이상, 5차 발표에서는 농림차관을 지낸 朱碩均(주석균·당시 한국농업문제연구소장), 6차 발표에서는 이응노 화백이 관련 기사의 머리를 장식했다.

중앙정보부는 "윤이상이 1958년 동백림의 북괴 대사 박일영과 접선, 6·25 당시 월북한 고향 친구 최상간의 소식을 알아보았고, 동독 주재 북괴 공작원 이원찬 등과 접선하여 부인 이수자 등과 함께 1963년 4월 북한 평양에 도착, 3주간에 걸쳐 북괴 요인을 만나는 등 공작금 1,500달러를 받아 귀환했다"고 발표했다.

정보부는 주석균의 경우 "1963년 7월 워싱턴에서 열린 제1회 세계식

량대회에 한국 대표로 참석한 후 귀국하는 길에 동백림에 잠입하여 북괴 공작원과 접선, 6개월 뒤 평양 방문을 약속하고 공작금 1,000달러를 받는 등의 간첩 행위를 했다"고 발표하고, 이응노 화백은 "6·25 때 월북한 장남 李文世(이문세)의 근황을 알고자 고심하던 중 북괴와 연계된 유학생 임석진에 포섭돼 수차에 걸쳐 동백림을 왕래하고 공작금을 받는 등 처 박인경과 함께 부부조로 간첩 활동을 했다"고 발표했다.

1967년 7월 중순, 피의자들이 검찰에 송치되면서 서독과 프랑스에서는 비난 여론을 몰고 와 외교 관계 악화로 번졌다. 서독에서는 독일인 강○○의 석방을 요구하는 데모가 벌어졌고, 서독 경찰은 중앙정보부 요원들을 안내했던 한국인 태권도 사범 김 모 씨와 박 모 씨를 체포했다. 7월 11일에는 서독 정부가 "지난 6월 서독에서 17명의 한국 학생이 실종된 사건에 이어 한국과 서독 관계는 극도로 긴장되고 있다"고 공식 표명한 뒤 13일에는 서독 본 주재 한국 대사관 직원 3명을 본국 소환하도록 한국 정부 측에 요구했다. 7월 21일에는 프랑스 정부도 한국 정부에 공식 항의했다.

이후 중앙정보부는 급히 수사를 마무리 짓고 사건을 검찰에 송치했다. 당시 중앙정보부 수사과장 이용택 씨는 "워낙 피의자가 많았고 수사 인력은 한정된 데다가 20일 이상 구속 수사를 할 수 없었던 법적인 한계, 범행 현장이 외국이란 점 때문에 전체의 한 부분만을 파헤치다 그만둔 미완의 수사였다"고 말했다.

제29장

청와대 습격사건

朴正熙

겨울을 조심하라!

1967년 10월 초, 박정희 대통령은 청와대 집무실에서 康仁德(강인덕·북한국장·통일부 장관 역임) 중앙정보부 분석과장으로부터 보고를 받고 있었다. 보고서 제목은 '최근 북한의 대남침투에 관한 분석-북한의 동계 게릴라 침투 예상보고'. 박 대통령은 보고를 들으면서 밑줄을 치고 때때로 메모를 했다.

결론 부분에 이르자 朴 대통령은 한 문장에 밑줄을 두 번이나 치고 있었다. '북괴는 내년부터 동계 작전에 돌입하여 본격적인 인민전쟁이 시작될 것입니다'라는 부분이었다. 북한의 동계 게릴라 침투작전을 예상한 보고가 끝나자 박 대통령은 인터폰으로 "국방부 장관, 각 군 참모총장들 다 들어오라고 해"라고 지시했다.

"강 군, 이건 게릴라전이라 중앙정보부 통제 능력에서 벗어나는 거야. 그래서 좀 모이라고 했으니까 자네가 다시 한 번 설명하게."

이날 오후 국방부 장관과 육·해·공군 참모총장 및 해병대 사령관 앞에서 강 과장의 설명이 끝나자 박 대통령은 "내가 조만간 전군 사단장급 이상 지휘관과 기관장들을 다 모아놓고 對(대)간첩 작전 회의를 해야겠으니 자네는 이 내용을 설명할 준비를 하게"라고 했다. 박 대통령은 金聖恩 국방장관에게는 "국방부에 對간첩 작전에 관한 모든 권한을 부여할 테니 준비하시오"라고 했다.

'북한의 동계 게릴라 침투 예상보고'는 그때까지 중앙정보부에 속했던 對간첩 작전의 권한들을 대부분 국방부로 이관하게 만드는 계기가 된다.

강인덕 과장이 이런 보고를 하게 된 것은 1967년 1월 초 휴전선을 침투해 들어온 3인조 간첩을 체포하면서부터였다고 한다. 이들은 서울 시내에서 소매치기를 하며 지내다 경찰의 불신검문에 의해 체포되었고, 신원조회를 하는 과정에서 특이점이 나타나 대공 수사기관에 이첩된 경우였다.

강인덕 전 통일부 장관의 회고.

"세 명은 특별한 임무를 부여받지 않고 내려 왔습니다. 그저 서울에서 소매치기를 하며 돈을 쓰다가 신분증만 몇 개 구해서 월북하라는 것이 전부였는데, 당시로서는 특이한 경우였지요. 특히 6·25 이후 겨울에 휴전선을 통해 3인조를 내려 보낸 것은 그때가 처음이었습니다. 눈밭에 발자국이 남기 때문에 북한은 극력 피하던 방식이었거든요. '왜 내려 보냈나' 하는 의문을 가지고 다각도로 분석해 보니 동계 작전이라는 결론에 도달했던 겁니다."

5·16 당시 강인덕 해병대 중위는 전략정보관으로 해병대 사령부에 근무하다 중앙정보부에 차출된 경우였다. 그는 중앙정보부에서 군복을 벗고 분석국 과장, 부국장을 거쳐 1970년 12월 북한국장이 된 뒤 1978년에 퇴직했다. 그는 매월 한 차례씩 북한 동향을 분석 보고하는 과정에서 박 대통령의 신임을 받고 있었다.

박 대통령은 1967년 9월 초 김성은 국방부 장관으로부터 북한이 게릴라 부대를 만들었다는 보고를 접했다.

김성은 씨의 증언.

"9월 초쯤 방첩대장 윤필용이 해안으로 침투하던 공비를 생포해 심문했더니 이런 정보가 있더라면서 보고를 해왔습니다. '124군 부대' 였지요. 정확한 규모나 위치까지는 파악하지 못했지만 북한이 군사 도발을 강화할 것이란 판단을 했습니다."

방첩대의 정보는 비교적 정확했다. 북한은 1967년 8월 12일 민족보위성 정찰국 직속의 대남 공작 특수부대를 창설했다. '124군 부대'란 명칭을 가진 이 집단은 2,400명에 이르는 부대원을 300명씩 8개 기지로 나누어 대남 유격훈련을 시작했다. 각 기지는 남한의 일 개 道(도)를 담당했으며, 제 6기지는 경기도와 서울 지역을 담당했다.

이해 가을 제6기지 부대원 중 정예 요원 35명이 선발돼 서울 침공 계획 훈련에 돌입했다. 이 중 제1조 15명이 청와대를 기습하고 나머지 4개 조(각 5명)가 각기 다른 목표를 동시에 타격한다는 계획이었다.

제2조는 미 대사관저를 습격하여 대사와 그 가족을 살해할 동안, 제3조는 육군본부를 폭파해 장성들을 살해하고, 제4조는 서울교도소 정문을 폭파하여 죄수들을 탈옥시키며, 제5조는 서울 서빙고동에 있는 방첩부대의 간첩수용소를 급습하여 간첩들을 구출해 함께 월북한다는 계획이었다.

훗날 생포된 인민군 金新朝(김신조) 소위는 자신이 선발되었을 때 "이제 죽었구나 하는 생각이 들었다"고 했다.

"임무가 실패하리라는 생각은 한 번도 해본 적이 없었습니다. 더구나 부대원들에게는 당과 수령을 위해 죽는 것이 최대의 영광이었으니까요."

原州 회의: 정보부 越權 질책

1968년 1월 6일 오전 10시, 박정희 대통령은 특별기동차 편으로 강원도 원주역에 도착했다. 이날 야전군 상황실인 1군사령부 회의실에서 열린 '대간첩 비상치안회의'에는 정일권 국무총리와 전 국무위원, 김형욱 중앙정보부장, 任忠植(임충식) 합참의장, 3군 참모총장 및 해병대 사령관, 사단장급 이상 지휘관, 지사, 검사장, 경찰국장 등 173명의 각급 기관장들이 참석했다.

개식사에서 박 대통령은 "북괴 만행을 봉쇄하고 무장 간첩을 섬멸하는 데 있어 유의할 일은 군·민·관이 혼연일체가 되어 상호 협조체제를 확립하여 범국민적 대간첩작전을 펴야 한다"고 강조하고, "정부는 이를 위해 향토방위법의 제정을 서두르고 있으며 앞으로 이 법을 잘 운용하여 지방 주민의 勝共(승공)정신을 강화하고 지역적 방위 체제를 확립하는 것이 선결 문제"라고 말했다.

이 회의에 중앙정보부 강인덕 분석과장도 참석했다. 그는 석 달 전 청와대에서 박 대통령에게 보고한 내용을 참석자 전원에게 다시 한 번 설명하면서 "이번 1월부터 시작될 북한의 동계 작전은 종래와 다른 대규모 게릴라 작전이 될 것"이라고 단언하고 "철저한 대비가 필요하다"고 보고했다.

박 대통령은 對간첩 작전 시 각종 사례들을 구체적으로 들어가며 비판하기 시작했다. 이날 특히 박 대통령은 참석한 김형욱 부장을 향해 중앙정보부의 越權(월권)행위를 거론하며 질타했다.

"서해 바다에 간첩선이 나타나면 정보부가 해군을 지휘해서 해군 사령관 노릇을 하거나, 육지에서 공비가 나왔을 때는 해당 지역 중정 지부장이 군 사령관 머리 꼭대기에 앉아 병력을 여기 배치하라, 저기 배치하라는 식으로 월권행사를 하는 모양인데…. 중앙정보부는 그런데 나가는 게 아니고 북괴의 정보를 수집해서 제공하는 일을 해야 하는 거요. 앞으로 군 작전에 정보부는 일절 개입하지 마시오."

이날 김형욱 중정부장은 얼굴이 벌개져 회의 내내 머리를 숙이고 있었다고 한다.

김성은 당시 국방부 장관의 설명.

"첫째, 박 대통령은 김형욱이 지휘하여 수사한 '동백림 사건' 이 심각한 외교 문제를 불러일으켰을 뿐 아니라 지식인들을 고압적으로 수사하는 정보부의 태도를 못마땅하게 생각한 듯합니다.

두 번째는 그 날 대통령도 지적했듯이 대간첩 작전이 벌어지면 현지에서 중앙정보부의 월권행위가 하도 심해 군인들이 작전을 제대로 못한다는 사실을 알고 있었기 때문이었습니다. 공비 두세 명만 출몰해도 군, 경찰, 정보부, 방첩대 등이 서로 다른 명령 계통을 가지고 현지에서 대립하다 초기 대응을 못 한 적이 많았습니다."

이날 회의에서는 공비가 나타날 경우 상황에 따라 비상경계령을 갑, 을, 병 세 가지로 분류하기로 했다. 갑종 비상령은 경찰력만 동원해도 되는 상황, 을종 비상령은 군·경찰이 합동 대응해야 하는 상황, 병종 비상은 전적으로 군이 통제권을 가져야 하는 상황으로 구분했다.

대통령 특별 지시사항으로 對간첩 작전 기구를 2월 초까지 구성하기로 했다. 이 기구는 군을 중심으로 경찰과 정보부가 협조하는 체제로 결정됐다. 박정희 대통령은 이날 오후 6시 회의를 마친 뒤 헬기편으로 서울로 상경했다.

'원주 회의' 에 참석하고 돌아온 강인덕 분석과장은 초조해지기 시작했다. 자신의 분석대로라면 북한의 동계 침투작전이 시작돼야 하는데 전방에서는 아무런 기미가 없었다.

답답해진 그는 매일 아침 출근하면 국방부에 나가 있던 정보부 직원에게 전화를 걸어 "야, 들어오냐?"라고 물었다. 그때마다 "아직 별 일이 없습니다"란 대답이 돌아왔다. 강 과장은 속이 탔다.

이 무렵 김신조가 포함된 124군 부대 35명은 각자 임무에 따른 반복 훈련을 거듭하며 출동 날짜를 기다리고 있었다. 1월 13일, 민족보위성 정찰국장 金正泰(김정태)는 공격 목표가 너무 분산되었다면서 기존의 계획을 수정, 공격 목표를 청와대로 한정시키고 박정희 대통령만 살해하는 임무로 축소시켰다. 인원도 35명에서 31명으로 줄였다. 공격 시점은 1월 21일 20시 정각.

공격 목표와 날짜가 정해지자 청와대 내부 구조를 분석하고 주요 지점별 공격조를 나눠 훈련에 돌입했다. 청와대 습격 D데이에 임박해서는 사리원에 있는 황해북도 인민위원회 청사를 대상으로 실전 연습을 하기도 했다.

북한의 암살 목표로 결정된 박정희 대통령은 1월 15일 오전 10시부터 11시 40분까지 청와대에서 연두 기자회견을 가졌다. 이 자리에서 박 대통령은 "조국 근대화는 경제 건설과 정치·사회·문화 등 각 부문의 성장이 병행되어야 한다"고 말하고 "지식인이나 정치인들이 사물에 대해 긍정적이고 선의적인 관찰과 비판을 하는 것이 제2경제(경제의 윤리적 측면)의 요체"라고 말했다.

예정 시간인 1시간보다 40분이나 길어진 이날 회견에서 기자들의 질문에 여유 있게 미소를 섞어가며 답변했던 박정희 대통령은 13개의 질문 중 꼭 한 번 김정렴 상공부 장관의 조언을 얻었을 뿐 정확한 통계수치를 들며 혼자서 답변했다. 박 대통령은 5·16 혁명 이후 네 번째 공식 기자회견을 갖는 이 자리에서 처음으로 국제정세에 대한 분석을 하면서 對월맹 정책에 대해서는 평소의 강경론을 다시 강조했다.

이날 오후 박 대통령은 경제기획원과 재무부 초도순시를 했다. 오후 4시 20분부터 6시 30분까지 재무부에서는 徐奉均(서봉균) 재무부 장관이 재무행정의 9대 목표를 브리핑하는 가운데 경부고속도로 재원 조달 방안을 보고했다.

124군부대 - 침투 그리고 노출

1968년 1월 16일 박정희 대통령이 농림부·건설부·상공부를 연두 순시하며 특용작물의 중점 지원, 서민 주택 건설에 주력하라고 각 부별로 지시를 하던 시각, 김신조 일당은 한국군 26사단 마크가 부착된 국군 복장에 개머리판을 접을 수 있는 接鐵式(접철식) AK소총과 수류탄 및 대전차 수류탄으로 무장하고 황해도 연산에 주둔한 부대를 출발했다.

이들은 자정 무렵 개성에 도착, 다음날인 17일 새벽 비무장지대 내 최남단 초소가 있는 연천군 매현리에 도착해 밤이 되기를 기다렸다. 이들은 이곳에서 야간 침투를 위한 위장을 했다.

이날 국방부는 '원주 회의'에서 박 대통령이 내린 특별지시에 따라 분산된 대간첩 작전을 일원화시키는 새 기구안을 마련해 국무회의에 상정했다. 새 기구안은 대통령 직속으로 대간첩 작전을 총지휘하며 정책을 마련하는 중앙협의회와 정책을 실천하는 대책본부를 두고, 대책본부는 합동참모본부에 설치하는 것으로 되어 있었다.

1월 17일 밤 8시, 무장 공비들은 미 2사단 지역의 정면을 향해 포복으로 접근하기 시작, 밤 10시 정각에 철조망이 가설된 철책선에 도착했다. 이들은 절단기로 철조망을 제거하고 휴전선을 넘어 은밀히 침투를 시작했다.

124군 부대 무장 공비들은 군 GP들이 요소요소에 있는 휴전선 남방 한계선부터 임진강을 건너기까지는 속도를 내지 못했다. 은밀 침투란 자신의 발자국 소리는 물론 숨소리나 냄새까지 죽이며 지형의 그늘진 부분을 이용해 이동하는 특수전 기술이다. 초소나 경비병 근처에서는 땅에 납작하게 붙어 한 시간에 수m 정도만을 이동할 정도로 인내력과 지구력이 요구된다. 김신조를 포함한 무장 공비들은 이미 훈련 과정에서 이런 능력을 배양했고, 야간 침투 중 인기척을 느꼈을 경우 부동자세로 한 시간 동안 버티는 훈련까지 받았다고 한다. 어둠 속에서 상대방이 이쪽을 사람으로 인식하지 못하게 하는 훈련이었다.

이들은 미 2사단 구역을 통과하여 고랑포에서 얼어붙은 임진강을 건널 때까지 약 10km의 구간을 엎드리고, 기고, 달리고, 숨고 하면서 먼동이 틀 때쯤엔 임진강을 건너 경기도 파주군(현 파주시)과 법원리(현 파주시 법원읍) 사이의 작은 산기슭에 도착할 수 있었다. 그때까지 경비병이나 지뢰밭을 만난 적도 없었다.

이들이 선택한 침투로는 임진강과 휴전선이 가장 근접한 지역일 뿐 아니라 얼어붙은 임진강을 도강할 수 있는 특별한 지역이었다. 서해바다로 연결된 임진강의 중·하류가 시작되는 임진각 부근은 해수가 만조 때마다 밀려 올라와 얼음이 비늘처럼 솟아오르고, 얼지 않은 바닷물이 곳곳에 고여 있어 도보로 건널 수 없는 곳이었다. 대신 고랑포 지역은 상류에 속해 海水의 영향이 없고 겨울에는 단단하게 얼어 있어 이들이 침투로로 선정할 수밖에 없었다.

휴전선에서 고랑포에 이르는 루트가 미군이 관할하는 지역이란 점도 고려됐다. 미군 지역에서는 무장 침투 간첩을 한국군으로 오인할 수 있는 여지도 있었지만 무엇보다 미군 지역 철책이 구형 철조망이었기 때문이었다.

김성은 당시 국방장관의 증언.

"1967년은 유달리 남침 사례가 많아 휴전선 철책부터 보강하기로 했습니다. 그때까지 휴전선 철책이란 휴전 당시 남북한 군인들이 직접 설치한 원형 철조망 서너 가닥이 전부였습니다. 새빨갛게 녹이 슬대로 슬었고, 가끔씩 보수공사를 한다고 갈아주기는 했지만 인적이 드문 비무장지대에다 예산 부족으로 改修(개수)할 생각을 못 했지요. 이것을 미국방성에 부탁해 자재를 공급받아 오늘날까지 남아 있는 철책선을 만든 겁니다. 이 공사는 그해 겨울, 249km의 휴전선 전 지역에서 완성을 보았습니다. 단 미군 지역 4km 정도만 제외되었지요."

미 2사단 측은 鐵柱(철주)를 박고 전기 철조망을 쳐 대적하려는 한국군의 대응 자세를 못 미더워하면서 자신들이 보유한 전자 감응 경보기 등으로 대처하겠노라며 공사를 거부하고 있었다.

1968년 1월 18일 오전 5시, 은밀 침투로 법원리 뒷산에 도착한 31명의 무장 공비들은 지쳐 있어 이날 밤 휴식을 취하기로 했다. 공비들은 假眠(가면) 상태로 휴식하고 있었고, 5명이 교대로 경계를 서고 있었다.

무장 공비들이 청와대를 습격하기 위해 국내로 잠입해 들어온 시각에 박정희 대통령은 연두순시에 여념이 없었다. 1월 18일에는 외무부, 문교부, 공보부에 들러 1968년도 시정 방침에 관한 보고를 들었다.

1월 19일, 여야 총무회담이 결렬됨에 따라 국회가 2월 중순까지 공전이 확실시되는 가운데 박정희 대통령은 법무, 국무, 교통 3개 부처를 순시했다. 그는 국군 장병의 처우 개선, 호남선 복선화 계획 촉진 및 호남지방 고속도로 계획을 수립할 것을 관계 부처에 지시하고 있었다. 이때가 오후 2시경.

바로 그 시각, 파주군 초리골에 살던 禹聖濟(우성제)를 포함한 네 형제는 산에 나무를 하러 갔다가 벼랑 아래에 숨어 있던 공비들의 경계병과 마주쳤다.

"국군 대위 한 명, 소위 한 명, 그리고 사병 계급장을 단 3명 등 모두 5명이었죠. 우리 국군 군복을 입고 있었는데 신발은 검은 농구화였고, 총은 개머리판을 접을 수 있는 AK 소총이었어요. 한눈에 공비라고 알아보았지만 도망가기엔 너무 때가 늦었습니다."

禹 씨 형제를 본 공비들은 태연을 가장하고 불러 세워 담배를 권하더니 갑자기 기관총으로 등을 밀며 벼랑 쪽으로 몰았다. 우 씨 형제들이 벼랑 밑으로 와보니 일개 소대 병력이 날카로운 눈빛으로 노려보고 있었다.

겁을 집어먹은 禹 씨 형제들에게 "너, 우리가 어떤 사람들 같아?"라고 물었다. "군인 같은데요"라고 하자 공비들 중 한 명이 "우린 혁명당이야"라며 참깨 섞인 엿과 오징어를 주고 말을 붙였다.

"너, 쌀밥 일 년에 얼마나 먹어봤어?"

"밥은 하루에 세 번 먹잖아요."

"……"

31명의 공비들은 禹 씨 형제들에게 지서의 위치와 문산, 동두천, 의정부로 가는 방향을 묻기도 하는 등 이런저런 말을 붙여왔다.

김신조의 증언.

"원칙으로는 작전 도중 만나는 군인이건 민간인이건 무조건 죽이게 되어 있었습니다. 그런데 그날 대원들 중 일부가 '죽이면 오히려 문제가 생기지 않겠냐' 며 반대를 했습니다. 투표를 했는데 역시 살려두자는 의견이 많았습니다."

禹 씨 형제는 벼랑 아래 덤불 속에서 네 시간여 동안 공비들에 둘러싸여 있으면서 말 상대가 되어 주었다. 그리고 어둠이 완전히 내려앉은 뒤에야 풀려날 수 있었다. 공비들 중엔 호주머니 속에 넣어 둔 손목시계를 꺼내 선물로 주면서 "만약 비밀을 지키지 않고 경찰에 신고하면 우리 후속 부대가 내려와서 너희 마을과 가족들을 몰살시켜 버릴 거야"라고 위협했다.

禹 씨 형제들은 빈 지게를 지고 돌아 나오면서 자꾸만 뒤가 꺼림칙했다고 한다.

"혹시 쏘지나 않을까 겁이 났지요. 우리가 한참 걸어 나오다가 흘낏 돌아보니 깜깜한데 뭔가 움직임이 느껴졌어요. 이동 중이란 걸 알았습니다."

형제들은 마을 입구 가로등 밑에서 미행이 없는지 살핀 뒤 언제 신고하느냐를 놓고 고민했다고 한다. 이들은 단양 禹 씨 종갓집으로 달려가 어른들과 함께 파주군 법원리 창현파출소에 신고를 했다. 이때가 1월 19일 밤 9시경.

시속 10km의 중무장 산악 질주

국가 간의 전투력은 전장에서 비로소 확인되는 경우가 많다. 1·21 사태는 6·25 이후 15년 만에 남북한 전투력을 비교하는 계기가 됐다. 당시 김신조를 포함한 중무장한 인민군 1개 소대 병력은 휴전선을 넘어 임진강을 건널 때까지 국군 초계병들에게 발각되지 않았다. 나무꾼 禹 씨 형제와 우연히 부딪친 것을 제외하면 전방 거주 주민들에게 거동 수상자들로 몰려 신고된 적도 없었다. 당시 우리나라의 대간첩 작전 능력도 6·25 이후 별로 개선된 적이 없는 상태였다. 통신 계통은 특히 전근대적이었다.

김신조와 30명의 무장 공비 목격 사건은 우 씨 4형제에 의해 1월 19일 밤 9시경 파출소에 신고 접수가 되었지만, 인근 군부대에 전달된 시각은 9시 30분경이었다. 대간첩 작전 대책본부가 설치될 합동참모본부에는 세 시간이 지난 자정 무렵에 이 정보가 도착했다.

김신조 목사의 회고.

"자만심 같은 게 있었어요. 훈련을 받을 때 모래주머니를 차고 산악구보를 매일같이 하면서 교관들은 우리에게 '동무들은 세계 최강의 용사다. 국방군들이 동무들을 비행기로도 못 쫓아오게 만들어 주겠다'며 혹독한 훈련을 시켰거든요."

1월 19일 오후 8시경 禹 씨 형제들을 살려 보낸 뒤 거의 동시에 김신조 일당은 법원리 뒷산을 출발, 서울을 향해 급속 산악 행군을 시작했다. 급속 행군이란, 약 3kg의 짐을 지고 중무장한 군인이 시간당 10km를 주파하는 구보이다. 당시 한국군의 경우 급속 행군은 산악이 아닌 오직

도로 위에서만 가능하다고 믿고 있었다. 한국군의 군사적 상식으로는 야간 산악 행군일 경우 시간당 4km를 넘을 수 없다고 보았다. 그러나 김신조 일당은 시간당 평균 10km씩 주파하면서 법원리-미타산-앵무봉-노고산-진관사-북한산으로 이어지는 능선을 달리고 있었다.

비슷한 시각, 중앙정보부 康仁德 과장은 이날도 자신의 분석이 들어맞지 않아 실망한 채 관사로 퇴근하여 일찍 잠자리에 들었다. 잠이 잘 오지 않았다. 머릿속은 온통 북한 생각으로 꽉 차 있었다.

1월 20일 토요일 새벽 2시경, 전화벨 소리에 선잠에 빠졌던 강 과장이 전화를 받았다.

"예, 강인덕 과장입니다."

"과장님, 새까맣게 들어왔습니다."

"몇 명이나 돼?"

"잘 모르겠지만 30명은 되는 것 같습니다."

康仁德 과장은 '게릴라전이 시작됐다. 이젠 정치가 아닌 군사력이 대응해야 할 때' 라고 생각하며 출근 준비를 했다.

이때 김신조 일당은 앵무봉을 지나 경기도 구파발 부근의 노고산 능선을 타고 있었다. 새벽 4시경엔 노고산을 주파한 뒤 서울의 경계선이자 북한산으로 접어드는 길목인 진관사를 통과해서 오전 6시경엔 북한산 비봉에 도착했다. 10시간 동안 거의 휴식 없이 전력 질주를 해낸 것이다.

1월 20일 토요일 오전 9시, 김성은 국방부 장관은 청사로 출근해서야 이 사실을 보고받았다. 오전 9시 30분경, 김 장관은 차를 타고 청와대로 들어가 박정희 대통령에게 이 사실을 보고했다. 박정희는 손으로 턱을 문지르며 "어디로 들어왔소?"라고 물었다.

“임진강 상류 고량포 쪽입니다. 얼음이 얼면 도보로 건널 수 있는 곳이지요.”

“그놈들이 뭘 하러 들어왔을까?”

“각하, 지난해 놈들은 이미 우리나라의 각종 기간 시설을 파괴하는 활동을 해오지 않았습니까. 이번에도 주한 미군의 주둔지 시설 파괴나 테러일 가능성이 큽니다. 한국군 부대나 주요 시설도 목표가 될 것 같습니다.”

휴전 후 연간 최다 도발 횟수인 170회를 기록한 1967년 한 해 동안 전방 지역에서는 전쟁에 준하는 북한의 군사 도발이 한국군과 주한 미군을 상대로 여러 차례 감행됐다.

1967년 1월 19일에는 동해 휴전선 근해에서 순찰 중이던 한국 해군 56함 당진호가 두 척의 북한 砲艦(포함)으로부터 피격받아 침몰했고, 4월 12일에는 중부 산악지대 휴전선을 북한군 90여 명이 침범해 들어와 국군 7사단과 교전을 했다. 이때 7사단의 3개 포병대대가 북한 지역에 휴전 후 최초로 585발의 포격을 가하기도 했다.

4월 22일에는 북한군들이 서부전선으로 침투해 미군 막사를 폭파, 두 명의 미군이 숨지고 19명이 부상하는 사건도 있었고, 5월 27일에는 북한 경비정이 연평도 근해에서 작업 중이던 한국 어선단에 포격을 가해 한국 해군이 25분간 엄호 사격을 하기도 했다.

8월 7일에는 침투한 북한군이 판문점 남방 대성동 자유의 마을 앞에서 미군 트럭을 습격해 3명의 미군이 사망하고 17명이 부상했다.

사흘 뒤엔 서부전선에서 한국군 트럭이 습격당해 아군 3명이 사망했다. 8월 28일, 북한군은 판문점 동남쪽 30여m에 위치한 미군 막사를 기습, 미군 3명이 사망하고 25명이 부상했다.

9월 5일에는 경원선 열차 폭파사건이, 13일에는 경의선 열차 폭파사건이 있었고 동해상에서 조업 중이던 어선을 여러 차례 납치하는 등 진행 속도가 완만할 뿐 전쟁과 다름없는 상황이었다.

박정희 대통령에게 보고하던 김성은 국방장관은 그 순간까지도 침투한 무장 공비들이 지난해와 유사한 작전을 펼칠 것으로 짐작했을 뿐 청와대가 목표인 것은 꿈에도 몰랐다고 한다. 이날 오전 김성은 장관은 李世鎬(이세호) 6군단장을 전화로 불러내 예비사단까지 동원해서 서울 외곽에 집중 배치토록 지시했다.

6·25 당시 해병 전투단장(여단장)으로 한국군 1사단 지역이던 문산지역에서 미 해병대와 연합 작전을 수행했던 김성은 장관은 김신조 일당이 침투해 들어오는 해당 지역의 지리를 손바닥 보듯 꿰고 있었다.

김 전 장관은 당시 자신의 추론이 어긋나 있었음을 시인하면서 이렇게 회고했다.

"김신조 일당이 나무꾼들을 풀어준 지점에서 서울 진관외동의 진관사까지 산악 코스로 행군을 하면 해병대도 이틀은 족히 걸리는 거리였습니다. 그런데 이들은 이미 진관사를 거쳐 북한산 비봉의 승가사 아래까지 도착해 있었다는 것을 나중에 알고 기겁했지요. 중무장하고 야간 산악 행군으로 북한산까지 올 수 있다는 건 제 군대 상식으로는 있을 수 없는 일이었거든요."

때늦은 防禦線 구축

1968년 1월 20일 토요일 오전, 박정희 대통령은 청와대 주변의 병력

배치 상황을 보기 위해 金聖恩 장관과 朴鐘圭 경호실장을 대동하고 청와대 정문까지 내려왔다. 이틀 후 월남을 방문하기 위해 전날 청와대에 들러 박 대통령에게 보고차 인사를 했던 崔宇根(최우근·육사3기) 수경사 사령관이 청와대로 달려왔다.

추운 날씨에도 불구하고 양복 차림의 박 대통령이 정문에 서서 수경사 30대대 병력들이 배치되는 모습을 지켜보고 있었다. 이 때문에 오후부터 박 대통령은 감기를 앓아야 했다. 최 사령관의 인사를 받은 박 대통령의 얼굴엔 긴장감 같은 것은 별로 없었다고 한다. 곁에 섰던 박종규 경호실장이 "정보부장보다 빨리 오네?"하며 농담을 했다.

오후 2시경, 6군단 예하 3개 사단과 김재규 중장의 6관구 병력이 동원되어 전방에서부터 서울 외곽에 이르는 수십 겹의 방어선이 구축됐다. 그러나 실제로는 무장 공비들이 이미 통과한 다음 병력을 배치한 것이었다. 공비들은 자신들이 놓아준 禹 씨 형제들의 신고보다 빨리 포위망을 벗어난 셈이었다.

이날 청와대에서 김성은 장관은 이세호 6군단장에게 "주간에는 정밀 수색을 실시해 흔적을 찾고 야간에는 매복을 하라"고 지시했다. 박 대통령은 김성은 장관과 점심을 함께 들며 "임진강이 겨울에도 얼지 않으면 좋을 텐데 말이오"라며 아쉬워했다.

金 장관은 오후 2시경, 수색대로부터 보고를 접했다. 받아 보니 북한산 북쪽 자락의 경기도 송추 유원지 부근에서 무장 공비들의 것으로 보이는 실탄과 탄창 및 흘린 듯한 음식물 약간이 발견되었다는 내용이었다.

"설마 거기까지 들어왔을까, 하는 생각을 버릴 수 없었습니다. 철통 같은 방어선을 펼쳤는데 하루 만에 그 지역을 통과하면서 유실물 흔적을 남겨 두었다는 게 믿기지 않았습니다. 박 대통령도 고개를 갸웃거리며 정보 분석을 함께 하고 있었지요."

이때 김성은 장관은 결과적으로 큰 의미를 가진 결정을 내렸다.

"미심쩍은 구석이 있어 대통령 집무실에서 전화로 蔡元植(채원식) 치안국장을 불러냈습니다. 그리고 서울 지역에 갑종 비상을 걸도록 하고 세검정에서 정릉과 창동에 이르는 축선에 경찰 병력을 배치하라고 지시했습니다."

1월 6일 '원주 회의'에서 결정된 비상경계령을 처음 적용한 것이었다. 갑종 경계령이 내려진 서울에서는 경찰들이 비상근무에 들어갔다. 이 무렵 무장 간첩들은 북한산 승가사 아래 기슭에 모여 휴식에 들어갔다. 계획대로라면 이날 오후에는 청와대 뒷산인 북악산까지 가 있어야 했다.

김신조 목사의 증언.

"제대로 먹지도 못한 채 4일 동안 강행군했기 때문에 지쳐버렸던 것이죠. 원래 루트는 다음날인 21일 오후까지 북악산을 지나 밤 8시경에는 세검정 쪽으로 빠져나와야 했습니다. 그런데 북악산을 타려면 공격 시간에 제대로 도착할 수 없는 상태였습니다. 허리까지 눈이 쌓여 발이 푹푹 빠지고 발밑은 미끄럽고 더 이상 산을 타는 것은 무리였다고 판단해 계획을 수정했습니다."

이들은 마지막 남은 산 하나를 둔 채 휴식에 들어갔다. 그리고 다음날 비봉에서 세검정 쪽으로 내려가기로 결정한 것이다.

이날 밤 김성은 국방부 장관은 저녁 늦게까지 朴 대통령과 환담했다. 박 대통령은 감기가 조금 심해지는 듯 밤이 깊을수록 기침을 자주 했다고 한다. 金 장관은 자정이 다 되어서야 한남동 공관으로 돌아왔다.

1월 21일 일요일 오전, 김성은 국방장관은 청와대로 곧바로 출근해 任忠植 합참본부장과 함께 대통령 집무실로 들어갔다. 박 대통령은 지도를 펴놓고 이리저리 살펴보고 있었다. 김형욱 정보부장이 드나들었지만 對간첩 작전권이 국방부로 이첩되고 사건 성질상 자신이 개입할 만한 것이 아니어서 별 말이 없었다는 것이 김성은 전 국방장관의 증언이다.

자하문 임시 검문소: "우리는 방첩대다!"

1968년 1월 21일 밤 8시경, 박정희 대통령은 기침을 심하게 하고 있었다. 강한 체질이어서 감기에 잘 걸리지 않았던 박 대통령은 저녁식사 후 드물게 감기약을 먹고 밤 9시경에 잠자리에 들었다.

그 시각, 북한산 비봉 밑에서 마지막 공격 캠프를 차린 김신조와 무장공비 30명은 조용히 개인 장구류를 챙긴 뒤 눈 덮인 산을 내려오기 시작했다.

각자 기관단총, 소련제 TT 권총, 수류탄 10발 및 대전차 수류탄 2발, 실탄 300발 그리고 대검을 착용하고 있었다. 방한모 차림에 한국군 군복이었으나 소련군식 장외투에 검은 농구화여서 어딘지 어색하기 짝이 없었지만 추위와 어둠이 이를 가려주었다.

밤 9시 30분, 이들은 산길을 내려와 내리막길인 일반 도로로 접어들었다. 접철식 AK 소총과 수류탄을 숨긴 외투가 밖으로 불룩했다. 이들은 행군하는 군인처럼 2열 종대를 갖추고 침묵 속에 움직였다. 반짝이는 것은 눈동자뿐.

김신조 목사의 회고.

"생각해 보세요. 1개 소대가 휴전선을 넘어 4일 동안 한 번도 걸리지 않고 서울까지 온 겁니다. 중간에 나무꾼을 살려두어 경계령이 펴진 것을 알게 되었지만 우리는 남한의 경찰이나 군인들을 한 번도 겁낸 적이 없었습니다. 지난 4일간의 경험도 우리가 그들을 비웃는 계기가 되었지요. 검문을 당한다 해도 해치워버리면 그만이라는 자신감에 차 있었습니다."

영화라고 해도 믿기지 않을 정도의 대범함 뒤에는 한국군의 약한 전력이 배경이 되어주고 있었다. 비봉에 숨어 있는 동안 이들은 세부 작전 계획을 수립했다. 침투·습격·탈출조 등 3개조로 나누어 3~4분 만에 끝낼 계획이었다고 한다.

침투조가 청와대 보초를 제거하고 경계를 펴는 동안 습격조는 청와대 내부를 공격하고 철수하면 그동안 탈출조는 청와대 경내의 차량을 탈취해 시동을 걸어놓고 있다가 임무를 마친 동료들을 싣고 문산 쪽으로 도주하는 임무를 띠고 있었다.

습격조는 목표에 따라 네 개조로 세분되었고 제1조는 청와대 2층을 습격하여 박 대통령을 살해하고, 2조는 청와대 1층, 3조는 경호실, 4조는 비서실에 침입하여 기관단총과 수류탄으로 전원 살해한 다음 도피 및 탈출을 한다는 계획이었다.

청와대 1층 습격을 맡은 2조 조장이 김신조 인민군 소위였다. 이들이 세검정 길을 2열 종대로 걸어갈 무렵 서울 시내는 갑종 비상이 걸린 상태에서 사람들의 발길이 무척 뜸해 있었다. 이 괴한들을 처음 확인한 사람은 李珏鉉(이각현) 서대문경찰서장이었다. 그는 정체불명의 괴한들이 나타났다는 무전 보고를 받고 현장으로 출동했다.

李 서장은 구평동 버스 정류장 부근에서 세검정 길을 따라 걸어 내려

가는 괴한들을 목격하고 즉시 세검정 파출소에 들어가 서울 시경에 보고했다. 그 직후 李 서장은 스리쿼터에 6명의 형사를 태우고 괴한들을 쫓아가 대열 선두에 차를 세웠다.

"당신들 뭡니까?"

"우리는 CIC 방첩대다. 훈련 끝내고 돌아가는 길인데 참견 말라."

고압적인 자세로 나오자 李 서장은 차를 타고 뒤쫓아 갈 수밖에 없었다. 밤 10시경, 자하문 고갯길로 방향을 돌린 괴한들은 누각이 있는 언덕까지 올라와 청와대 쪽으로 방향을 돌렸다. 고개 아래 30여m쯤엔 당시 종로구 청운동 국립과학수사연구소가 있었고, 그 담을 끼고 종로경찰서 관할의 자하문 임시 검문소가 설치되어 있었다.

이날 검문소에서 근무하던 종로경찰서 수사2계 朴泰安(박태안), 鄭鍾壽(정종수) 형사가 언덕길을 내려오는 괴한들을 발견하고 검문소 밖으로 나왔다. 괴한들에 대해서는 아직 아무런 연락을 받은 바 없었다.

"당신들 뭐요."

"너는 뭐냐?"

"종로서 형사다."

"우리는 CIC 방첩대원들인데 특수 훈련을 마치고 돌아오는 길이다. 서장에게 알렸는데 아직 아무 얘기도 못 들었나. 우리는 너희와 상대할 사람들이 아니다. 알려거든 너희 서장에게 물어보라."

공비들은 조금 전 서대문경찰서장을 따돌린 것과 같은 방법을 썼다. 함경도 억양이 묻어 나왔다. 공비들은 긴장해서 과장된 행동을 하는 바람에 외투 속에 감추어 둔 총구가 드러나는지도 몰랐다. 박 형사는 살짝 드러난 총구를 순간적으로 볼 수 있었다.

그는 이들이 경기도 북쪽에서 신고된 공비들이란 걸 직감했다. 곁에 섰던 정 형사가 박 형사의 눈치를 보고 예삿일이 아니란 느낌을 받았다. 두 형사는 서로 거리를 좁혀 이들과 맞섰다. 그러자 공비들은 이들을 밀치고 앞으로 나아갔다.

대열이 옆으로 지나가는 동안 두 형사는 崔圭植(최규식) 종로경찰서장에게 '불심검문에 응하지 않는 괴한들이 나타났다' 고 무전 보고를 한 뒤 저만큼 가고 있는 이들의 앞을 달려가 가로막았다.

"거, 신분증 좀 봅시다."

"신분증 같은 거 없어."

"우리나 당신들이나 비슷한 수사기관에 있는데 피차 고생하는 처지에 서로 신분을 밝히는 게 좋지 않습니까."

"우리 신분을 알려면 계속 따라오면 될 것 아니야."

자하문을 내려가 효자동에 이르면 육군 방첩대 본부가 위치하고 있어 딱히 이들의 말이 거짓말임을 발견해내기는 어려웠다. 그만큼 지리를 확실하게 익히고 들어온 공비들이었다. 그러나 형사들은 직감을 믿었다.

두 형사는 공비들과 수적으로 상대가 되지 않았고 자신들은 권총 한 정 없는 상태여서 진땀이 흘렀다. 다시 공비들의 대열이 움직였다. 두 형사는 조금이라도 시간을 끌기 위해 대열 맨 뒤에 따라가는 공비에게 말을 걸면서 자하문 고갯길을 함께 내려가기 시작했다.

崔圭植 종로경찰서장, 권총을 꺼내다

1968년 1월 21일 밤 10시 5분경, 청와대가 지척인 자하문 내리막길에서 두 형사는 무장 공비의 대열 맨 뒤에 걸어가던 부대장 격인 金春植(김춘식)과 이야기를 나누며 걸어 내려오고 있었다.

김춘식은 박 형사에게 "당신 경상도 말씬데, 고향이 어디요?" 하고 물었다. 박 형사가 "대구인데요"라고 대답하자 그는 "우리 친척집도 대구인데…"라며 말을 흐렸다.

박 형사는 이들과 농담까지 주고받으며 시간을 끌어보려 했으나 기다리던 증원 부대는 오지 않았다. 입 안이 바싹바싹 타들어가고 있었다. 그때 마침 괴한들은 자하문 고개를 넘어 오는 원효여객 60번 버스를 세웠다.

박태안 씨의 회고.

"무장 공비가 분명한데 그 자리에서 놓칠 수 없었습니다. '한 명이라도 못 잡으면 우리는 죽는다' 는 생각이 들더군요. 공비들은 이미 7~8명이 버스에 올라타고 있었습니다. 우리가 극성스럽게 저지하기 시작하자 대장인 듯한 자가 부하들에게 내리라고 했습니다. 우리 두 명이 이들을 다 상대할 수는 없고, 미치겠더라고요. 하지만 그때까지 공비들의 목표가 청와대라고는 생각하지 못했습니다."

버스에서의 시비가 끝나자 대열은 다시 움직였다. 경복고등학교 후문을 지나 청와대로 꺾어지는 커브쯤에서 맨 뒤에 가던 김춘식에게 박 형사가 끈질기게 말을 붙이는 바람에 김춘식은 어느새 대열과 7~8m 떨어지게 되었다. 박 형사는 속으로 '이놈 한 놈만이라도 잡아야겠다' 는 생각을 했다고 한다.

밤 10시 10분.

박 형사는 길이 꺾어지는 쪽으로 공비들이 빠지면 연락을 받고 달려올

증원 부대가 자신을 발견하지 못할지도 모른다는 생각이 들었다. 무장 공비들이 국립과학수사연구소에 이르자 정 형사와 함께 승강이를 벌이기 시작했다. 바로 그때 헤드라이트 불빛이 길 아래에서부터 올라오기 시작했다. 지프차는 괴한들의 대열 앞에 멈춰 섰다. 전진하던 대열도 멈칫했다. 헤드라이트가 이들의 몰골을 기괴하게 비추고 있는 동안 차에서 당당한 체구의 사나이가 내렸다. 崔圭植(최규식) 종로경찰서 서장이었다.

"나는 종로경찰서장이오. 소속을 밝혀야지요. 외투 안에는 뭐가 들었소?"

"아무 것도 아니오. 우리는 CIC 사령부가 있는 효자동으로 가는 길이오."

"여기는 내 담당 구역입니다. 신분을 밝히지 않고는 아무도 못 지나가오."

2조 조장 김신조는 대열 중간에 서 있다가 지프차의 헤드라이트 불빛이 비추는 가운데 최규식 서장이 권총을 뽑아들고 저지하는 모습을 목격하고는 남침 후 처음으로 당황했다고 한다. 공비들의 신경이 극도로 날카로워졌을 때 최규식 서장 뒤로 시내버스 한 대가 올라오다 길을 가로막은 지프차 뒤로 멈춰 섰다. 공비들은 버스를 국군의 지원 병력인 줄로 착각했다.

잠시 후 또 한 대의 버스가 커브를 돌아 나오다 앞 차량이 멈춰 서 있자 급정거를 했다. 공비들은 연이어 두 대의 차량이 도착한 것을 목격하고는 외투 속의 총과 수류탄을 더듬었다.

그 순간 최규식 서장과 시비가 붙었던 공비가 외투 속에서 총을 꺼내 최 서장의 가슴을 향해 연발 사격을 가했다.

"드르륵, 드르륵."

"국방군 출동이닷!"

1·21 사태의 첫 희생자가 된 당시 36세의 최규식 서장은 가슴에 세 발을 맞고 그 자리에서 숨을 거두었다. 밤 10시 15분경이었다.

총성이 나기 무섭게 공비들이 일제히 버스를 향해 사격을 가하면서 세 발의 수류탄이 작렬했다. 버스에 타고 있던 청운중학교 3학년 金亨基(김형기·17) 군과 회사원 洪裕敬(홍유경·29) 씨가 수류탄 파편을 맞아 그 자리에서 숨지고 버스 차장 金貞子(김정자·18세) 양은 오른팔에 관통상을 입었다. 버스 문이 열리고 사람들이 뛰어 내렸다. 어둠 속에서 공비들은 자신들을 공격하는 국군인 줄 알고 흩어지기 시작했다.

그 순간 대열 뒤에서 부대장 김춘식과 말을 걸었던 두 형사가 김춘식을 쓰러뜨렸다. 박 형사는 오른손으로 김춘식의 목을 죄면서 왼손으로는 아무거나 손에 잡히는 것을 들고 머리를 내려쳤다. 졸지에 돌멩이로 머리를 맞고 피투성이가 되어 의식을 잃은 김춘식을 박 형사는 손목에 수갑을 채워 생포하는 데 성공했다.

멀리서 동료가 경찰에 의해 쓰러지는 것을 목격한 공비들은 도망가면서 두 형사를 향해 총을 쏘았다. 정종수 형사가 쓰러졌고 박태안 형사는 왼쪽 귀 위로 총알이 스쳐 지나갔다(정 형사는 며칠 후 병원에서 숨졌다). 경복고 후문 일대는 아수라장으로 변했다. 총성이 퍼지자 청와대 외곽을 경비하던 수경사 30대대(대대장 전두환 중령) 병력들이 즉시 달려오기 시작했다.

김신조 목사의 회고.

"한 명이 쓰러지는 걸 보고는 '틀렸구나' 하는 생각이 들더군요. 지휘부가 무너졌다고 판단하는 순간 휴전선에서 청와대까지 내려왔다는 자부심이고 뭐고 다 없어졌고 동료들이 순식간에 흩어지는 겁니다. 청와대고 작전이고 없었어요. 불과 5분 정도 교전한 것 같은데 모두 사방으로 흩어졌던 겁니다. 일부는 오던 길을 거슬러 세검정 쪽으로 튀었고 일부는 청와대 뒷산인 북악산을 탔고, 저는 경복고등학교 뒷담을 넘었지요. 인왕산을 타고 북으로 가려고 말입니다."

인민군 소위 김신조는 동료들이 많이 택하지 않은 루트를 골랐다. 자하문을 넘어 세검정 쪽으로 도망가려던 공비들은 뒤따라 내려오던 시내버스를 향해 수류탄을 던지고 기관총을 난사했다. 그러나 승객들이 미리 대피한 상태여서 피해는 없었다. 이들은 세검정에서 시내로 들어가는 두 대의 버스에도 수류탄과 기총소사를 해대며 도망쳤다. 밤 10시 30분경이었다.

야간에 대한민국 수도 서울의 심장부 부근까지 침투한 것은 성공했지만, 무고한 양민을 학살해가며 유격전을 벌인 것만큼 어리석은 비정규전 사례도 없을 것이다.

밤 10시 40분경 세검정 길과 북악산 일대는 수도경비사령부 소속 30대대 병력들이 투입되어 총격전으로 이어졌다. 30대대 병력이 현장에 투입될 무렵, 경복궁 옆에 주둔하던 30대대 연병장에서는 대대장 전두환 중령과 작전주임 張世東(장세동) 소령의 지휘하에 81mm박격포 10여 문에서 조명탄이 날아올랐다. 조명탄은 밤새도록 세검정과 북악산 일대를 대낮같이 밝혔다.

"고약한 놈들, 결국 여기까지 쳐들어 왔구먼"

1968년 1월 21일 밤 10시 15분부터 30분 사이 총성이 여러 차례 울린 시각, 박정희 대통령은 감기약을 먹고 잠을 자다 깨어났다. 박종규 경호실장이 제일 먼저 달려왔고, 최우근 수경사 사령관이 그 뒤를 따라 들어와 상황을 보고했다.

비슷한 시각, 김성은 국방부 장관도 총성을 듣고 국방부에 비상전화를 걸었다. 청와대 부근에서 교전 중이란 보고를 받은 김 장관은 즉시 차를 타고 청와대로 달려왔다. 박정희 대통령은 점퍼 차림으로 집무실로 내려와 있었다. 김 장관이 보니 박 대통령은 경황이 없는 듯한 표정으로 이렇게 말하더란 것이다.

"김 장관, 내가 감기에 걸려 약을 먹고 자다가 일어났는데 말이야. 거 참, 이놈들이 여기까지 쳐들어올 줄 누가 생각이라도 했겠소? 고약한 놈들, 뭐 못하는 짓이 없구먼. 그렇게 파괴하더니 결국 여기까지 쳐들어왔구먼."

"저도 놀랐습니다, 각하. 괴뢰군 놈들이 신이 아닌 이상 어떻게 하룻밤 사이에 여기까지 오겠습니까."

두 사람은 전쟁을 겪은 군인 출신이어서 그런지 수행하던 경호원들이 보아도 무척 대담했다고 한다. 청와대 밖 하늘은 수경사 30대대에서 쏘아올린 조명탄으로 훤하게 밝아 있었다. 尹必鏞(윤필용) 방첩대장은 김성은 국방부 장관에게 戰果(전과)와 피해 상황을 수시로 보고했다. 자하문에서 최초 총격전이 벌어져 종로경찰서장이 피격당해 순직했으며, 한 명은 생포했고 현재 청와대 외곽으로 몰아내며 추적 중이라는 내용이었다. 박 대통령에게 이 사실을 보고하자 "최규식 총경이?" 하며 몹시 안타까워했다.

최규식 총경은 연세대학교 정치학과 재학 중 6·25를 만나 육군종합학교 31기생으로 임관했다. 5·16 당시 소령으로 복무 중 혁명정부로부터 충청북도 경찰서 정보과장으로 발령받아 경찰에 투신하게 되었고, 능력을 인정받아 부산 시경 정보과장을 거쳐 1966년 8월 용산경찰서 서장으로 승진했다. 1년 뒤인 1967년 10월 27일 종로경찰서장으로 발령받아 근무 중 참변을 당했다.

최규식 총경의 순직을 가슴 아파한 또 한 사람은 2층 부속실에서 귀를 쫑긋하게 세우고 앉아 있던 육영수 여사였다. 이날 밤, 경호실에서 등화관제를 요구해 제2부속실의 홍정자(육영수의 조카) 비서관은 불도 켜지 않은 2층 복도를 오가며 육 여사의 심부름을 했다. 총성으로 어수선한 분위기 속에서 육영수는 극도의 침착성을 보이고 있었다고 한다.

"5·16 혁명하던 날 이모님 인상과 참 비슷했어요. 총성이 나자 어느새 옷(한복)을 갈아입고 서재 겸 집무실이던 방으로 가셔서 촛불을 켰지요. 경호관들이 오가면서 소식을 전해주었는데 최규식 총경이 순직했다는 말을 들었던 겁니다."

최규식 총경이 용산경찰서장에서 종로경찰서장으로 1년 만에 부임하게 된 것은 육영수 여사의 칭찬이 주효했기 때문이라고 한다. 성실했던 최 총경은 부산 시경 정보과장으로 근무하면서 동아대학교 정치학과를 졸업했고, 부산대학교 대학원에서 국제정치학을 공부하던 중 용산서장으로 발령받아 상경했다.

육영수 여사는 해외 순방이나 큰 행사 때마다 깔끔한 복장에 절도 있는 행동으로 일선 경찰들을 지휘하는 최 총경의 모습을 눈여겨 보았다고 한다. 그 후 관내에 청와대가 포함된 종로경찰서장으로 발령받게 하는 데 힘이 되었다는 것이다.

미망인 劉貞和(유정화) 씨에 따르면 남편 최 총경은 서울 용산으로 올라와서도 공부를 계속했고, 종로경찰서 서장으로 발령받은 뒤로는 너무 바빠 부산대학교 교수들이 상경해서 논문 지도를 했다고 한다. 1968년 1월 12일 최규식 총경은 부산대학교로부터 논문이 최종 통과되어 석사학위를 받게 되었다는 축하 전화를 받았다. 그리고 9일 뒤 자하문 언덕에서 무장 공비가 쏜 총탄에 숨을 거두었다. 미망인 유 여사는 그해 2월 26일 부산대학교 총장의 초청으로 남편을 대신해 졸업식장에 참석, 학위를 받았다.

육 여사의 조카 홍정자 비서관의 회고.

"그날 밤 이모님은 눈물을 참 많이 흘렸어요. 아무에게도 말하지는 않았지만, 최 총경의 죽음이 마치 자기로 인해 벌어진 것은 아닌지 자책하는 듯이 슬퍼했지요. 새벽 2시쯤 되자 '전화를 해야겠는데 뭐라고 해야 하나' 라며 수화기에 손을 얹고 몇 번이나 주저하다가 종로경찰서에 전화를 하셨어요. 그리고 유가족들에게 애도를 표한다는 말씀을 꼭 전해 달라고 하시면서 울먹이셨지요."

밤 12시가 가까워지자 청와대로 속속 사람들이 몰려들었다. 청와대 쪽에서는 이후락 비서실장, 金詩珍(김시진) 정보비서관 등이, 정부 쪽에서는 정일권 국무총리, 洪鍾哲(홍종철) 공보부 장관, 신직수 검찰총장, 김현옥 서울시장, 李洛善(이낙선) 국세청장 등이 달려왔다. 각료들은 박 대통령과 대화를 나누던 중 "총성이 난 이상 시민의 불안을 덜어주기 위해 진상 발표를 신속히 해야 한다"고 결론지었다.

다음날 아침 6시에 평소와 다름없이 일어난 박 대통령은 라디오를 켰으나 사건은 여전히 보도되지 않고 있었다. 박 대통령은 申範植(신범직) 청와대 대변인을 불러 "왜 방송이 늦어지고 있나"면서 "중계방송 하다시피 소상하게 보도해서 국민의 불안을 덜어주고 간첩 수색에 국민의 협조를 얻도록 하라"고 지시했다. 보도관제는 22일 오전 7시를 기해 해제됐다.

공비 爆死

자하문 부근에서 교전이 있기 직전인 1월 21일 오후 10시 10분경, 蔡元植(채원식) 치안국장실 무전기로 긴급 보고가 들어오고 있었다.

'세검정 고갯길에서 이상한 옷차림의 군인 30여 명이 술에 취해 청운동 쪽으로 내려가고 있음.'

채 국장이 현장에 도착했을 땐 이미 교전이 끝난 뒤였고 도로에는 수류탄으로 반파된 버스가 팽개쳐져 있었다. 길바닥엔 최규식 종로경찰서장의 시체와 아직 숨이 붙은 정종수 형사가 그대로 쓰러져 있었다. 박태안 형사는 생포한 김춘식을 지키고 있었다. 채 국장은 박 형사와 생포 공비를 차에 태워 근처 효자동 파출소로 데려 갔다가 다시 채 국장 차로 치안국으로 이동했다. 시간은 21일 밤 11시가 넘어서고 있었다.

뒤로 젖힌 양손에 수갑이 채워진 김춘식은 머리에 피가 흐르고 있었다. 그는 소매 없는 등산용 조끼를 입고 양 옆구리에도 주머니를 차고 있었다. 조끼 앞가슴엔 작은 주머니 같은 것을 만들어 위아래 두 줄로 네 발씩 모두 여덟 개의 수류탄을 넣고 흔들리지 않게 실로 누벼놓았다.

채원식 국장은 김의 허리에 찬 권총을 뽑아내고 양 옆구리의 주머니에서 휴대용 식량과 주머니칼을 찾아냈다. 채 국장은 칼날에 쓰인 글을 보더니 곁에 서 있던 박 형사에게 보여주었다. 'Made in Japan' 이라고 씌어 있었다. 직원들은 채 국장의 무장해제 장면을 지켜보고 있었다. 박 형사도 채 국장을 돕기 위해 김이 입은 조끼 양옆의 매듭을 풀고 있었다.

바로 그때 채 국장이 소리쳤다.

"엎드려!"

몇 초 후 '꽝!' 하는 폭음과 함께 김춘식의 복부는 산산조각이 나고 치안국 복도는 피범벅으로 변했다.

박태안 씨의 회고.

"그때 채 국장은 조끼 윗줄의 수류탄 네 발을 모두 제거하고 아래쪽의 수류탄 세 번째 것을 제거 중이었습니다. 그런데 세 번째 수류탄은 낚싯줄같이 가는 선으로 네 번째 수류탄 안전핀을 물고 있었던 것을 몰랐던 겁니다. 채 국장이 세 번째 수류탄을 제거하는 순간 네 번째 수류탄 안전핀이 뽑혀 올라온 것이죠."

채 국장은 안전핀이 뽑힌 채 조끼에 달려 있는 수류탄을 보면서 공비를 복도 한쪽으로 힘껏 밀치며 소리를 질렀다. 이 때문에 무장해제를 지켜보던 직원들과 박 형사는 파편상도 입지 않았다. 대신 복도와 수사과장실 유리창이 박살나면서 벽면 전체가 피범벅이 됐다. 생포된 간첩이 爆死(폭사)로 사라져버린 것이다.

채 국장은 차를 타고 나와 종로경찰서를 들러 직원들을 격려하고 치안국 감찰계장 金德中(김덕중) 총경을 임시 종로경찰서장으로 임명했다.

자정 무렵 채원식 치안국장은 청와대 정문을 지나고 있었다. 이 시간에 정일권 국무총리, 李澔(이호) 내무부 장관 등과 군 장성들이 속속 청와대로 들어가고 있었다.

하늘에선 수경사 30대대에서 쏘아 올린 조명탄이 누런 연기를 흘리며 빛을 발하는 가운데 화약 냄새가 청와대 주위를 에워싸고 있었다. 채 국장은 청와대를 지나 세검정 쪽으로 차를 몰게 했다.

경찰과 공비들의 격전이 있은 직후 신문·통신·방송사 기자들도 취재에 뛰어 들었다. 그러나 한 시간여가 지나는 동안 사방으로 튀어 달아난 공비들로부터 언제 어디서 총알이 날아올지 모르는 상황이 되자 자정 무렵 각 언론사는 현장 취재가 불가능하다고 보고 기자들을 철수시켰다.

곳곳에 군인과 경찰들이 검문을 하는 중에 중앙일보 孫石柱(손석주) 사회부 기자와 張洪根(장홍근) 사진부 기자는 만하장(現 올림피아 호텔) 부근에 신문사 깃발을 단 지프차를 세워 두고 검문소 통과를 시도하고 있었다. 이들은 지프에 무전기가 없어 본사로부터 철수 지시를 받지 못한 채 현장에 남아 있던 중이었다. 군인들은 검문소를 통과하려는 손·장 두 기자에게 "죽고 싶으냐"며 위협해 시비가 일었다.

채원식 치안국장은 순찰 중 무전을 통해 파주 부근에서 교전이 있다는 연락을 받고 출발을 서두르는 순간에 군인들과 시비가 붙은 두 기자를 발견했다. 채원식 국장은 현장을 기록할 사람이 필요하다는 생각에 이들을 불렀다.

"어이! 기자. 이리 와!"

"아, 채 국장님 아니십니까. 중앙일보 사회부 손석주 기잡니다."

"당신, 나하고 파주에 갈 수 있겠어? 교전 중이라는데도?"

"당연히 가야죠."

타라는 말이 떨어지기도 전에 두 기자는 차에 오를 준비부터 했다. 이들을 태운 채 국장의 차가 구파발을 지나 경기도 벽제 부근에 도착했을 때 채 국장의 차량 무전기에서 보고가 들어왔다.

"한 놈 잡았습니다. 홍제동 파출소로 연행 중입니다."

즉시 서울로 차를 돌렸다. 당시 홍제동 파출소는 30사단(사단장 허준 준장)의 임시 작전 지휘본부가 설치된 곳이었다. 시간은 22일 새벽 3시를 넘어서고 있었다.

채 국장과 두 기자가 파출소에 도착한 지 얼마 안 되어 30사단 군인들이 민가 부근에서 생포한 공비 한 명을 파출소로 끌고 들어왔다. 여러 사람이 공비의 허리춤과 윗옷을 잡고 있었기에 국방색 군복 상의는 몇 군데 단추가 떨어져 나가고 검은 목면 바지는 앞 단추가 열린 채 무릎까지 흘러내린 상태였다. 사진부 장 기자가 플래시를 터뜨리며 몇 장을 찍은 뒤 밖으로 튀어 나갔다. 군에 의한 보도관제가 심한 때여서 언제 필름을 빼앗길지 몰랐기 때문이었다. 몇 평 안 되는 파출소는 일순간 사람들로 붐볐다. 소속을 알 수 없는 군인, 경찰, 중정 요원들로 복작거렸다.

서로가 서로를 모르는 상황에서 손 기자가 공비에게 고압적인 자세로 말을 걸었다.

—너, 이름이 뭐야. 나이는?

"김신조다. 스물일곱 살이다."

—주소와 계급은?

"군관(장교)이고 함경북도 청진시 청암구 청암동 3반에 가족이 살고 있다."

—남파 목적이 뭐야?

"청와대를 까러 왔다. 21일 밤 8시에 공격을 개시해 5분 만에 끝낸 후 청와대 차를 빼어 타고 문산 방면으로 도망하기로 했다. 이것이 잘 안되면 비봉 쪽으로 달아나려 했다. 그러나 지휘자의 잘못으로 뿔뿔이 흩어지고 말았다."

—몇 명이 왔어?

"31명이 국군 복장을 하고 왔는데, 1명은 대위, 2명은 중위, 3명은 소위 계급장을 달고 나머지는 사병 복장을 하고 넘어왔다."

—넘어 온 게 언제야?

"16일 평양에서 출발했다."

—무기는?

"수류탄, 장총, 권총이다. 1인당 수류탄 열 개와 탄알 300개씩을 가져왔다. 우리는 결사대 훈련을 받았으며 모두 군관(장교)이다."

—현재 기분은?

"모든 것이 끝났다. 이젠 겁도 안 난다."

손 기자는 김신조의 윗옷 윗주머니에서 '지식인들이여 언론 출판의 활동을 위해 싸우라' 는 내용의 삐라를 발견했다. 잠시 후 김신조는 앰뷸런스에 실려 방첩대로 끌려갔다.

전쟁 준비에 돌입!

김신조가 체포된 곳은 자하문 밖 인왕산 기슭에서였다. 1월 22일 새벽 1시 30분경, 자하문 밖 세검정 부근에서 잠복 근무를 하던 30사단 공병대 소속 車章錫(차장석) 이병은 세검천 위쪽 인왕산 기슭에서 계곡 쪽으로 살금살금 기어 내려오는 그림자를 발견했다. M1 소총 자물쇠를 푼 차 이병은 검은 그림자를 조준하려 애썼다. 야간 사격은 총열 끝에 붙은 가늠쇠도 잘 보이지 않아 빗나가기 일쑤다. 차 이병의 사격도 빗나갔다. 괴한은 세검천 변 외딴 집 옆에 있는 바위 뒤로 몸을 숨겼다. 두 시간 반 전에 경복고등학교 담장을 넘어 도망쳤던 인민군 소위 김신조였다.

"한 놈 나타났다!"

소대장 朴源造(박원조) 소위와 소대원들이 달려와 포위망을 쳤다. 박 소위가 플래시로 바위 쪽을 비춰보니 짚단 더미 사이로 사람 그림자 비슷한 것이 보였다. 誰何(수하)를 위한 암구호를 외쳤다.

"피아노."

"……"

"피아노"

"……"

대꾸가 없자 병사들이 바위 주변에 위협 사격을 가했다. 순찰 중이던 周喜俊(주희준) 소령이 트럭을 끌고 와 헤드라이트로 괴한이 숨은 바위 주변을 환하게 밝혔다. 괴한은 그때서야 짚더미를 헤치고 어정쩡하게 두 손을 들고 일어났다.

"두 손을 높이 들어! 안 그러면 쏜다!"

괴한은 주먹 쥔 왼손 안에 가지고 있던 수류탄을 땅에 떨어뜨렸다. 안전핀이 빠진 채 땅바닥을 구르던 수류탄은 군인들과 괴한을 초긴장 속으로 몰았다. 그런데 몇 초가 지나도 수류탄이 터지지 않았다. 불발탄임을 감지한 한 병사가 뛰어나가 수류탄을 차버리고 괴한을 생포했다. 현장에서 몸수색을 한 결과 괴한의 소지품이 쏟아져 나왔다. 참깨 섞은 엿 두 개, 말린 오징어 한 마리, 아스피린, 소화제, 페니실린, 각성제 등의 약품과 30cm짜리 파이프를 가지고 있었다. 물이나 흙 속에 몸을 은폐할 때 숨을 쉬기 위한 호흡용 파이프였다.

나머지 공비들 중 일부는 세검정 부근 민가 쪽으로 튀었다. 21일 밤 11시경 홍제동 쪽으로 달아나던 공비 한 명은 지붕을 타고 도망가다 지붕이 내려앉아 그 집 부엌으로 떨어졌다. 잠을 자던 李翔來(이상래·당시 65세)씨와 아들 容瑄(용선·당시 31세) 씨 등 가족 5명이 "도둑이야"라고 소리치며 뛰어나가 몽둥이로 괴한에게 달려들었다. 이들이 괴한과 몸싸움을 하던 도중 괴한의 몸에서 수류탄이 떨어져 나와 가족들은 비로소 무장 공비임을 알게 됐다.

李씨 가족 중 한 명이 30여m 떨어진 홍제동 파출소에 신고했으나 경찰이 늑장 출동을 하는 바람에 공비와 격투를 벌이던 아들 용선 씨는 공비가 쏜 권총에 복부를 맞아 숨졌다. 신고를 받고도 즉시 출동하지 않은 홍제동 파출소장은 며칠 뒤 파면됐다.

자하문 경복고등학교 후문 부근에서 첫 교전을 벌이고 학교 담을 뛰어넘은 공비는 김신조뿐 아니라 5명가량이 더 있었다. 이들은 몰려다니며 교장 사택으로 뛰어들어 마당에 수류탄을 던지는 바람에 집안의 유리창이 박살났다. 폭음소리에 놀라 달려 나온 수위 鄭四永(정사영·당시 45세) 씨에게 수류탄을 던져 살해했다.

밤 11시 30분경에는 홍제동 파출소 앞 버스 정거장에서 버스를 기다리던 여자가 유탄에 맞아 숨지는 등 이날 밤 우리 측은 최규식 서장과 민간인 6명 등 모두 7명이 사망했고, 박태안 형사 등 3명의 경찰관과 민간인 한 명이 부상했다.

공비를 쫓던 수경사 30대대는 22일 오전 8시경 북악산에서 3명, 오전 11시쯤 다시 한 명의 공비를 사살하는 전과를 올렸다. 이로써 22일 오전까지 첫 교전에서 김춘식을 포함한 다섯 명의 공비를 사살하고 한 명(김신조)을 생포했다.

1월 23일 오후 1시쯤 북한산에서 한 명의 공비가 사살된 이후 공비들은 서울 외곽으로 완전히 빠져나갔다. 이 무렵 생포된 김신조를 심문했던 방첩대에서는 '124군 부대'의 실체를 확인하기 위해 김신조에게 북한 전역에 걸친 부대 위치와 김신조 자신이 훈련받은 부대의 위치 및 건물 요도를 그리게 했다. 김성은 당시 국방장관은 이 그림을 들고 본스틸 유엔군 사령관을 만났다. 첩보기를 띄워 항공 촬영을 부탁하기 위해서였다.

김 전 장관의 증언.

"오산비행장에서 첩보기 SR-71이 이륙하더니 서해안에서 곧바로 북상하다가 평양 부근에 이르러 우회전하더군요. 그리고 원산까지 통과하는 데 정확히 3분이 걸립디다. 이렇게 해서 얻은 항공사진으로 김신조가 그린 건물과 비교를 해 봤는데 정확했습니다."

방첩대의 조사와는 별도로 공비 소탕에 나선 군경합동수색대는 1월 30일까지 31명의 공비 중 27명을 사살하고(자폭 포함) 김신조 한 명을 생포했으나, 우리 측도 민간인 7명이 사망했고, 이익수 대령 이하 23명의 장병이 전사했으며 부상자만도 52명이나 되는 등 큰 피해를 보았다. 행방이 묘연해진 공비 세 명 중 한 명은 2월 중순 경기도 양주군에서 시체로 발견됐고, 나머지 두 명은 월북한 것으로 판단해 작전을 종결지었다.

북한의 동계 침투 작전이 청와대 앞에서 좌절된 이틀 뒤인 1월 23일 새벽(미국 시각 1월 22일)에는 한반도를 또 다른 긴장 속으로 몰아넣는 사건이 터졌다. 북한은 원산 앞 공해상에서 전파 감청 활동을 하던 미 해군 정보수집함 푸에블로호를 4척의 무장 초계정과 2대의 미그 전투기를 동원해 원산항으로 납치하는 데 성공하고 있었던 것이다.

이 사건은 1·21 사태의 위기 국면을 극복하고 반격을 가하려던 한국의 입장을 잠시 유보시켰다. 공동의 피해자가 생겼다고 판단했기 때문이었다.

1월 23일 미국은 일본에서 월남으로 남진하던 핵 추진 항공모함 엔터프라이즈호와 3척의 구축함을 동해로 회항시켜 원산만에 대기토록 명령했다. 1월 24일 딘 러스크 미 국무장관은 상원외교위원회에서 "일종의 전쟁 행위로 규정지을 수 있다"고 발언했다.

이날 본스틸 유엔군 사령관 겸 주한 미군 사령관은 김성은 국방장관을 만나 이런 요지의 이야기를 했다고 한다.

"우리 미국은 이번엔 가만 안 있겠다. 지금까지 북한이 한국에서 숱한 도발을 해 오고 우리 미군도 피해를 보았지만 지금 같은 경우는 참을 수 없다. 이것은 미국의 방침인데, 원산항을 포함한 몇 개의 군사 시설에 폭격을 가할 계획이다."

김 국방장관은 한편으로는 기뻤지만 다른 한편으로는 전면전이 일어날 가능성도 생각지 않을 수 없었다고 한다.

"그때만 해도 미국은 월남전에 깊이 개입해 있었고 힘겨워했습니다. 과연 미국이 월남전과 한국전을 동시에 수행할 수 있을까를 먼저 따져봐야 했지요."

이날 오후 김성은 국방장관은 청와대로 들어가 박정희 대통령에게 이 같은 사실을 전했다. 귀를 기울이고 듣던 박정희는 이렇게 말하더란 것이다.

"아! 기분 좋-다. 이거 한 번 때려 부셔야 한다. 좋-다. 김 장관, 우리도 준비합시다."

全軍에 비상이 걸렸다. 휴가 군인들은 즉시 부대로 귀대하라는 방송이 나갔고, 영외 거주자들은 영내 대기를 했다. 군 행정 사무실과 여타 근무지에서도 즉시 전투에 임할 수 있도록 완전군장을 상시 비치하도록 했다.

제30장

自主國防의 길

朴正熙

일촉일발

푸에블로호 납치사건으로 미국의 對北(대북) 공습이 예상됨에 따라 全軍 비상대기 상태가 발령되고 있던 1968년 1월 24일 오전, 박정희 대통령은 청와대 집무실에서 사표를 들고 찾아온 김성은 국방부 장관과 이호 내무부 장관을 맞았다. 이날 아침 김성은 국방부 장관은 육·해·공군 및 해병대에 비상출동 태세를 갖추도록 긴급 지시한 뒤였다. 그는 박 대통령에게 북괴 무장 공비 침투사건에 대한 책임성 사표를 제출했다. 박 대통령은 두 장관을 번갈아 보며 놀란 표정을 지었다.

"임자들, 이게 뭐요?"

김성은 장관이 답변했다.

"각하, 이번 사건은 휴전선을 막지 못해 청와대 담 밑에까지 적을 끌어들인 실책입니다. 여기 내무부 장관은 괜히 저로 인해 사표를 내게 되었지만, 국방부 장관인 저로서는 책임지고 물러나지 않을 수 없는 중대 사건입니다. 받아 주십시오."

"임자, 그놈들이 들어온 건 미군들이 맡고 있던 경계 구역을 통해서지 우리 육군 지역에서가 아니잖소."

박 대통령은 막무가내였다. 옆에 서 있던 이호 장관만 머쓱해져 있었다. 대통령은 두 장관에게 사표를 반려하며 김 장관에게 이렇게 말하더란 것이다.

"김 장관 없이 무슨 전쟁을 해? 쉬기는 뭘 쉬어? 나는 쉬고 싶지 않나? 거 다른 소리 말고 두 장관은 이거(사표) 들고 돌아가서 殘匪(잔비) 소탕에 열중하시오. 잘해놓고 사표는 무슨…. 또 무장 공비들이 침투한 건 미군들 책임이지 왜 김 장관의 책임이오? 김 장관이 미국 장관이오? 그 자들(미군), 철조망을 치라고 할 때 쳤어야지."

박 대통령의 만류에 밀려 집무실에서 나오던 김 장관은 다시 대통령에게 들어가 "그렇다면 각하, 이 고비만 넘긴 뒤 다른 장관으로 교체해 주십시오"라고 간청했다고 한다. 박 대통령은 말없이 고개를 끄덕이며 김 장관의 팔을 두드리면서 위로해주었다.

이날 오후 김성은 국방부 장관은 전날에 이어 한미 군 수뇌 회담을 갖고 對北 공격에 대한 대책을 논의했다. 이 자리에서 미군 수뇌부는 이틀간 진행된 사항을 김 장관에게 설명했다. 푸에블로호가 납북된 이후인 1월 23일 오전 원산항으로 향한 미 7함대 기함 엔터프라이즈 航母(항모)가 24일 오후 원산항 영해 부근에 도착했으며 미 제5공군에도 비상경계령이 내려졌고, 비슷한 시각, 미국 정부는 소련 측에 푸에블로호 선박 및 승무원 83명의 석방 중재를 요청했으나 소련은 이 요청을 거절했다는 것이다. 美北(미북) 간, 美蘇(미소) 간의 긴장이 높아지고 있었다.

김신조 일당이 청와대를 급습한 1월 21일 밤부터 박정희 대통령은 과로하고 있었다. 사건 당일은 밤늦게까지 서재에 남아 상황 보고를 받았으며, 22일 밤에는 치안국, 23일 밤에는 관계관들을 청와대로 불러 심야 대책회의를 주재했다. 대통령 주치의 池弘昌(지홍창) 박사는 대통령에게 격무를 피할 것을 거듭 권했지만 박 대통령은 "나는 아직 끄떡없다"고만 했다.

1월 24일 오후 5시 박정희 대통령은 청와대에서 정부-여당 연석회의를 주재했다. 정일권 국무총리, 최규하 외무부 장관, 이호 내무부 장관, 김성은 국방부 장관, 김형욱 중앙정보부장, 裵德鎭(배덕진) 국가안전회의 상임위원 겸 사무국장, 임충식 합참의장, 김진만 공화당 원내총무, 金在淳(김재순) 공화당 대변인, 朴浚圭(박준규) 국회 외무위원장, 오치성 국회 내무위원장, 민기식 국회 국방위원장 등이 참석한 이날 회의에서는 무장 공비 사건과 미 해군 정보함 푸에블로호 납북 사건에 따른 여러 가지 문제를 논의했다.

김성은 장관은 이날 회의가 "일종의 전쟁 준비를 위한 기초 작업과 같았다"고 회고했다.

이날 밤 10시, 박 대통령은 종로경찰서 3층에 마련된 故(고)최규식 경무관의 빈소를 찾아가 분향하고 유가족들을 위로했다. 박 대통령은 상복 차림의 어린아이들을 보더니 유족들에게 "최 경무관 아이가 넷이라고 했지요? 아이들 교육은 제가 책임지겠습니다. 너무 상심마십시오"라고 말했다. 미망인 유정화 씨의 자녀 1남 3녀는 그 후 박정희, 육영수의 이름을 따서 만든 정수장학회로부터 대학을 졸업할 때까지 학자금을 지원받았다.

한국 사회의 불안과 정치적 혼란 조성을 목적으로 시도한 북한의 1·21 사태는 1967년 6·8 총선 선거부정사건으로 여야 간 극한 대립을 지속해 온 한국의 정치권을 오히려 단결시켜주고 있었다. 1월 25일 김진만 공화당 원내총무는 공화당 의원총회를 마친 뒤 김영삼 신민당 원내총무와 만나 국가안보대책을 협의하기 위한 여야 중진회담을 제의했다.

이후 국회 기자실에 들른 김진만 원내총무는 "그동안 취했던 對野(대야) 강경 태도에 대해 사과한다"고 말했다. 신민당 金守漢(김수한) 의원은 "여야 중진회담은 오히려 신민당에서 먼저 제의했어야 했다"고 환영의 뜻을 표시했다. 이 같은 보고를 받은 박정희 대통령은 "이럴 때일수록 국회가 여야 협조로 정부 일을 도와줘야 한다"며 기뻐했다.

서울 북방에서 잔비 소탕이 계속되던 1월 25일 오후 3시 30분, 포터 주한 미 대사는 박정희 대통령을 방문하고 약 40분 동안 요담했다. 이날 포터 대사는 25일 새벽(한국시간) 미 안보회의 결과와 외교적 교섭으로 푸에블로호 송환이 실패했을 경우, 미국의 대응책을 설명하고 한국 정부의 지원을 요청한 것으로 알려졌다.

같은 날 북한의 중앙방송은 "현 비상사태에 대하여 적의 여하한 도발적 음모도 단호히 분쇄할 수 있도록 전 인민군대에 만반의 준비 태세를 갖추도록 지시했다"고 보도했다. 남북한의 무력이 안전핀을 뽑기 시작했다. 다음날인 1월 26일 존슨 미 대통령은 박정희 대통령에게 미 공군 예비병 1만 4,000명의 소집을 결정했다고 통고해왔다.

미국의 배신

미국 정부가 부딪친 장애물이 있었다. 미국이 북한을 공습할 경우, 미국은 월남 반도와 한반도에서 두 개의 전쟁을 수행할 수밖에 없다는 현실이었다. 1961년 7월에 각각 체결된 북한-소련 상호원조조약과 북한-중국 상호방위조약도 미국의 발목을 잡았다. 이 두 조약은 '체결국 일방이 무력 침공을 받을 때 他方(타방)은 지체 없이 군사 또는 그 밖의 수단으로 원조한다'는 조항을 두고 있었다.

박정희 대통령도 미국의 이런 입장을 염려했다. 1968년 1월 27일 김성은 국방장관과 점심을 함께 하며 박 대통령은 "미국이 과연 월남전을 치르면서 북한도 때릴 수 있을까?" 하고 궁금해 했다고 한다.

한국 수뇌부는 全軍에 비상대기를 발령해 놓고 포병도 전방으로 추진 완료했다. 영외 거주 장교와 하사관들은 영내 대기 상태로 출동 명령만을 기다리고 있었다. 박 대통령은 수시로 김성은 국방장관을 전화로 불러내 상황을 알아보곤 했다. 미국의 북한 공습은 차일피일 연기되기 시작했다. 김성은 국방장관은 더욱 초조했다.

미국은 소련에 북한과의 협상 중재 요청을 했다가 거절당하자 폴란드 정부에 중재를 요청하고 있었다. 1월 27일, 북한 대리 대사가 폴란드 외무성을 방문한 뒤 폴란드 주재 미국 대사가 외무성을 방문했다. 이날 오후 3시부터 4시 30분까지 청와대에서는 박 대통령이 주재하는 시국 대책회의가 전날에 이어 계속해서 열렸다.

미국의 방향 선회를 암시하는 조짐은 다음날인 1월 28일 일요일 오후에 외신을 통해 흘러 나왔다. 외신은 '북한은 푸에블로호와 북한 게릴라들을 교환할 것을 암시했다' 고 보도했다. 비상대기 중이던 최규하 외무장관과 국장들이 긴급회의를 열고 '어불성설' 이란 반박 성명을 내기로 결정했다.

외무부 대변인은 "침략자(북괴 유격대)와 공해상을 항해하다 불법 납치된 피해자(푸에블로호)를 교환한다는 것은 침략을 감추려는 북괴의 잔꾀"라고 설명했다. 외교가에서는 "북한이 '교환' 제의를 한 저의는 미국과 직접 교섭의 선례를 남겨 국제적인 지위를 얻어 보자는 것"이라는 풀이가 돌고 있었다.

1월 29일 오전, 미국의 백악관 대변인 조지 크리스천은 "푸에블로호 위기를 평화적으로 해결하려는 노력으로 미국이 벌이고 있는 외교 채널은 활발히 움직이고 있다"고 발표했다.

이날 오후 미국의 백악관 대변인은 "북한이 나포한 푸에블로호 및 승무원의 억류를 계속 고집하지 않는다면 북한과 한국 문제 전반에 걸쳐 토의할 용의가 있다"고 발표했다. 비슷한 시각, 포터 주한 미 대사가 청와대를 예방하고 박정희 대통령에게 미국 정부의 이 같은 입장을 설명했다.

국방장관 김성은 씨의 증언에 따르면 이날 포터 대사를 접견한 박정희 대통령은 몹시 화를 내며 이렇게 말했다고 한다.

"한미 공조 동맹이니 뭐니 해왔지만 미국은 자기 이익만 견주고 마음대로 정책을 바꾸기도 하는 거요? 북한이 그렇게 무섭다면 우리가 직접 북한을 공격하겠소."

포터 대사는 박 대통령의 강력한 결전 의지를 확인한 듯 서둘러 청와대를 빠져 나갔다고 한다. 그 직후 김성은 장관과 박 대통령은 미국에 대한 배신감에 허탈해 했다는 것이다.

포터 대사가 다녀간 뒤 박정희 대통령은 朱源(주원) 건설부 장관과 安京模(안경모) 고속도로 계획조사단장으로부터 京釜고속도로 건설 실천계획을 보고받았다. 시공업자는 국내에서 유일하게 태국에서 고속도로 공사를 해본 현대건설이 수의 계약에 의해 결정되었고 서울-수원 간 32km를 시범적으로 공사키로 결정했다. 조사단의 계획안은 박 대통령이 제시한 공정계획표에 따라 2월 1일에 기공, 총 예산 330억 원을 들여 1970년 말에 京釜 간 공사를 완공하기로 됐다.

박 대통령이 고속도로 계획조사단에 제시한 고속도로 공정계획표는 김신조 일당이 청와대를 기습한 다음날인 1월 22일 직접 작성한 것으로, 침투한 무장 공비들 중 일부가 아직 청와대 뒤 북악산과 북한산에 남아 아군과 총격전을 벌이고 있을 때였다.

당시 상공부 제1공업국장이던 吳源哲(오원철) 씨는 “박 대통령의 고속도로 건설 집념은 산업 건설뿐 아니라 군사적인 목적도 염두에 둔 것”이라고 설명했다.

“현대전은 기동전이기도 합니다. 서독의 고속도로 아우토반은 히틀러의 전격전에 대비한 전략 도로였다는 점을 박 대통령은 잘 알고 있었고, 우리도 북한의 무장 공비가 출몰할 때 신속히 부대를 투입하기 위한 도로 확보에 박 대통령은 늘 아쉬워하고 있었습니다.”

김성은 전 장관의 회고.

“청와대 밖에서 총소리가 아직도 나고 있는데 집무실에 앉아 3년 후에 완공시킬 고속도로 공정표를 구상할 수 있는 지도자가 바로 박정희 대통령이었습니다. 군인으로서 전쟁을 수행한 경험과 사범학교를 거친 모범적인 교사의 경험이 몸에 밴 박 대통령을 모시던 저는 꼭 충무공 이순신 장군을 보는 듯했으니까요.”

청와대 정무비서관, 통일원 차관을 지낸 董勳(동훈) 씨는 이런 회고담을 털어놓았다.

“이 무렵 박 대통령은 경제 건설을 至高至上(지고지상)으로 생각하고 있었고 이 속도를 저해하는 어떠한 일도 용납하지 않겠다는 자세였습니다. 언젠가 제게 ‘김신조가 오건 박신조가 오건 경제 건설은 흔들리지 말아야 한다’ 고 말씀하신 적이 있습니다.”

對美 시위

1968년 1월 29일 오후 4시 30분부터 약 한 시간 동안 박정희 대통령은 청와대에서 세 번째 시국 대책회의를 주재했다. 이날 대통령은 국내외 정세에 대한 정부 방침의 의견을 듣고만 있었다. 그날 저녁 박 대통령은 김성은 국방부 장관과 任忠植(임충식) 합참의장, 金桂元(김계원) 육군참모총장, 金榮寬(김영관) 해군참모총장, 張志良(장지량) 공군참모총장 및 姜起千(강기천) 해병대 사령관을 청와대에 남게 한 뒤 대책회의 겸 저녁식사를 함께 했다. 박 대통령과 군 수뇌부 모두가 미국에 대해 심한 배신감을 느끼고 있었다.

술을 한 잔씩 돌린 박 대통령은 이렇게 말하더란 것이다.

"우리가 미국과 방위동맹을 아무리 맺고 있어도 어떤 나라든 자기네 국익을 우선시하는 것이지. 방위조약이든 그 무엇이든 간에 모든 국가 간의 조약이란 어디까지나 自國(자국)의 이익이 합치될 때 지켜지는 것이지 무조건적인 시혜는 없는 거야. 국가 간의 이익이 상치하면 조약 같은 것은 물거품같이 되는 것이지.

이번 같은 예를 봐도 자기네 군함이 공해상에서 무력으로 납치된 것은 자기네 영토가 침범당한 것과 다를 바 없잖아. 옛날 같으면 당장 전쟁이 일어날 판인데, 그래서 보복이 당연할 줄 알았는데 말이야. 역시 한반도에서 전쟁이 발생하면 미국으로서는 큰 부담인 것이 사실인 모양이야. 그러니까 승무원이라도 구하려고 저러는데…. 우리도 미국만 믿지 말고 비상대책을 논의해 봐야겠어."

각군 참모총장들은 강력하게 북벌을 건의했다고 한다.

"각하, 미국이 못 한다고 하니, 우리만이라도 이북을 두들겨 놓겠습니다. 청와대까지 겁도 없이 들어온 놈들을 가만 놔두면 또 그런 일이 벌어질 겁니다."

"우리가 단독으로?"

"예, 할 수 있습니다."

"김 장관은 어떻게 생각하시오?"

"따져 봐야겠습니다. 육군 전투력은 현재 2개 사단이 월남에 파병되어 있어 유사시엔 우리가 미국에 철군 통보를 해야 할 겁니다. 문제는 공군력입니다."

공군참모총장 장지량 중장이 일어나더니 벽에 걸린 지도에 다가서서 설명했다.

"현재 우리가 보유하고 있는 주력 기종은 F-5A입니다. 아시다시피 요격기로서 공격 전술에 필요한 폭격에는 다소 무리가 있습니다. 설사 이 전투기로 폭격을 한다 해도 문제는 제공권이 평양-원산 이상을 넘지 못하는 데 있습니다."

일명 '자유의 투사'로 불리는 F-5A는 마하 1.64의 경량급 전투기였지만 짧은 항속 거리와 열악한 무장 능력으로 인해 적진을 폭격하는 임무에는 적합하지 않았다.

"그러면 만약 우리가 북한을 때리려면 어떤 기종이 필요하지?"

"지금으로서는 월남에서 미 공군이 사용하는 F-4D 팬텀 정도는 있어야 합니다."

장지량 참모총장이 말한 팬텀 기종은 마하 2.27의 전천후 장거리 전폭기로서 당시 미국은 일본을 포함한 어떤 동맹국에도 이 기종을 제공하지 않고 있었다.

곁에 있던 김성은 장관이 거들었다.

"각하, 이 기종만 있으면 우리가 북한에 핵 공격도 할 수 있습니다. 히

로시마에 투하된 핵폭탄이 4톤입니다. 팬텀의 무장 능력은 핵 공격을 가상하고 만든 기종입니다. 특히 레이더 및 각종 전자 장비가 전투력을 극대화시켜 줍니다."

"북한에 우리가 핵폭탄을?!"

박 대통령은 손바닥으로 탁자를 탁 하고 두드리고는 김성은 장관에게 "그거 구해올 수 있겠소?" 하고 물었다.

"각하, 미국이 우리를 배신한 마당에 우리가 미국을 꽉 조여 보면 될지도 모릅니다. 각하께서 동의하신다면 말입니다."

"그래, 그거 한 번 해보자. 북괴놈들, 우리도 때릴 수 있다는 걸 보여줘야겠어."

미국의 북한 공습 중지 결정은 무장 공비 침투사건으로 울분에 찬 한국의 대통령과 군 수뇌부들을 더욱 격앙시켰고 종국에는 자주국방의 의지를 불태운 셈이 됐다.

김성은 전 장관의 회고.

"그 무렵 군부와 대통령의 관계가 아마도 한국 역사상 가장 가까웠던 때가 아닌가 합니다. 일주일에 한두 번은 대통령이 국방부 장관과 각 군 참모총장을 불러 식사를 함께 했고, 때로는 제 공관에 찾아와 식사를 하기도 했습니다. 군 수뇌부들은 대통령과 자주 만나면서 정치적 대소사에 대해 이해의 폭도 넓었습니다. 모두 북한 정권에 대한 적개심이 동일했고 대한민국을 어떻게 해서든 지켜 나가면서 경제 발전을 해야 한다는 데에 한 치의 이견이 없었기 때문입니다."

다음날 김성은 장관은 본스틸 유엔군 사령관 겸 주한 미군 사령관을 만나 정식으로 항의했다.

"우리는 그동안 당신네 미국을 믿었소. 그런데 이게 뭐요. 그들에게 군함까지 빼앗긴 당신들은 우리에게 공습 대비까지 하라고 해놓고 뒤에서는 협상을 하는 게 한미동맹이오?

우리가 그동안 얼마나 당해왔소. 우리는 더 이상 물러설 수 없습니다. 이제는 대통령까지 살해하러 청와대 뒷산에서 총을 쏘곤 합니다. 미국이 공격을 안 하겠다면 우리가 할 겁니다. 우리는 비상대기령을 해제하지 않을 겁니다."

실제로 1월 29일 밤, 청와대에서 대책회의를 마친 각 군 수뇌부들은 예하 부대에 비상대기령을 지속시킨 채 전투태세 점검을 계속하고 있었다. 이런 사실들은 연대급까지 파견되어 있던 미 군사고문단들의 감시망을 통해 유엔군 사령관에게도 보고되고 있었다.

본스틸 유엔군 사령관은 몹시 난처해하면서 "나도 우리 정부의 판단에 무척 실망했소. 하지만, 미국 내에서는 4년 동안 월남전을 질질 끌고 있다고 反戰(반전) 여론이 일고 있는 데다가…"하며 김 장관을 무마하려 무척 애를 썼다.

김 장관은 화를 풀지 않았다고 한다.

"미국은 유엔군 사령부를 한국에 두고 있지만 우리가 공격할 때엔 유엔군은 우리의 발목을 잡게 됩니다. 유엔군은 우리의 攻守 양면에서 떼려야 뗄 수 없는 존재였습니다. 하지만 그때는 강하게 나가 본 겁니다."

박정희 대통령-김성은 국방장관의 對美 시위는 즉시 효과를 보기 시작했다. 매일 아침 김 장관의 책상 위에는 월남전 전과 보고와 함께 미 군사고문단들의 행동이 보고됐다. 미 군사고문단들은 전투태세에 돌입한 한국군 연대장급 이상 지휘관들에게 전쟁 시 피복, 유류는 어떻게 조달할 것이냐, 작전 계획은 어떻게 세울 것이냐 등을 묻곤 했다.

김성은 전 장관의 회고.

“미국은 박정희 대통령의 성격을 보나 제 성격을 보나 진짜 전쟁을 벌일 것으로 믿었던 모양입니다. 미 군사고문단들은 유례없이 민감해 있었고 본스틸 장군은 수시로 나에게 비상조치를 해제하자고 말해 올 정도였습니다.”

舊正 공세

1968년 1월 21일부터 1월 30일까지 열흘은 자유진영 對 공산진영 간 세력 균형의 대지진이 일어난 시기였다. 한국에서 벌어진 1·21사태에 이은 1월 22일의 푸에블로호 납치사건을 맞은 미국은 군사적 대응 조치에 한계를 느꼈을 뿐 아니라 월남전도 더 이상 확대할 수 없다고 판단했다. 1월 29일 오후 미국 정부는 메크로스키 국무성 대변인을 통해 “미국은 현재 수준으로 월맹군의 침투를 저지하면서 北爆(북폭)을 중지하고, 평화회담을 할 의향이 있다”고 발표했다.

1월 30일 새벽에는 월맹군과 베트콩에 의한 월남전 최대 규모의 기습공격이 월남 전역에 걸쳐 시작됐다.

이른바 ‘테트(Tet·舊正의 월남어) 공세’는 월맹이 1968년 舊正(구정·설)의 느슨한 분위기와 민족 대이동의 혼란을 틈타 대규모로 벌인 기습전이었다. 초기에는 성공하는 듯했으나 궁극적으로는 군사적 패배를 가져온 자살적 공세였다.

이 공세에서 베트콩은 많은 간부들을 상실하고 약 4만이 넘는 병력을 잃음으로써 월남전쟁 前面에서 사라지게 됐다. 이후 전쟁은 월남 내의 집권층과 해방전선 간의 내전이 아닌, 월맹 정규군과 월남 간의 남북 대결로 그 성격이 더욱 뚜렷해졌다.

군사적 패배에도 불구하고 정치·심리적으로 월맹은 대승리를 거뒀다. 미국 언론과 사진기자들의 과장 보도로 미국 내의 여론은 크게 악화돼 존슨 대통령은 1968년 3월 31일 월맹에 대한 폭격 중지를 선언하고 대통령 선거에 출마하지 않겠다는 선언을 했다. 월맹 측에는 평화협정에 동의할 것을 촉구하고, 소련과 영국 등에는 협상 개최에 협조해줄 것을 요청했다.

1968년 1월 30일 설날 아침, 박정희 대통령은 김성은 국방부 장관으로부터 지난 새벽에 월남 전역에서 시작된 월맹군과 베트콩의 대규모 기습 작전에 관한 주월 한국군 사령부의 보고 내용을 전달받았다. 김성은 전 장관은 "당시 주월 한국군의 테트 공세 보고 내용과 주월 미군의 보고 내용은 상당히 달랐을 것"이라고 말했다.

채명신 당시 주월 한국군 사령관은 1968년 테트 공세와 관련해 이런 증언을 했다.

"그 이전 구정(설)에도 월맹군들은 휴전하자고 해놓고 기습하곤 했기 때문에 1968년 테트 공세 때에도 주월 한국군들은 이미 비상태세에 돌입해 적의 기습에 대비하고 있었습니다. 1월 30일 새벽 2시 30분쯤 제가 머물고 있던 나트랑 공관에도 월맹 정규군 50명이 기습했지만 공관을 지키던 행정병을 포함한 17~18명의 우리 병사들에 의해 전부 녹아버렸습니다. 우리 쪽은 운전병과 행정병이 태반이었지만, 아침이 되자 우리 아이들이 포로도 6명이나 잡아놨더군요.

각자 호 속에 들어가 움직이지 않고 적이 가까이 다가오길 기다려 한두 발씩만 사격을 가하면 야간이기 때문에 아군의 위치를 발견할 수 없는 적들은 전부 당하고 마는 겁니다. 이날 주월 한국군은 도처에서 매복작전을 펴고 있다가 수많은 전과를 올렸습니다."

테트 공세 때는 베트콩 특공대들이 1·21 사태의 김신조 일당처럼 월남의 티우 대통령 관저를 습격하기도 했다. 이들은 대통령 관저에서 불과 50여m 떨어진 주월 한국 대사관을 경비하던 朴世煥(박세환·제2군 사령관 예편, 15~16대 국회의원) 중위와 소대원들에 의해 대통령 궁 앞에서 궤멸됐다.

박세환 중위는 월남 대통령을 구해냈다고 해서 사이공의 영웅이 됐다. 고려대학교 정외과를 졸업하고 ROTC 1기로 임관하여 비둘기부대에서 파월 근무를 하던 朴 중위는 이 전투에서 화랑무공훈장, 한 달 후 재차 기습한 베트콩을 격퇴해 인헌무공훈장을 받았다.

당시 청룡부대는 추라이에서 호라이로 주둔지를 막 옮겨 진지 구축도 채 안 된 상태에서 1월 29일 저녁에 월맹 정규군의 기습 공격을 받았다. 미 해병대와 인접해 있던 한국군 청룡부대는 훗날 해병 중장으로 예편한 金然翔(김연상) 준장이 당시 현지 사령관으로 전투를 직접 지휘했다.

김연상 씨의 회고.

"나도 전쟁을 많이 해 봤지만 그 전투만큼은 엉망진창이었습니다. 전쟁에는 원리 원칙이 있는데 그 전투는 그게 없었습니다. 양민도 아니고 베트콩도 아니고 적도 아니고 아군도 아닌, 정말 엉망진창인 전쟁이었습니다. 대대장실 벙커 위로 로켓탄이 작렬하고, 밖에 나가보면 양민들을 앞세운 월맹군들이 뒤에서 로켓포를 쏘며 접근해오곤 했습니다. 명색이 청룡부대장이면서 참호 속에 쪼그려 앉아 모기와 싸우면서 밤새 전투를 해야 했으니까요."

채명신 예비역 장군의 회고.

"청룡부대의 한 중대 전술기지에서 무전이 걸려왔어요. '사령관님, 저 놈들이 부녀자를 앞세워 꽹과리 치면서 부대로 접근하는데 어떻게 해야 합니까' 하는 겁니다. '절대로 진지로부터 50m 이내로 접근시키지 말라. 민간인으로 알고 접근시키면 너희들이 다 녹는다. 조명탄을 계속 쏘고 민간인들 머리 위로 초과사격(注-다섯 발마다 예광탄 한 발을 넣어 머리 위 2~3m로 사격하는 일종의 위협사격)을 하면서 경고 방송으로 주민들은 엎드리게 하라' 고 소리를 질렀어요.

이러니 양민들은 엎드리고, 양민들 머리 위로 아군의 박격포탄이 날아가고, 다시 월맹군들이 총부리로 밀어 양민들이 일어나 앞으로 오고…. 두서너 시간 동안 민간인들은 청룡부대와 월맹군 사이에서 앉았다 일어났다 했던 겁니다. 결국 월맹군들이 궤멸됐습니다만 우리 측도 정신이 없었지요."

테트 공세 때 월남의 후방에 있던 미군들은 비상대기를 하지 않았다가 습격을 받아 피해가 컸다. 반면, 이날 하루 동안 한국군은 백병전을 치러가며 총 441명을 사살하는 등 월맹군과 베트콩들에게 막대한 피해를 입혔다.

한 달여 동안 지속된 테트 공세 직후 주월 미군 사령관 웨스트모어랜드 장군은 처음으로 채명신 주월 한국군 사령관의 전술인 '단절 및 섬멸 작전(Cut & Destroy Operation)' 이 월남전에서 옳은 전술이라고 인정했고, 미 하원 국방위 소속 의원들은 월남 현지 시찰을 통해 "한국군은 미군이 신뢰할 수 있는 유일한 전우"라고 격찬했다.

테트 공세는 저지됐지만 미국 내에서 벌어지는 反戰(반전) 무드와 厭戰(염전) 사상에 미국의 전쟁 수행 의지는 결국 무너진다.

박세환 전 의원은 월남전을 이렇게 말하고 있다.

"월남 참전의 가장 큰 의미는 우리 국민의 자주성과 자신감을 발견한 기회였다는 점입니다. 세계 최강의 미군이 우리의 용맹성과 전투력에 경의를 표할 만큼 한국군들은 용감하게 헌신적으로 전투에 임했던 겁니다.

저는 미군들이 우리를 우러러볼 때마다 일제 식민지, 미국의 解放地(해방지)를 거친 한국이 아니라 진정한 자주의식을 갖는 한국인임을 당당하게 느낄 수 있었습니다. 저뿐 아니라 당시 파월 한국군과 근로자 모두가 그런 당당함을 가슴속에 키워가며 세계무대에 겁 없이 도전하기 시작한 겁니다. 이런 자신감의 원천이 바로 월남전이었다고 말할 수 있습니다."

테트 공세와 관련한 전과 보고를 김성은 국방장관으로부터 받아 든 朴 대통령은 씩 웃으며 이런 말을 했다고 한다.

"우리 한국군 1개 사단하고 미군 1개 사단하고 붙으면 우리가 이길 거야."

京釜고속도로 기공식

1968년 2월 1일 오전에 박정희 대통령은 북한의 무장 공비 침입 사건에 대한 위로 電文을 보내온 일본의 사토 총리에게 감사 電文을 보냈다. 이날 오후 박정희 대통령은 서울 영등포구 원지동(현 서초구 양재동 교육문화회관 부근)에서 거행된 서울–수원 간 고속도로 건설공사 기공식에 참석했다.

박정희 대통령은 서울을 둘러싸고 있던 바위산을 절개하는 발파 스위치를 눌렀다. 폭음과 함께 다이너마이트가 작렬하면서 암벽이 쪼개졌다. 산으로 둘러싸여 천혜의 요새처럼 형성된 서울의 남쪽은 조국 근대화의 조류를 타기 위해 처음으로 열리기 시작했다. 이 통로 개척은 육군 220 重(중)건설 공병단에 의해 추진됐다.

京水(경수) 간 고속도로 건설공사는 행정 절차를 무시한 사전 공사로 진행됐다. 정상적인 행정 절차를 따른다면 경제기획원에서 각 부별 예산이 배정되고(1월 말), 이 예산을 부처별로 재배정해야 비로소 건설부 고속도로 건설단에 예산이 확보된다. 이후 재무부 국고국으로부터 사업 발주 승인을 받으면 조달청으로 서류가 넘어가 발주가 공고되고, 건설업체들의 입찰–심사–낙찰 과정을 거쳐 선발된 업체와 계약을 해야 비로소 착공과 준공 날짜가 정해지면서 착수금이 전달된다. 빨라야 5월 말에 착공할 수 있다는 이야기다.

육사 8기 출신으로 고속도로뿐 아니라 소양강댐, 경인운하 등과 관계한 '살아 있는 시방서' 라고 불리는 崔鍾聲(최종성·8대 국회의원 역임) 당시 건설부 차관의 증언.

"당시 고속도로 계획은 제2차 경제개발 5개년 계획 연도 안에 완성해야 제3차 경제개발 5개년 계획 때 이 도로를 이용한 경제 계획을 세울 수 있었던 겁니다. 박 대통령이 원하던 기간 내에 건설해야 한다는 임무가 주원 건설부 장관 이하 직원들의 가슴속에 사명감처럼 와 닿아 있었지요.

또 다른 문제는 당시 重機(중기)를 다루는 업체가 30개 社(사)나 투입되는데, 이 중기들은 모두 상업 차관 5,000만 달러로 도입한 것들이어서 행정 절차를 기다리며 놀릴 수 없었습니다. 이자만 해도 어딥니까. 게다가 토목공사는 해빙기인 2월부터 5월까지가 최적기입니다. 우기도 없고 땅도 잘 파지거든요. 이런 이유로 주원 장관이 밀어붙인 겁니다."

기공식에 참석한 박정희 대통령은 치사 도중 1·21 사태에 대해 처음으로 언급했다. "아무리 우리 국민이 자유와 평화를 사랑하고 남북통일을 전쟁 수단에 호소하지 않는다 하더라도, 은인자중하는 데는 한계가 있다는 것을 엄숙히 북괴에게 경고한다"고 그는 말했다.

박 대통령은 이날 연설에서 처음으로 '싸우면서 건설하자'는 일면 국방, 일면 건설의 구호를 사용했다.

〈대한민국의 경제가 성장하고 대한민국의 건설이 빨리 이루어지고 대한민국의 국제적인 지위가 나날이 향상됨으로써 가장 위협을 느끼고 질투를 하고 배가 아파하는 자들이 이북에 있는 김일성 도당들입니다. 그것은 그럴 수밖에 없는 것이 북한 공산당은 입으로는 평화통일을 주장하고 있지만, 그들의 목표와 전략은 해방되던 그 당시부터 지금까지 추호도 변함이 없는 것입니다. 그들의 기본 전략이 무엇이냐 하면 전쟁 준비를 해서 무력으로 대한민국을 침략해서 적화통일을 하자는 것입니다.

(중략) 우리는 현재 우리가 추진하고 있는 이 건설 사업을 조금도 늦추지 말아야 하겠습니다. 그야말로 우리 국민들은 한쪽으로는 공산주의자들과 투쟁을 하면서 한쪽으로는 건설을 추진해 나가는 '싸우면서 건설해 나가는 그런 국민'이 되어야 하겠다는 것입니다.

(중략) 그러나 오늘 이 자리에서 우리 모든 국민 앞에서 북한에 있는

김일성 괴뢰 집단들에게 한 가지 경고를 해둡니다. 아무리 우리 대한민국 국민들이 자유를 사랑하고 통일 문제에 있어서 전쟁 수단에 호소하겠다는 그러한 의사를 가지고 있지 않는다고 해서 우리가 은인자중하고 자제하고 인내하고 참는 데도 한계가 있다는 것입니다. 우리의 자세와 인내에는 한도가 있다는 것을 북한 김일성 괴뢰 집단들에게 우리는 엄숙히 또한 분명히 경고를 해두고자 합니다. (하략)〉

향토예비군 구상

1968년 2월 6일 오전 10시, 중앙청에서는 한미 고위급 회담이 열렸다. 오전 9시 30분부터 김성은 국방부 장관, 김형욱 중앙정보부장, 임충식 합참의장, 본스틸 유엔군 사령관, 포터 주한 미 대사, 최규하 외무장관 순으로 총리실로 들어갔다. 총리실 출입문은 굳게 닫혔으며 총리실 밖 3층 복도에까지 무장 경관들이 굳은 표정으로 엄중 경호를 하며 120여 명의 내외신 기자들의 접근을 막고 있었다.

이날 한국 정부를 대표한 정일권 총리는 포터 주한 미국대사와 본스틸 유엔군 사령관에게 판문점 美北(미북) 회담을 공개하고 빨리 끝낼 것과, 회담이 진행되는 동안 북괴의 남침사건 등을 더 큰 비중으로 다룰 것을 요구한 뒤 '북괴 도발 방지를 포함한 한국 안전보장안'을 제시했다.

이 안에는 ①남침 사태가 더 이상 발생하지 않도록 북괴로부터 어떤 형태로든 보장을 받고 사과를 받아낼 것 ②유사한 사태가 재발 시 미국은 한국과 공동으로 즉각 보복 조치를 취한다는 각서를 한국 정부에 제출할 것을 요구했다. 이 안에 대해 미국 정부 측이 만족할 만한 조치를 취하지 않으면 한국은 단독으로 '모종의 중대 조치'를 취하겠다고 통고했다.

포터 미국대사가 '모종의 중대 조치'에 대해 묻자 정일권 총리는 "예비군 동원을 포함한 한국의 독자적인 자위책을 강구한다는 뜻"이라고 설명했다. 김성은 전 장관은 "두 미국 대표의 얼굴이 상당히 심각하게 굳어지는 모습을 보았다"고 회고했다.

한국 정부의 '단독 조치 불사 방침'이 알려지자 미국 측 반응은 즉각적이었다. 워싱턴에서는 푸에블로호 사건의 사후 수습을 둘러싸고 한미 간에 조성된 긴장에 매우 당황하기 시작했다.

이날 오후 늦게 박정희 대통령은 시국대책 회의를 갖고 한미 고위급 회담에 관한 보고를 받은 뒤 정부의 태도를 협의했다. 이날 저녁에 박정희 대통령은 丁一權 국무총리를 포함한 김성은 국방장관과 각군 참모총장들을 식사에 초대해놓고 예비군의 필요성을 언급했다.

"우리도 강력한 예비군을 가져야 하지 않겠나. 그놈들이 뭐 대단한 것을 가지고 내려오는 게 아니라 기껏 소총하고 수류탄 몇 발 들고 오는데, 우리 예비역들 한 200만 명 정도만 무장시켜 각 지방에서 공비가 나타나면 예비군들이 대항하면 되지 않을까. 지금처럼 공비 20~30명을 섬멸하려고 몇 개 사단을 동원하다 보면 전방은 누가 지키나. 우리가 200만 명 정도만 무장시킬 수 있으면 좋을 텐데."

김성은 국방장관은 그 자리에서 "각하, 좋은 의견입니다. 한 번 해 보겠습니다"라고 말한 뒤 그 자리에서 임충식 합참의장에게 계획을 수립해 보라고 지시했다.

추가 軍援 1억 달러+α

1968년 2월 7일 오전 박정희 대통령은 헬기편으로 경남 하동역에 도착, 京全線 개통식에 참석했다. 이날 치사를 하던 박정희 대통령은 "금년 안에 무기 공장을 완성해 250만 향토예비군을 무장시키겠다"고 언명했다.

〈…작년만 하더라도 우리 국내에서는 이것(향토방위법)을 마치 국민의 기본권을 침해하는 것이 되느니, 국방은 군인들이 하는 것이지 왜 일반 국민에게 과중한 책임을 맡기느냐는 등 우리나라 지도층이나 지식층에 있는 사람들 또는 언론계에서까지 반대를 했습니다.

서울에 무장 공비 몇 명이 와서 총소리가 몇 방 꽝꽝 나니까 이제부터는 정신을 차린 것 같습니다. 앞으로는 이것보다 훨씬 더 공산당의 발악적인 행동이 있다는 것을 전 국민이 각오를 하고 '적이 오면 우리도 같이 무기를 들고 나와서 싸우겠다'는 국방에 대한 개념을 가져야 하겠습니다.

(중략) 유엔군이 와서 도와준다, 전쟁이 일어나면 미국이나 유엔군이 무기를 가져와서 적을 방어해 줄 것이다, 전쟁이 일어나면 그렇게 될지 모르지만, 우선 1차적으로는 우리 힘으로 우리가 방어를 해야 되겠다는 그런 결심이 없는 그런 국방을 가지고는 안 된다는 것을 절실히 느낍니다.

(중략) 아랍 수천만 민족이 이스라엘 250만 민족에게 꼼짝 못 하지 않습니까. 하루아침에 두드려 맞아서 없어졌습니다. 한국의 국방도 이러한 태세로 들어가야 합니다〉

한국의 대통령과 정부 각료 및 여야 정치인들의 단호한 결의가 연일 신문지상에 보도되는 가운데 2월 7일 낮 미 국방부 고위 당국자는 한국군 장비 현대화의 일환으로 M16 소총을 지급하기로 결정했다고 발표했다.

2월 8일 오전 10시, 박정희 대통령은 포터 주한 미 대사의 방문을 맞아 한 시간 동안 요담했다. 그 시각, 존슨 미 대통령은 의회에 대한 軍援(군원) 1억 달러를 추가 요청했다.

이날 포터 미국대사가 돌아간 직후 박정희 대통령은 정일권 국무총리와 최규하 외무부 장관을 청와대로 불러 포터 대사와의 요담을 중심으로 논의했으며, 오후 5시부터 정 총리와 최 장관은 중앙청 총리실에서 포터 대사와 다시 협의했다. 이날 포터 대사와의 요담 내용은 언론에 일절 보도되지 않았다. 포터 대사는 미국 정부의 회답을 들고 왔다. 내용은 '추가 군원 1억 달러를 제공하는 선에서 한국 정부의 자제를 당부하며 이를 위해 미국 측에서 특사를 파견할 것' 이란 요지였다.

비슷한 시각, 국방부에서 김성은 국방부 장관과 본스틸 유엔군 사령관이 한 시간 반 동안 요담했다. 김 전 장관은 "당시 우리의 대미 시위가 먹혀들고 있었다는 걸 직감하고 있었다"고 회고했다.

이때 본스틸 사령관은 한국군 예하 부대에 파견된 미 군사고문단으로부터 수집한 추가 군원 1억 달러의 사용계획서를 들고 왔다. 김 장관이 받아 보니 대부분이 미군이 제공한 병기의 부품 도입비로 잡혀 있었다.

김성은 전 장관의 회고.

"우리에게는 북한을 유사시 응징하려면 적어도 F-4D 팬텀 정도는 보유해야만 했습니다. 1억 달러면 팬텀 1개 대대(18대)가 보유 가능한 액수였지요. 저는 이것을 요구했습니다. 따져 보니 7,000만 달러가 들더군요. 나머지 3,000만 달러를 각 군에 나눠 주어 부속품 및 보수 비용에 쓰도록 전용하자고 했더니 본스틸 장군이 펄쩍 뛰는 겁니다. 정 필요하다면 생산이 중단된 F-100 기종을 권합디다. 끝내 우겼지요. 이 문제는 시간을 끌며 줄다리기를 하다 결국 관철되었습니다."

팬텀 편대는 이듬해 대구 공항에 도착함으로써 비로소 한국 공군도 북한을 폭격할 비행기를 갖추게 됐다.

미국의 반응에 기민하게 대응한 박 대통령은 이날 밤 김성은 국방부 장관을 청와대로 불러 "존슨 대통령으로부터 한미방위조약에 대한 원칙적인 약속만 들어오고 구체적인 알맹이가 없는데, 이번에 특사가 오면 제대로 고쳐볼 만한 것을 생각해 보시오" 라고 말했다.

김 장관은 기존의 한미상호방위조약 내용 중 제3조의 '…공통한 위험에 대처하기 위하여 각자의 헌법상의 절차에 따라 행동할 것을 선언한다' 는 규정을 '즉각 개입' 으로 개정해야 할 것이라고 말한 뒤 박 대통령의 동의를 얻었다. 김 장관은 다음날 아침 최규하 외무부 장관에게 이 내용을 각서로 만들어 한미 공동성명 문안을 작성토록 했다.

南北韓의 통일 전략과 협상 전략

1968년 1월 23일 새벽 3시 45분(미국 시각 1월 22일 오후 1시 45분) 공해상에서 미 해군 함정 푸에블로호가 납치된 사건은 미 해군 사상 106년 만에 처음 있는 일이었다. 이 사건의 처리 과정에는 미국의 對韓(대한) · 對北(대북) 정책과 남북한의 통일 전략 및 對美(대미) 협상 전략이 뒤얽혀 있다.

1968년까지 지속된 남북한 간의 통일 정책과 관련하여 잠시 박정희·김일성의 입장에서 살펴보자.

김일성은 1950년 6·25 남침 전쟁을 통해 무력통일을 시도했으나 실패하자 1954년 4월 26일 한국 통일문제를 주제로 한 제네바 회담을 통해 평화 공세를 시작했다. 당시 제네바 회담에 참석한 북한 측 대표 南一(남일)은 외국군 철수 및 감군, 모든 절차를 논의하기 위한 전 조선위원회 구성, 경제·문화 교류 및 남북한 동일 의석에 의한 선거 등 '6개항 통일 방안'을 제안했다.

북한의 평화 공세는 1960년 4·19에 의해 다시 촉발됐다. 그 해 8월 15일 해방 15주년 행사에 참석한 김일성은 '연방제 통일 방안'을 제시하고 평화통일에 관한 호소와 성명을 연이어 발표했다.

4·19를 주도한 학생들은 통일 열기에 들뜨기 시작했다. 1960년 7월 29일 총선거를 통해 등장한 張勉(장면) 정권 시절, 우리 사회 일각에서는 김일성의 연방제 통일 방안을 긍정적으로 받아들였지만, 이 같은 남북한 간의 접근은 이듬해 5·16 쿠데타로 정권을 잡은 박정희에 의해 부정됐다. 당시 박정희 최고회의 부의장은 "장면 정권과 같은 혼란에 처한 사회에서 국토 통일을 주장하는 것은 국가적인 자살 행위나 다름없다"고 규정했다.

1963년 12월, 제5代 대통령으로 당선된 박정희는 군사적·경제적으로 대남 우위를 확보하고 있던 북한의 연방제 통일안을 거부하면서 힘을 바탕으로 한 남북 협상이 가능할 때까지 통일 문제를 잠정 보류하는 전략을 취했다.

김일성은 1967년 초 비무장지대에 대한 무장 도발을 시작으로 통일 전략을 무력적화 노선으로 전환했다. 1969년 닉슨 독트린과 주한 미군의 단계적 철수가 가시화된 직후인 1969년 10월까지 3년 동안 김일성의 對南 무장 도발은 지속됐다.

김일성은 무력 도발로써 남한 사회에 공포감과 불확실성을 증대시켜 경제 발전을 가로막으려 했다. 동시에 김일성은 미북 간 단독 교섭을 통해 한미 관계가 이간되기를 바라고 있었다.

이때까지 김일성의 전략이 한국과 미국에 공세적이었다면 미국의 안보 우산에 머물러야 했던 박정희 대통령은 미국과 북한에 대해 수세적이었다. 1·21 사태와 푸에블로호 납치사건에 미국의 존슨 행정부가 보여준 對北 유화 정책은 오히려 박 대통령으로 하여금 공세적 입장으로 전환하는 계기를 마련해 주었다.

박정희 대통령은 북한의 계속적인 무력 도발과 미국의 對北 유화 정책으로 안보 위기에 직면하자 '자주국방' 노선을 선택, 미국과 북한에 정면으로 대응했다. 그 결과 박 대통령은 김일성의 의도와는 정반대로 남한 사회 내에서 광범위한 국민적 단합을 이끌어낼 수 있었다. 이를 활용한 박 대통령은 3선 개헌과 유신을 통해 집권을 연장하면서 국가 발전의 동력으로 전용한다.

한편, 김일성은 對南 무력 적화노선이 실패에 봉착하자 1970년 11월 노동당 제5차 대회를 통해 대남 전략의 기본방향을 '인민민주주의 혁명노선' 으로 정했다. 이는 '북한의 지원으로 남한의 인민들에 의해 남한 정부를 전복, 용공 정부를 수립하여 북한 정권과 합작으로 적화통일을 성취하는 것' 을 골자로 한 것이었다.

1971년 8월 15일부터 1973년 8월 28일까지 지속된 남북 대화는 이런 평화 공세의 일환이었다(남북 대화가 진행 중이던 1971년 말부터 북한은 남침용 땅굴을 파기 시작했으며, 1974년 11월 이후 현재까지 네 곳이 발견됐다).

북한의 평화 공세와 '인민민주주의 혁명노선' 전술은 박 대통령의 장기 집권에 반대하는 남한 지식인들을 대상으로 더욱 강화됐다. 북한은 이 전술을 통해 남한 사회의 反정부 인사와 감상적 자유주의자들을 포섭해 통일 전선을 형성하는 효과를 가져왔다. 이 노선은 1979년 10·26으로 박 대통령이 사망한 이후 오늘날까지도 지속적으로 추진되어 온 對南전술의 골격이다.

1968년 사건 당시 박정희-존슨-김일성 간 삼각 구도의 변화를 추적해 보자.

북한은 푸에블로호 납치 직후 함장 로이드 부커 중령으로부터 서면 자백을 받아낸 뒤 이를 방송함으로써 선전의 우위를 점했다.

〈우리 푸에블로호는 동해안을 따라 요도에서 7.6마일 떨어진 조선민주주의 인민공화국의 영해 상으로 깊숙이 침입하여 여러 군사 시설에 대한 정탐 활동을 벌이다가 자위적인 차원에서 출동한 인민군 해군 초계정에 나포됐다. 우리는 다만 북조선 정부의 관대한 용서만을 바랄 뿐이다. 함장 로이드 부커 중령〉

사건의 본질은 나포된 함정의 영해(12해리) 침범 여부였지만 북한은 이 문제를 재조사하자는 미국의 제의를 묵살한 채 오직 영해 침범 사실만을 강조했다. 북한은 사건의 진상을 독점하고 자의적으로 공개하며 정치 공세를 폈다. 북한은 선원들의 신문 자료, 선실 내에 보관되어 있던 각종 비밀 문건 등 압수품의 단계적 공개와 81명 승무원들의 자백을 주기적으로 발표하여 미국의 관심을 인질의 안전에 묶어두는 데 성공했다.

이 무렵 미국은 4년여 동안 월남전을 수행하면서 미국 내에서 반전 여론에 몰리던 중이었다. 미국 정부는 사건 발생 1주일이 채 안 돼 對北 군사 보복 계획을 포기했다.

이를 간파한 김일성은 미국에 대한 고삐를 늦추지 않았다. 김일성이 푸에블로호를 납치한 북한 해군에 격려문을 보낸 2월 2일, 판문점에서는 최초의 미북 간 비공개 회담이 시작됐다.

유엔이 인정하는 한반도 단독 정부라는 정통성을 고수해오던 한국의 박정희 정부는 미국과 북한이 동등한 자격으로 협상하는 상황을 우려하며 한국 정부가 참여하는 공개 군사정전위원회 회담을 강력히 요구하고 나섰다. 한국은 판문점 군사정전위원회를 통해 미국이 1·21 청와대 기습 사태를 제대로 거론조차 하지 않고 있음을 지적하고 한국의 판문점 회담 참가를 요구했다.

이로써 한미 간 외교적 갈등이 빚어지기 시작했다. 1999년 1월 13일 한국 외교통상부에서 공개한 푸에블로호 사건 관련 외교 문서에 따르면 당시 한국은 對北 강경 자세를 취한 반면 미국은 푸에블로호 승무원의 안전한 송환을 위해 유연한 對北 접근을 시도했으며, 박정희 대통령은 미국 측에 강력히 불만을 표시하고 그 대가로 군사 원조 확대를 요청하는 등 당당한 실리 외교를 펼친 것으로 기록되어 있다.

이때 박정희 정부는 한국만의 독자적인 무력 보복을 천명하여 미국 존슨 행정부에 압박을 가했다. 존슨 미 대통령은 즉시 한국의 안보 및 방위에 대한 지속적인 지원을 약속한다는 요지의 친서를 보냈다.

이어서 존슨 대통령은 사이러스 밴스 특사를 한국에 보내고 북한에 억류 중인 푸에블로호 승무원 송환을 위한 미국의 노력을 양해해줄 것을 요청했다(2월 15일). 이 과정에서 한국은 미국으로부터 1억 달러의 추가 軍援(군원)과 한미방위조약 개정 등을 얻어낼 수 있었다.

미국의 치욕

1968년 2월 중순 김일성은 미국에 이어 한국의 무력 보복 가능성이 점차 사라지자 조선인민군 창군 기념식(2월 15일)장에서 "만일 계속해서 미국이 푸에블로호 사건을 위협으로 해결하려 든다면 미국은 시체밖에 얻는 것이 없을 것"임을 강조하고 "북한은 전쟁을 원하지 않지만 전쟁을 두려워하지도 않는다"고 덧붙였다.

이런 강성 발언에도 불구하고 미국과 한국 측으로부터 어떤 무력 보복의 가능성도 보이지 않자 북한은 본격적으로 "세계 최강의 미국이 범죄를 저질렀으며 미국은 이에 대해 사과를 해야 한다"며 '사죄문' 쓰기를 미국 측에게 종용하기 시작했다. 미국 대표는 판문점 회담을 통해 사죄문 대신 인수증만 쓰겠다며 북한 측과 대립했다.

이 상황과 관련하여 1998년 12월 7일, 북한의 평양방송은 푸에블로호 사건 30주년을 맞아 특별 방송을 하는 가운데 회담 당시 상황을 다음과 같이 보도했다.

〈그때 미국놈들이 사과문을 거부하는 대신 선원 송환 때 인수증만 쓰겠다고 고집했다. 협상과정을 보고받은 우리들의 위대하신 수령 김일성 동지께서는 "만일 미국놈들이 자기 주장만 계속 고집하면 우리는 회의에 흥미가 없다"고 하면서 "한 달 반쯤 회의장에 나가지 말라"고 가르쳐

주시었다. 예상대로 미국놈들은 하는 수 없이 울며 겨자 먹기로 우리의 요구에 응했다〉

당시 미 국무장관이었던 딘 러스크는 회고록을 통해 자신의 관료 생활 중 푸에블로호 납북사건으로 북한과 회담을 하던 기간을 '가장 고통스러운 10개월이었다' 고 쓰고 있었다.

〈미국이 제시한 모든 합리적인 제안들이 북측에 의해 단호하게 거부된 이후 우리는 가장 고통스런 문제에 직면하게 됐다. 즉, 어떻게 해서 미국 정부가 사실과 다른 내용을 시인하지 않고도 승무원을 석방시킬 수 있느냐 하는 것이었다〉

김일성은 '푸에블로호 문제 처리는 기존 관례가 아닌 완전히 새로운 방식이어야 한다' 는 방침을 고수하여 '사죄문' 은 미국 정부 명의로 된 것을 받아내고, 함선은 북한이 몰수하며, 선원들은 인계인수가 아닌 '추방' 으로 처리해야 한다는 입장을 제시했다.

북한의 협상 전략은 '상대방의 약점 확보(인질 등)-선전전에서의 우위 확보-작은 당근(양보), 큰 채찍(본말의 전도 및 억지와 모욕)-목표 달성(실리 추구)' 으로 이어진다. 당시 북한에 기선을 제압당한 미국은 336일 동안 28차례의 회담을 통해 치욕적인 협상 과정을 밟아야 했다.

1968년 12월 23일, 판문점에서 미국 측 대표 우드워드 준장은 "푸에블로호는 북한 영해에 침입했다는 수긍할 만한 증거가 없으며 우리가 믿을 수 없는 사실에 대해 사과할 수 없다"고 말하고 "다만 승무원들의 석방을 위해 이 문건에 서명한다"고 발표한 뒤 북한 측과 협의한 문서에 서명했다.

다음은 당시 언론에 보도된 서명문 요지.

〈(중략) 미 함선 승무원들의 자백과 북괴 대표가 제시한 증거물의 타당성을 인정한다. 미국 함선이 북괴의 영해에 들어가 정탐 행위를 한 데 대하여 사과하고, 앞으로 다시는 어떠한 미국 함선도 북괴의 영해에 들어가지 않도록 할 것을 다짐한다. (하략)〉

서명문에 날인한 지 두 시간 뒤인 오전 11시 30분, 판문점을 통해 푸에블로호 승무원 82명과 시체 1구가 미군 측에 인계됐다. 이날 판문점에서 기자회견을 가진 부커 함장은 억류 11개월 동안 "가장 조직적이고 악랄한 방법으로 테러를 당했다"면서 "외국인이라는 점에서 우리들과는 다르다고 짐작은 하고 있었지만 내가 겪은 북괴는 인간과는 너무나 거리가 먼 사람들이었다"고 말했다.

이날 북한 외무부는 성명을 통해 "이것은 미 제국주의 침략자들의 수치스러운 패배이며, 조선 인민이 거둔 또 한 차례의 위대한 승리"라고 했다.

다음은 당시 북한의 중앙방송 발표문.

〈15년 전(1953년) 조선 인민에 대한 전쟁에서 미제 침략자들이 비참한 패배를 당한 역사적 장소인 판문점에서, 전 세계 인민의 관심이 집중된 가운데 오늘 또 다시 미 제국주의자들이 조선 인민 앞에 무릎을 꿇고 항복 문서에 서명하면서 무장 간첩선인 푸에블로호 사건에 대해 사과하였다〉

회담 이후 북한은 푸에블로호를 원산항에 정박시켜 反美(반미) 사상 교육용으로 활용해오다 1999년 10월 말부터 김정일의 지시에 따라 평양 대동강 쑥섬 옆 '충성의 다리' 근처로 옮겨 놓고는 내외국인들에게 전시하고 있다.

이 지역은 1866년 8월 미국 상선 제너럴 셔먼호가 평안감사 朴珪壽(박규수)에 의해 침몰당한 곳이다. 제너럴 셔먼호 사건을 북한은 김정일의 고조부 김응우(1848~1878)가 결사대를 조직해 이곳에서 미국 해적선 셔먼호를 물리친 사건으로 조작하고 '미 제국주의 침략의 첫 시작'으로 규정하고 있다.

평양을 방문하는 관람객들에게 설명하는 해설자들은 당시 함정 납치에 참여한 해병 출신들로 이루어져 있다고 한다.

1999년 10월 23일 중앙방송은 푸에블로호 참관단을 취재 보도하는 가운데 "그들(관람객들)은 민간 해양 연구선의 허울을 쓰고 우리 영해 깊이 침입했던 무장 간첩선의 정체를 그대로 보여주는 무기고와 정보종합실, 변전실, 장교선실, 사병선실, 12.7mm 대구경 기관총들, 고성능 안테나들을 비롯한 무장 장비들과 정탐 설비들을 돌아보면서 미제의 침략적 본성에 대해 다시금 깊이 새겨보고 있다"고 보도했다.

사격하는 대통령

1·21 사태와 푸에블로호 사건이 발생한 지 20여 일째가 되던 1968년 2월 9일은, 한국 정부가 단독으로 무력 보복을 준비하는 등 對美 시위를 지속하는 데 대해 미국 측이 M16 소총 지급 및 추가 군원 1억 달러 제공과 미 대통령의 특사 파견을 서둘러 제의해온 시점이었다.

이날 오전 9시, 박정희 대통령은 김성은 국방장관과 임충식 합참의장을 비롯한 3군 참모총장과 해병대 사령관 등 군 수뇌를 청와대로 불러 주체적인 국방태세 확립에 관해 지시했다. 회의가 끝난 뒤 박 대통령은 군 수뇌들과 오찬을 함께 하며 '對美 시위'의 중간 점검을 했다.

당시 박 대통령은 이런 말을 했다고 한다.

"우리가 오늘 이 자리에서 허심탄회하게 전쟁 수행 여부를 결정해야 할 것 같은데, 우리끼리 한번 북괴놈들을 쳐보느냐 아니냐에 대한 여러분들의 솔직하고 기탄없는 생각을 들어보고 싶소."

이 자리에서 김성은 국방장관은 다음과 같이 말했다고 한다.

"북한이 푸에블로호 납치 이후에도 비무장지대를 통해 20명씩 무장 군인들을 남파시켜 총격전이 두 차례나 벌어졌습니다. 제 생각엔 6·25 때 기습 남침을 했던 북한이 이번에는 우리의 공격을 유도하려고 계속 자극하는 것 같습니다. 우리가 공격하면 저들은 중국과 소련의 지원을 받아 반격할 것으로 예상되므로 말려들지 않는 것이 좋겠습니다."

참석한 다른 요인들도 같은 생각이었고 박 대통령은 말없이 고개를 끄덕이며 수긍하더란 것이다.

2월 11일 일요일 오전 8시, 사이러스 로버트 밴스 미 대통령 특사가 미 공군 특별기 편으로 김포공항에 도착했다. 그는 짤막한 도착 성명을 통해 "박정희 대통령을 만나 북괴 만행으로 빚어진 최근 한국 사태에 관한 협의를 기대한다"고 밝힌 뒤 헬기 편으로 미8군 사령부로 떠났다.

이날 오후 3시경, 점퍼 차림의 박 대통령은 청와대에서 육영수 여사와 함께 박종규 경호실장의 안내를 받으며 청와대 신관 지하에 있는 경호실 사격장으로 향했다. 25m 길이의 5개 射路(사로)가 마련된 이곳에서 박정희 대통령은 군용 권총과 카빈 소총을 번갈아 가며 사격했다. 육영수에게도 총을 다루는 법을 가르쳐주며 사격을 시켰다. 이날 평균 80점을 기록한 박 대통령은 "이만하면 나도 급할 때는 싸울 수 있겠어"라며 웃음을 지어 보였다. 청와대 비서실에서는 대통령의 사격하는 장면을 촬영해 이날 각 언론사에 배포했다.

5·16 이후 박정희가 태릉 사격장을 찾을 때마다 사격 안전 요원으로 곁에 서서 보좌했던 徐康旭(서강욱·대한사격연맹 부회장 역임) 씨의 회고.

"5·16 직후 박 의장이 군 출신 장관들을 대동하고 태릉 사격장을 찾았을 때 곁에서 처음 보았습니다. 당시 저는 육군 사격 지도단장을 하고 있을 때였는데, 박 의장의 사격 자세가 일품이었습니다. 총을 든 손끝의 흔들림이 없었고, 목표를 노려보는 매서운 눈매하며 총을 把持(파지)하고 방아쇠를 당기는 자세는 그때까지 제가 만나본 역대 장성들 중 최고였습니다.

사격 후 표적지를 보면 흑점 안에 모두 명중되어 있었습니다. 다른 장성들은 표적지에도 명중시키지 못한 사람들이 태반이었지요. 그 후 박 대통령은 매년 한두 차례씩 태릉 사격장을 방문했는데, 1968년 2월 박 대통령이 경호실에서 사격하는 사진을 신문에서 본 저는 '대통령이 행동을 통해 국민의 안보의식을 고취시키고 있구나' 하고 생각했습니다.

조선시대에 왕실에서 궁도를 유행시켰듯이 박 대통령이 솔선하여 사격을 유행시키려 한다고 생각했지요. 실제로 2년 뒤 박 대통령의 허락에 의해 박종규 경호실장은 대한사격연맹 회장을 겸직하면서 한국 사회에 사격 붐을 일으켰고, 1971년 제2회 대통령배쟁탈 봉황기 사격대회 때부터 '행정부처 대항 사격대회'를 열어 대통령 이하 장·차관 및 국장급까지 참석하여 부처별 사격 시합을 하기도 했습니다. 이때부터 전국의 중·고등학교 및 대학교에 사격부가 신설되는 등 상무 문화가 조성되었습니다."

실제로 박 대통령의 사격 소식이 전해진 2주일 뒤인 2월 26일, 공화당 창당 5주년을 맞은 공화당 당무위원들은 기념행사를 마친 뒤 청와대 경호실 사격장을 찾아가 사격 연습을 했다.

2월 12일 오전 10시, 박 대통령은 청와대를 예방한 밴스 미 대통령 특사를 맞아 약 세 시간 동안 회담했다. 이날 회담에는 한국 측에서 정일권 국무총리, 최규하 외무부 장관, 김성은 국방부 장관, 김형욱 중앙정보부장, 이후락 청와대 비서실장 등이 참석했고, 미국 측에서는 포터 주한 미국 대사, 본스틸 주한 유엔군 사령관, 월시 미 국무성 비서실 차장이 참석했다.

잭 앤더슨과 회견

1968년 2월 12일 오전 밴스 특사를 맞아 첫 청와대 회담을 가졌던 朴 대통령은 이날 오후 청와대를 방문한 미국의 저명한 칼럼니스트 잭 앤더슨 기자와 단독 회견을 가졌다.

〈박정희 대통령은 미국 정부가 자기에게 응징을 '보류할 것'을 요청했고, 자기는 '관망하는 데' 동의했다고 밝혔다. 그러나 그는 기다림에 약간 지쳤음을 시사했다. 그는 그의 목숨을 노린 북괴 무장 공비의 만행과 푸에블로호의 납북은 분명한 '침략 행위'라고 지적했다.

朴 대통령은 "북괴가 도발 행위를 자행할 때마다 우리는 아무 조처도 취하지 않았으니 침략을 저지하기 위한 군대를 가지고만 있으면 무슨 소용이 있느냐"고 반문하고, "행동하지 않는 유엔군을 한국에 주둔시키

는 것은 아무런 의의가 없다"고 말했다.

박 대통령은 '북괴가 오만해지는 이유는 그들의 도발 행위에 얼굴을 돌리는 미국 정책 때문'이라고 주장했다.

통역을 거쳐 말을 나눈 박 대통령은 휴전 후 15년 동안 북괴는 휴전 협정을 완전히 무시하고 무수한 협정 위반 행위를 자행하여 인명을 살상하고, 파괴 공작을 자행하고, 간첩을 남한에 침투시켰다고 지적했다.

朴 대통령은 이어 휴전협정이 있는 한, 쌍방이 이를 준수해야 하는데 우리는 이 협정을 충실하게 지켰으나 북괴는 수없이 위반했고 이에 대한 아무런 응징도 가해지지 않았고, 이것이 바로 북괴가 감히 청와대를 습격할 것을 음모하고 푸에블로호를 납치하게 된 것이라고 말했다. 박 대통령은 또 만일 김일성이 그러한 만행을 저질렀을 때 응징당할 것이란 걸 알았다면 그러한 행동을 하지 않았을 것이라고 덧붙였다.

朴 대통령은 북괴의 최근 만행에 대해 응징하는 것은 아직도 늦지 않았다고 믿고 있다. 박 대통령은 북괴가 판문점에서 적절한 사과를 하지 않으면 우리는 치밀한 응징책을 강구해야 할 것이고, 확고한 결의와 단호한 행동은 위기를 확대시키는 것이 아니고 오히려 앞으로 위험한 불장난을 막는 데 효험이 있을 것이라고 강조했다.

체구가 작은 朴 대통령의 말씨는 부드러웠으나 그의 말에 힘을 주기 위해 지휘봉으로 허공을 힘 있게 찌르기도 했다. 박 대통령은 적절한 용어를 생각해내는 동안 갈색 가죽의자에 몸을 기대고 묵직한 마호가니 탁자 앞에서 발을 흔들고 있었다.

朴 대통령은 북괴 무장 간첩 침투사건과 푸에블로호 사건에 대한 응징만이 북괴에 대한 적절한 행동 조처가 될 수 있고, 이로 인해 전쟁은

발생하지 않을 것이라고 주장했다. 박 대통령은 미국이 이 조처가 순전히 응징 조처이고 한정된 조처임을 공표하면 북괴는 감히 전쟁을 일으키지 못할 것이라고 시사했다. 그는 이러한 응징 조처는 자위 조처라고 강조하고, 만일 우리가 이번에 아무런 행동도 취하지 않는다면 북괴는 앞으로 마음대로 잔인하고 비인도적인 도발 행위를 자행할 것이라고 경고했다.

끝으로 朴 대통령은 현재 자기는 응징 조처를 취하지 말라는 미국의 요청을 받아들일 것이라고 말했다. 朴 대통령은 한국의 방위가 유엔군 사령관의 책임하에 있고 한국군이 유엔군 사령관의 작전 지휘하에 있음을 지적하고, 자신은 그의 권한을 존중할 것을 약속했다고 말했다. 그러나 朴 대통령은 자기는 유엔군 사령관의 이번 사건에 대한 처사를 주시할 것이라고 강조했다〉

잭 앤더슨 기자는 朴正熙 대통령과의 회견기를 이틀 뒤 〈워싱턴 포스트〉지를 통해 보도했다.

2월 15일 오후, 방한 중이던 사이러스 밴스 특사는 한미공동성명을 발표한 뒤 이한했다. 공동성명에서 미국 측은 한국 정부가 요구한 한미방위조약 개정 부분 중 '즉각 개입' 부분을 '즉시 결정'이란 문구로 절충해 '양국은 상호방위조약하에서 취해야 할 행동을 즉시 결정할 것이라는 합의를 보았다'고 발표했다.

한국 정부가 이번에 얻은 것 중 가장 큰 것은 '대한민국 국방부 및 미합중국 국방성의 각료급 연례회의 개최에 대한 합의'였다. 당시 합의된 한미 국방장관 회의는 1968년 5월 27일 제1차 회의를 시작으로 한국군의 현대화에 기여하며 지금까지 매년 계속되고 있다.

1 · 21 사태에 연이은 푸에블로호 납북사건으로 시작된 한미 간 갈등은 한국 측에 한미상호 방위조약의 보완과 군원 1억 달러 추가 지원 및 M16 공장 건설, F-4 팬텀기 도입, 휴전선 철책선 보완, 주요 예상 침투로의 자동 전자방책 설치 등 선물들을 안겨주었다.

1968년 1월 하순부터 2월 중순까지 이어지는 약 20여 일 동안 미국이 보여준 행동은 강대국조차 自國(자국) 내 여론을 통제하지 못하면 동맹국과의 약속은 물론 정권의 안정도 도모할 수 없다는 것을 보여주고 있었다. 당시 미국은 반전 무드에 편승한 진보 세력과 정통 보수 세력이 대치하면서 심각한 국론 분열 현상을 드러내고 있었다.

존슨 대통령은 약 두 달 뒤인 3월 31일 "미국의 단결을 위해 차기 대통령 선거에 불출마한다"고 선언했다. 존슨 행정부는 실망한 동맹국들을 달래며 월맹과의 협상을 통해 미국의 이익만을 겨우 지키는 선으로 후퇴해야 했다. 미국인들은 정통 보수 노선을 표방하는 레이건 대통령이 등장하던 1980년대까지 국력 회복을 기다려야만 했다.

밴스 특사가 한국을 떠난 2월 15일 저녁, 박정희 대통령과 회합을 가진 군 수뇌부들은 씁쓸한 승리감을 갖게 되었다고 한다. 박 대통령은 "존슨 대통령이 아무래도 오래 버티지 못할 것 같은데…. 강대국도 학생 데모에는 별수가 없나?" 하며 혀를 차더란 것이다.

이날 밤 박 대통령과 술을 마시며 이야기를 나눈 김성은 당시 국방장관의 증언.

"월남전을 취재하던 미국 언론들은 월맹군에 대한 취재가 쉽지 않자 경쟁적으로 미군의 피해에 초점을 맞춰 보도하기 시작했습니다. 박 대통령과 저는 '이런 불순한 바람이 미국 내 여론을 형성하면 아무리 강대국인 미국의 정부도 힘을 잃는다' 는 것을 그날의 교훈으로 정리했습니다.

박 대통령은 존슨 대통령을 동정하면서 '이쪽은 생사를 걸고 싸우고 있는데, 저 철없는 것들이 뭘 안다고…' 라며 미국 내 젊은이들의 반전운동을 아주 혐오했지요."

김성은 전 장관은 당시 박 대통령이 존슨 행정부의 퇴조를 바라보며 이 문제를 오랫동안 검토했다고 회고했다.

미국식 민주주의의 한계를 확인했다고 본 박정희 대통령의 이후 통치 과정들은 향토예비군 창설, 국민교육헌장 제정, 3선 개헌과 유신헌법 제정, 한국식 민주주의 강조, 학생운동에 대한 강한 거부감, 야당과 재야 지식인들에 대한 불신과 혐오로 드러나기 시작한다.

졸업식 諭示

1968년 2월 22일, 박정희 대통령은 공군사관학교 제16기 졸업식에 참석했다. 박 대통령은 '諭示(유시)' 를 통해 "호전적인 침략자와의 대결에서 협상이나 유화정책은 언제나 비극적 결과를 가져왔던 역사적 과오가 이 땅에서 재연되는 일이 있어서는 안 되겠습니다"라고 말했다.

2월 23일 오후 3시, 박정희 대통령은 헬기 편으로 진해를 방문, 해군사관학교에서 열린 제22기 졸업식에 참석했다.

박 대통령은 "우리는 북괴의 흉계가 전혀 오산이라는 것을 보여주어야 한다"면서 "'일하면서 싸우고, 싸우면서 일하는' 건설과 반공 투쟁의 범국민적인 국방 태세를 확립할 때가 바로 지금"이라고 강조했다.

이날 저녁 박 대통령은 진해 공관에서 전 국방부 장관 孫元一(손원

일) · 李鍾贊(이종찬), 전 해군참모총장 咸明洙(함명수) 등 예비역 장성들과 만찬을 하면서 환담했다. 이 자리에서 박 대통령은 鄕軍(향군) 무장 문제를 포함한 국방력 강화에 관한 이야기를 나누면서 김성은 장관과는 국방부 장관의 후임 인사에 대해 조용히 의논했다.

김성은 전 장관의 증언.

"저는 쉬고 싶어 수시로 사임 의사를 말씀드렸지요. 그런데 이 무렵 야당에서 계속 저를 포함해 이호 내무부 장관에 대해서 1 · 21 사태의 책임을 물어 인책하라고 야단이었습니다. 진해에서 박 대통령께서는 저에게 '임자가 쉬겠다니까, 야당에는 임자를 내보내는 걸로 보여주겠소. 후임자가 누구면 좋겠소' 라고 물어보십디다. 저는 몇 사람을 추천해 드렸지요."

2월 26일, 서울대학교 졸업식에 참석한 박 대통령은 절박한 내용의 연설을 했다.

〈공산주의자들과 타협이나 양보는 패배를 뜻하는 것이며 패배는 곧 죽음을 의미하는 것입니다. 우리는 죽을 수 없습니다. 나도 살아야 하고, 너도 살아야 하고, 우리 민족도 살아야 하고, 조국도 살아야 합니다. 살기 위해서는 죽음을 각오하고 싸우는 길밖에는 없습니다.

졸업생 여러분!

우리가 살기 위해서는 이 나라는 우리의 힘으로 지켜야 합니다. 우리 나라는 우리의 힘으로 지키겠다는 결심과 지킬 수 있는 힘을 길러야 하고 준비를 해야 합니다. 우리의 힘이 부족할 때는 남의 도움을 받는 것이 당연합니다. 그러나 남이 돕는 것은 어디까지나 도움이라고 생각해야지 남이 우리를 대신해서 지켜주기를 기대해서는 안 됩니다. 나는 이

것을 국방의 주체성이라고 말합니다. 남이 우리를 도와주는 것도 우리에게 국방의 주체성이 있을 때 도움을 받을 수 있다는 것을 명심해야 하겠습니다. 자기 나라는 자기 스스로 지키겠다는 결심이 없는 국민을 남이 와서 도와줄 리가 없지 않습니까.

(중략) 민족의 생명은 민족의 주체성에 있는 것입니다. 이 민족의 주체성은 한마디로 말해서 민족의 생명과 이익을 위해서 스스로의 결단하에 행동하고 또 영향력을 발휘하는 것이라 할 수 있습니다. 우리는 온 국민이 일치단결하여 '일하면서 싸우고, 싸우면서 일하는' 새로운 기운을 진작시켜 민족의 운명을 스스로 개척해 나가는 주체적 역량을 배양해야 하겠습니다〉

파란 많은 국회

박정희 대통령은 1·21 사태와 푸에블로호 납북사건을 통해 對美(대미) 강경노선을 유지함으로써 국가적인 실리를 구할 수 있었지만, 국내 정치에서 파행 국회와 당내 갈등이란 두 가지 숙제를 장애물로 남겨두고 있었다.

국회는, 1967년 12월 28일 여당의 예산안 단독 통과로 말미암은 이른바 '28 파동'의 여파가 남아 있었다. 새해 들어 야당은 '28 파동'의 책임을 물어 국회의장단 인책을 요구하며, 이것이 관철되지 않는 한 일체의 의사일정 협의에 응하지 않는다는 방침을 고수했다.

박정희 대통령이 김성은 국방부 장관 및 군 수뇌부와 논의 끝에 전군 동원 태세령을 내린 뒤에도 야당의 登院 거부는 풀리지 않았다. 이후 정부는 미국으로부터 추가 군원 등 각종 지원을 이끌어 내면서 향토예비군을 창설하기로 결정하고, 경부고속도로 건설의 財源(재원)을 마련하기 위해 석유류세법 개정법안(일명 휘발유세 인상법안)과 도로정비추진에 관한 법 개정안을 통과시켜야 하는 상황을 맞았다.

2월 19일 오후 4시, 박정희 대통령이 이례적으로 청와대에서 주재한 국무회의에 참석해서 향군무장의 조속한 실시를 위해 국방부가 성안한 13개 조항의 시행령을 통과시켰다. 이미 향토방위대와 향군 조직을 일원화하는 鄕防法(향방법)이 국회에 제출되어 있었으나 국회가 이를 처리하지 못하고 있어 대통령령인 예비군설치법 시행령의 제정을 서두르게 됐다. 이 시행령에 따르면 예비군은 주소지 단위로 편성하되 (필요한 경우만) 연대, 구·군에 대대, 시의 동·면·읍에 중대가 설치되고, 리·동·부락 및 직장 단위에 소대 또는 분대를 조직하게 돼 있었다.

2월 21일, 청와대에서 열린 정부–여당 연석회의 석상에서 몇몇 장관들이 "국회가 안건을 처리해 주지 않아 행정 처리에 지장이 많다"고 불평하면서 공화당 측에 "15건의 안건을 당장 처리해 달라"고 요구하여 공화당 측과 말싸움으로 번졌다. 김진만 원내총무는 "며칠 전 당정협의회에서는 시급한 안건이 네 개뿐이라고 말해놓고는 이제 와서 15건이라고 하면 어떻게 하느냐"고 소리를 높였다. 그때까지 가만히 듣고만 있던 박 대통령이 양쪽 모두에게 "당정 간 의사소통조차 안 되면서, 무슨 일을 그렇게 하느냐"고 꾸지람을 했다.

이날까지 등원 거부로 맞서던 야당은 '28 파동'의 책임자 인책으로 제시한 '국회의장단 사임 권고안'을 표결에 부치는 것을 전제로 하고 국회에 등원키로 결정했다.

2월 22일, 국회에서 신민당의 권고안은 표결을 통해 부결됐다. 이로써 국회는 '28 파동'을 수습하고 23일부터 통상적인 의안 심의에 들어가게 됐지만 여야 간은 각종 법안 처리를 두고 다시 대립하기 시작했다. 야당이 주장한 1·21 사태 책임자 인책이 여당에 의해 받아들여지지 않는다는 이유 때문이었다.

2월27일, 국회에서 여야 간 1·21 사태 책임자 인책 범위에 대한 협상이 벌어졌다. 이날 오전, 김진만 공화당 원내총무는 김영삼 신민당 원내총무에게 "국방장관을 경질하면 내무장관 해임안 철회를 신민당이 받을 수 있느냐"고 물어, 김영삼 신민당 총무의 수락을 받았다.

이날 오후 청와대에서 열린 정부-여당 연석회의에서 박정희 대통령은 최근 사임 의사를 계속 밝혀온 김성은 국방부 장관의 경질을 발표하고, 후임으로 예비역 중장 출신의 崔榮喜(최영희·당시 47세) 의원을 국방부 장관으로 결정했다. 실제로는 이날 낮, 김진만 원내총무가 공화당을 대표해 박 대통령에게 건의한 결과였다.

국방부 장관 경질 사실이 국회에 알려지자 여야 의원들은 1·21 사태의 정부 측 인책은 종결된 것으로 간주했다. 향군무장 폐지안을 제출하겠다고 벼르던 유진오 신민당 총재도 "그것은 사견이지 당론은 아니다"라며 한 발 물러섰다.

1963년 3월 16일부터 만 5년간 국방장관직을 수행해 대한민국 최장수 장관으로도 기록된 김성은 국방장관을 해임한 대가로 야당의 협조를 구해야 하는 박 대통령의 기분은 그리 밝지 못했을 것이다. 실제로 한 달도 안 가 박 대통령은 안보담당 특별보좌관직을 신설하고 김성은 전 국방부 장관을 임명한다.

이날 연석회의 석상에서 박정희 대통령은 朱源 건설부 장관으로부터 京仁고속도로 추진 상황과 남강댐 하류 개발계획 현황 및 장비도입 현황 등에 대한 보고를 받고, 고속도로 건설 재원 마련 등 이번 회기 중에 시급한 의안들을 반드시 통과시키라고 지시했다.

대통령의 高聲

1968년 2월 28일, 고속도로 건설 재원으로 사용될 석유류세법 개정법안이 회기를 하루 남긴 시점에서 주무 부처 장관에 의해 공화당 의원들에게 전해졌고, 대통령의 지시를 어길 수 없었던 공화당 의원들은 국회에 이 안건을 제출했다. 경부고속도로 건설의 총비용은 330억 원. 석유류세법 개정을 통해 휘발유 값을 100% 인상해 상당 부분을 충당할 계획이었다.

야당은 "사전에 무슨 설명도 없이 무조건 불쑥 들고 와 심의 상정해 달라는 데에 동의할 수 없다"며 오전 11시 30분 퇴장해 버렸다. 법안 개정의 목적은 고속도로 건설 재원 마련이었지만, 구체적인 내용에 관해서는 여당 의원들도 모르기는 마찬가지였다.

이날 오전 신민당에서는 국방장관 경질을 조건으로 공화·신민 양당 원내총무 사이에 이미 합의를 본 이호 내무장관 해임안 철회 문제가 다시금 불거지며 문제가 되고 있었다. 신민당 의원들은 이 문제로 두 시간 반 동안 설전을 벌였다.

高興門(고흥문), 김대중, 金相賢(김상현), 金守漢(김수한), 宋元英(송원영) 의원 등은 "이미 원내총무가 당을 대표해서 공화당과 약속을 한

이상 신의를 지키는 것이 옳다"고 주장했으나, 金應柱(김응주), 鄭雲甲(정운갑), 朴炳培(박병배), 鄭相九(정상구) 의원들은 "인책의 대상을 당초 국무총리 등 네 사람에서 두 사람으로 압축한 것도 부당한데, 이제 다시 이 내무 해임안을 철회하라는 것은 말도 안 된다"고 맞섰다.

정상구 의원은 총무단의 일원이면서도 27일의 합의 내용을 전혀 몰랐다면서 "이 내무 해임안을 관철하면서 당의 신의를 지키고, 공화당 총무에 대한 김영삼 총무의 신의는 총무단이 사퇴하는 것으로 대신하자"고 주장했다. 이날 신민당 의원들이 내린 결론은 '이호 내무장관 해임안 관철'이었다.

이날 오전, 박 대통령은 재향군인 제9차 전국대회에 참석해 즉흥 연설을 통해 향군무장 계획을 밝혔다.

제63회 임시국회 마지막 날인 2월 29일 오후 4시 40분, 국회 본회의가 석유류세법 개정법안과 도로정비촉진에 관한 법 개정법안을 상정시켰다. 이때부터 야당 의원들은 본격적인 지연 전술을 사용하기 시작했다. 김영삼 총무와 김수한 의원은 의사 진행 발언을, 송원영 의원은 1시간 25분 동안 단상을 점거한 채 연설을 강행하자 이효상 국회의장은 오후 6시 40분, 정회를 선언했다. 이후 여야 총무단이 회담을 열었지만 타결책은 나오지 않았다.

공화당 측은 이효상 의장에게 야당 측의 발언자 수를 제한해달라고 요청했으나 이 의장은 "지난번 '28 파동' 때문에 내가 지금 이 꼴이 됐는데 지금 또 다시 변칙 사회를 하란 말이냐"며 반발했다.

밤 9시 30분, 이후락 청와대 비서실장이 국회를 방문, 이효상 의장을 포함한 공화당 간부들과 대책을 협의했다. 이 비서실장이 다녀간 뒤인 밤 10시 30분경, 김종필 당의장, 길재호 사무총장, 김진만 원내총무와 이만섭 부총무 및 국회 상임위원 전원이 청와대로 박 대통령을 찾아갔다.

청와대 집무실에는 박 대통령이 담배를 피우며 무거운 표정으로 소파에 앉아 있었다. 박 대통령을 중심으로 오른쪽으로는 이효상 국회의장과 국무위원 및 총무단이 앉고, 왼쪽으로는 김종필 당의장 등 공화당 간부들이 앉았다. 이만섭 부총무의 자리는 오른쪽 맨 끝이었다.

김종필 당의장이 굳은 표정으로 담배를 피우고 있던 박 대통령에게 당 대표로서 말을 꺼냈다(이만섭 전 국회의장의 증언).

"각하, 야당이 농성을 해버리니 도저히 정상적으로는 불가능하겠습니다. 다음 회기에 통과시키도록 하겠습니다."

김 당의장의 말이 끝나기가 무섭게 박 대통령의 高聲(고성)이 터져 나왔다.

"뭐? 무슨 소리야! 내가 이 나라 경제 발전을 위해서 경부고속도로를 만드는데, 뭐? 야당이 반대한다고 국회에서 통과를 못 시켜? 뭐 이런 게 다 있어!"

박 대통령보다 나이가 많은 이효상 의장의 얼굴도 하얗게 질려 있었고 고개를 푹 숙인 김종필 당의장은 말할 나위가 없었다. 박 대통령은 다시 한 번 소리를 질렀다.

"내가 나라 살리겠다고 산업도로 만들려고 하는데, 야당이 반대한다고 여당이 그걸 하나 통과 못 시켜? 여당은 뭐하는 놈들이야!"

이만섭 전 국회의장의 회고.

"그때 박정희 대통령의 붉으락푸르락하는 화난 얼굴은 무섭다는 표현

말고는 어울릴 말이 없을 정도였어요. 모두 고개를 푹 숙이고는 숨소리 조차 안 들릴 정도로 조용했습니다. 그런 침묵이 한 1분 이상은 갔을 겁니다. 맨 끝에 앉아 있던 제가 나서는 수밖에 없다고 생각했지요."

박 대통령은 손을 덜덜 떨면서 담배를 뻑뻑 피우고 있었다. 이만섭 부총무가 입을 연 것이 이때였다. 이 부총무는 경상도 억양을 그대로 살리면서 애원조로 한마디를 했다.

"각하-, 고마 한번만 봐 주이소-."

표준어투의 사무적인 말들이 긴장감을 타고 오갈 분위기에 난데없는 경상도 사투리의 애원하는 말이 흘러나온 것이다. 조금 후, 박 대통령이 참느라고 애쓰던 웃음을 "쿡쿡" 하며 흘려버리고 말았다. 이 틈을 이용해 다른 의원들도 웃음을 참다 킥킥거리기 시작했다. 살벌했던 분위기가 일순 뒤바뀌었다.

李萬燮(이만섭) 부총무는 이 순간을 놓치지 않고 한 번 더 애원했다.

"각하, 그만 저희들한테 맡겨주십시오. 잘해보겠습니다."

박 대통령은 웃음을 참는 표정으로 손을 내저으며 "알아서 하라고!"라고 말했다.

"예!"

대답은 모두가 이구동성이었다.

이만섭 전 국회의장의 회고.

"대답이 끝나자마자 허겁지겁 청와대를 빠져 나오기 바빴습니다. 밖에서 제가 김진만 총무에게 '이거, 합시다. 해야지 어쩝니까' 라고 말했지요. 이때부터 국회에 돌아와 단상 점거하고 법안을 통과시킬 때까지 불과 30분도 안 걸렸을 겁니다. 사람이 한번 혼이 나니까 전부 달라집디다."

이들은 회기 종료 40분을 남긴 밤 11시 20분에 국회로 돌아왔다. 이만섭 부총무는 공화당 의원들에게 덩치 큰 의원들이 앞장서서 단상에 접근하라고 지시했다. 밤 11시 48분, 공화당 의원들이 정회 중이던 대회의장에 들어서자 신민당 의원들은 미리 단상을 점령, 뒤늦게 올라오는 공화당 의원들과의 격돌에 대비하기 시작했다.

李萬燮 전 국회의장의 회고.

"그때만 해도 감정싸움은 없었습니다. 신문을 보면 아주 격앙된 싸움 같아 보이지만, 실제로 대부분은 '야, 살살해라' 거나 '내 체면 좀 봐주라' 는 말들을 하며 옷을 잡아당기곤 했거든요."

여야 의원들끼리 고성을 주고받으며 단상 점령 공방전을 벌이던 그 순간 유도 고단자인 장경순 부의장이 재빨리 의장석에 접근했다. '2·28 파동' 때에도 장경순 부의장이 부러진 의사봉을 들고 변칙 통과를 시킨 주역이어서 이날 장 부의장의 행동은 이미 신민당 의원들에게 주목의 대상이 되고 있었다. 신민당 의원들은 단상에서 의장 전용 출입문을 막았다. 김상현 의원은 의장석에 마련된 의사봉과 마이크를 철거시키고 있었다.

이 순간 공화당 柳凡秀(유범수) 의원이 김상현 의원으로부터 의사봉을 빼앗아 장경순 부의장에게 던졌다. 허공을 가로지르던 의사봉이 장경순 부의장의 손에 닿으려는 순간 달려든 다른 신민당 의원들의 손으로 옮겨가 버렸다. 당황한 장경순 부의장은 의사봉 대신 손바닥으로 책상을 치며 속개를 선언하고 두 개 법안을 일괄 상정한다고 소리쳤다.

아우성치는 소리가 터져 나오기 시작했다. 의장석을 점령했던 신민당

의원들은 수가 많았던 공화당 의원들에게 점차 밀려나기 시작했다. 약 7분 동안의 변칙 의사 진행을 통해 두 법안은 비로소 통과됐다. 장 부의장은 폐회 선언도 하지 않고 내려가 버렸다. 신민당 의원들은 퇴장하는 공화당 의원들을 향해 욕설을 퍼부었다. 그리고 5분 뒤 임시국회는 회기를 다하고 막을 내렸다.

3월 1일 새벽, 김영삼 신민당 원내총무는 "국민과 더불어 분노를 금치 못하며 예고도 없이 강도적인 수법으로 의장석에 앉지도 않고 날치기 통과를 자행했다"고 비난하고 "이같이 의회 민주주의를 말살하고 다수의 폭력을 자행한 것은 구제받기 어려운 일"이라면서 "장 부의장이 동물적인 방법으로 통과시킨 것은 눈물을 금치 못한다"고 말했다. 김진만 공화당 총무가 "미안하지만, 다음에 신민당이 요구하는 다른 안건하고 바터(barter · 물물교환)하자"고 제의하자 김영삼 총무는 "버터는 고사하고 치즈도 못 해 주겠다"고 맞섰다.

이만섭 전 국회의장의 회고.

"고속도로 건설은 아무리 야당이라고 해도 반대할 이유가 없는 일이었는데 왜 그토록 반대에 집착했는지 지금도 이해가 안 됩니다. 그때 국회에서 석유류세법 개정법안이 통과되지 않았더라면 고속도로 건설이 중단되었을지도 모릅니다. 그만큼 중대한 사안이었는데 야당은 한사코 반대만 했다는 인상을 저도 받았습니다. 박 대통령도 야당이 항상 반대만 한다는 선입견을 결코 버릴 수 없었을 겁니다."

兪鎭午: "박 대통령이 나를 만나줍니까?"

1968년 3월 1일 오전, 박정희 대통령은 중앙청 광장에서 거행된 제49회 3·1절 기념식에 참석, 경축사를 통해 "3·1절의 자립-자위 정신과 거족적 궐기는 우리가 지금 당면하고 있는 자립경제 건설과 국방의 주체성 확립이라는 과제 해결에 있어서 참으로 절실한 것"이라고 말했다.

식이 끝난 뒤 박 대통령은 차에 오르기 전에 정일권 국무총리 등 3부 요인과 함께 연단 아래에 마련된 독립 유공자 귀빈석으로 내려와 유족들의 손을 일일이 잡으며 "요즘 어떻게 지내십니까"라며 근황을 묻기도 했다. 이날 식장에는 정부의 초청을 받은 야당인사가 한 명도 나오지 않았다. 전날 밤에 있었던 변칙 통과에 대한 야당의 반응이기도 했다.

3월 2일 오전, 박정희 대통령은 청와대에서 정일권 국무총리, 최영희 국방부 장관, 임충식 합참의장 등이 참석한 가운데 裵德鎭(배덕진) 국가안보회의 사무국장으로부터 그동안 관계부처 간에 합의를 거친 향토예비군의 무장, 편성, 예산 문제 등에 관한 보고를 받았다.

비슷한 시각, 신민당 유진오 대표는 신민당 원내총무실에서 공식 기자회견을 가졌다. 유 대표는 "2·29 날치기 통과는 국회를 결정적으로 행정부에 예속시켜 국회 부재 현상을 조장키 위해 계획적으로 감행된 만행"이라고 주장하고 "신민당은 최후의 1인, 최후의 일각까지 조국의 민주주의를 사수할 결심을 천명한다"면서 3월 중순부터 서울을 비롯한 대도시를 중심으로 원외 투쟁을 벌이겠다고 말했다.

7대 국회 개원 후 계속된 파행 정국을 보다 못한 신민당의 김상현 의원은 3월 6일 아침에 서울 중구 필동의 유진오 신민당 총재 집을 방문해

경색된 정국을 풀기 위한 제안을 했다.

김상현 전 의원의 증언을 재구성해 보았다.

"총재님, 정국이 너무 파행으로만 치닫고 있는데, 박 대통령과 유 총재 간의 영수회담을 통해서 파행 정국을 푸는 것이 바람직하지 않겠습니까?"

한복 차림의 유 총재는 김 의원의 제안을 다 듣기도 전에 고개를 설레설레 저으며 이렇게 말했다고 한다.

"박 대통령이 나를 만나줍니까? 절대 안 될 겁니다. 또, 만나 봐야 박으로부터 사쿠라 소리나 들을 거고."

"사쿠라 소리 열 번을 듣는 한이 있어도 국정을 바로잡아야 하지 않겠습니까."

"나는 그래도 못 하겠네."

이 무렵 야당의 풍토는 선명 투쟁이 유행이었다. 어떤 사안이건 여당과 강경 대치를 하지 않고 합의를 도출하려 했다가는 당장 '사쿠라'로 몰리곤 했다. 벚꽃의 일본말인 사쿠라는 한일회담 반대 시위 당시 온건 야당에게 강경 야당이 비난조로 사용하면서 한국 야당 내에서는 '정부의 의도에 영합하는 야당 세력'이란 뜻으로 사용되어 왔다. 柳珍山(유진산) 신민당 부총재의 경우, 6·8 선거 부정사건 이후 국회를 정상화시키기 위해 정부 측과 타협할 뜻을 비추자 당내 강경파인 鄭海永(정해영) 의원에 의해 '사쿠라'로 몰려 정치적 치명상을 입을 뻔했다.

김상현 의원은 결심한 듯 제안을 했다.

"그럼 저라도 박정희 대통령께 면담 요청 한 번 해볼랍니다."

"나도 안 받아줄 건데 김 의원이라고 해 줄 것 같소?"

"저도 헌법기관의 한 사람입니다. 박 대통령께 면담을 요청해 놓고 한 달 정도 기다리겠습니다. 한 달 이후에도 아무 이야기가 없으면 국회에서 정식으로 문제를 삼을랍니다."

"그럼 그렇게 해보시구료."

유진오 총재는 시큰둥하게 말했다고 한다. 김상현 의원은 그 자리에서 유 총재 비서관인 朴贊世(박찬세·대통령 공보비서관, 통일연수원장 역임)를 불러 청와대 비서실장실로 전화를 넣어보라고 지시했다. 잠시 후 이후락 비서실장 대신 모 비서관이 전화를 받았다.

"나 신민당의 김상현 의원이오. 이후락 비서실장을 통해 박 대통령께 꼭 좀 전해주시오."

"그렇게 하겠습니다. 내용은 어떤 것인지요."

"제가 박정희 대통령께 정식으로 면담을 요청한 것으로 전해주시오."

"알겠습니다."

김상현 의원은 일주일쯤 지나면 청와대에서 반응이 나타날 것이라 예상하고는 유 총재의 집을 나왔다.

다음날인 3월 7일, 오전 8시쯤 집을 나선 김 의원은 문이 닫힌 국회의사당을 지나 서울 시청 부근의 한 호텔 커피숍에서 사람들과 만나 환담을 나누다가 오전 11시쯤 평소처럼 집으로 전화를 걸었다. 휴대폰이 없던 시절, 국회의원들은 집에 가설된 전화를 사무용으로 쓰던 때였다.

전화를 받은 김 의원의 부인은 "청와대에서 이후락 비서실장이 아침부터 두 번씩이나 전화를 걸어오며 찾아달라고 재촉했어요"라고 말하고 있었다. 김 의원은 부인이 급히 불러주는 청와대 비서실의 직통 번호를 받아 적고 다이얼을 다시 돌렸다. 이후락 비서실장이 직접 전화를 받았다.

“아이고, 김 의원님. 어디 다니시면 어디 다니신다고 행선지를 남겨놓고 가시지, 아침부터 김 의원님 찾느라고 욕봤습니다. 오늘 오후 2시까지 청와대로 들어와 주실 수 있겠습니까?”

“그러지요.”

당시 김상현 의원은 이후락 비서실장이 자신을 부른 이유가 면담 의도와 내용을 사전에 알기 위한 것인 줄로만 알았다고 한다. 청와대에 도착하니 현관에서 기다리고 있던 이후락 비서실장이 “지금 각하께서 기다리고 계십니다”라며 곧바로 박 대통령 집무실로 안내했다.

김상현 전 의원의 증언.

“집무실에 들어갔더니 대통령께서는 돋보기로 여러 장의 흑백 사진들을 찬찬히 살펴보고 계십디다. 한 3분 동안 저와 이후락 비서실장은 머쓱하게 앉아 있었지요. 집무실 벽을 둘러보니 벽면 전체가 대한민국 지도로 도배되다시피 되어 있더군요. 각종 도표도 중간 중간에 붙여져 있고 마치 전쟁 중의 작전 상황실 같다는 느낌이었습니다.

지도는 그 해에 막 시작됐던 경부고속도로 건설과 관련된 것이란 걸 한눈에 알 수 있었습니다. 색연필로, 연필로, 사인펜으로 예상 도로를 그려 넣거나 수정한 부분들이 여기저기 보였습니다. 이런 걸 구경하느라 한참을 두리번거리고 있는데 각하께서 돋보기를 책상 위에 놓더니 ‘아, 김 의원. 미안합니다’ 라며 악수를 청하러 걸어 나오시는 겁니다. ‘정말 잘 오셨습니다. 반갑습니다’ 라고 악수를 하더니 당신이 보고 계시던 사진들을 가리키며 이렇게 설명을 하는 거예요.

‘김신조가 참 정직한 사람입니다. 이 사진들은 김신조가 얘기해서 찍은 항공사진들인데 북한이 산 밑에 굴을 파 요새화한 지하 활주로 입구를 찍은 것들입니다. 이리 와서 한 번 보시지요.'"

朴 대통령-金相賢의 대화

항공사진들을 보고 자리에 앉은 김상현 의원이 먼저 말을 꺼냈다.

"각하께서 오늘 시간을 내주셔서 감사드립니다. 저는 적을 상대하더라도 진실로 대하고, 진실하게 대하는 길만이 대화도 될 수 있고 갈등도 해결할 수 있다고 생각합니다."

김 의원이 '진실'을 강조하자 박 대통령은 너무나 기다렸다는 듯이 "우리, 진실로 정치 얘기 한번 합시다. 도대체가 야당이 말이오, 반대를 위한 반대만 하고 말이오"라면서 집무실 벽을 가리켰다.

"김 의원, 저것이 고속도로요. 내가 헬기를 타고 수십 차례나 다니면서 직접 그려서 하고 있습니다. 고속도로라는 것이 앞으로 산업화 시대에 얼마나 중요한 것인데 야당은 그것도 이해하지 않으려 들고, 무조건 반대만 하고 말이오.

석유류세 인상법안도 고속도로 건설자금 마련을 위한 조치인데 그것 가지고도 야당은 반대하고…. 지난번 6·8 선거에서는 다소 문제가 있었지만, 여당도 이걸 인정하고 양보해서 야당과 의정서까지 만들어 놓고도, 또다시 야당이 깨버리면 도대체 정부와 여당은 뭘 어떻게 하란 겁니까."

김상현 의원은 박 대통령이 일방적으로 여당 입장만을 전해 듣고 있다고 느꼈다고 한다.

"각하께서 일방적인 정보만 보고받고, 야당이나 국민들의 정치 상황에 대해 보고받지 못하고 계신 것 같습니다."

"그게 뭐요?"

김 의원은 여당의 실책을 사례를 들어가며 나열한 뒤 이런 말을 했다고 한다.

"대단히 죄송합니다만, 처칠이나 루스벨트 같은 사람은 국가의 중요 정책 결정 과정에서는 야당을 먼저 만나 설득시키고 이해시키고 하면서 일해 나가는데, 대통령께서는 언제 야당 사람들을 만나 대화하고 토론하고 하셨습니까. 국회 문제라면 여당 총무 보고를 받으셔야 하지만 야당 총무 보고도 받으시는 길을 만들어 놓으셔야 되는 것 아닙니까."

김상현 의원은 박 대통령 앞에서 기선을 잡았다고 생각했다는 것이다. 그런데 대뜸 박 대통령은 이렇게 받아쳤다고 한다.

"아, 내가 그래서 김 의원 만나고 있는 거 아니오. 지금 우리 여당 국회의원 예순일곱 명이 날 만나자고 면담 신청해놓고 있소. 이 실장, 육십 몇 명이지? 그런데 내가 오늘 아침 10시에 전국 도지사 회의가 있어 참석하러 가는 길에 김상현 의원의 면담 신청이 왔다는 말을 듣고 오전에 만나려다가 연락이 안 되어 지금까지 기다리고 있었던 거요."

다시 김 의원의 이야기가 계속됐다.

"전 국민들이 파행 국회를 보고 우리나라 정치에 희망이 없다고 생각하고 있습니다. 이런 시기에 야당 총재와 영수회담을 하시는 것이 바람직하다고 생각합니다. 우리 유진오 총재와 영수회담 기회를 한번 마련해 주시는 것이 어떻겠습니까."

"좋소! 유진오 총재가 영수회담을 제안하는 것이 유 총재 입장에서 좋다면 내 그걸 수락하겠소. 내가 유 총재에게 영수회담을 제안해서 유 총재가 유리하다면 내가 그렇게 하겠소. 그리고 장소도 꼭 청와대가 아니어도 되오. 우이동 같은 데도 좋습니다."

김상현 전 의원은 당시 박 대통령의 화답에 몹시 기뻤다고 회고했다.

"각하, 정말 감사합니다. 이렇게 대화로 정치 문제를 풀어나가면 국민들도 기뻐할 겁니다."

"김 의원, 술은 얼마나 합니까?"

"저는 술이라면 부끄럽게도 한도 끝도 없습니다. 장가갈 때는 제 처 얼굴도 모른 채 양조장집 딸이라는 소리에 결혼했습니다."

박 대통령은 껄껄 웃으며 자신의 술 실력을 털어놓았다.

"나도 군대 때 너무 마셔 가지고, 지금도 속이 쓰리고… 이거 죽겠습니다. 김 의원, 거, 술 적게 자셔야 됩니다. 이 실장, 언제 저녁에 우리 김상현 의원하고 술자리 한번 갖자고. 그리고 앞으로 우리 김상현 의원으로부터 연락이 오면 언제라도 즉시 나한테 보고하도록."

"알겠습니다."

다시 이야기는 장기 집권 문제로 옮아갔다. 박 대통령은 정색을 하며 이렇게 말하더란 것이다.

"만약에 내가 장기 집권한다든가 국민의 기본권을 유린한다고 하면 야당이 극한투쟁을 해도 좋습니다. 내 임기가 3년 정도밖에 안 남았습니다. 내가 만약 장기 집권한다면 김 형이 극한투쟁에 앞장서시오."

"각하께서 그런 불행한 일은 하셔서도 안 되지만, 만약에 그런 일이 있을 때는 각하와의 약속을 반드시 지키겠습니다."

웃음으로 대화가 매듭지어질 즈음 배석했던 이후락 비서실장이 끼어들었다.

"각하, 사실 김상현 의원이 청와대까지 들어왔다는 것은 보통 용기가 아니고는 할 수 없는 일입니다. 여기서 각하를 만났다는 것을 야당에서 알면 사쿠라로 몰아 김상현 의원의 정치 생명이 끝장날지도 모릅니다."

박 대통령은 놀란 얼굴이 되더니 이렇게 말했다고 한다.

"김 의원, 그런 정도라면 우리 오늘 만난 것을 비밀로 합시다."

"각하, 그 점에서는 제 의견은 각하와 조금 다릅니다. 각하께서 불편하시지 않으시다면 오늘 제가 대통령과 면담한 것을 공개해 주시기를 부탁드립니다. 그것이 정치인으로서 正道(정도)를 걷는 길이라고 생각합니다."

"그래요? 이 실장, 신범식 대변인에게 연락하도록 하시오."

이때 박 대통령은 신 대변인이 발표할 문안을 직접 작성하더니 김 의원에게 보여 동의를 구한 다음 잠시 후 들어온 신 대변인에게 건네주었다. 이날 오후 청와대 대변인실에서 기자들은 신범식 대변인이 발표하는 내용을 받아 적어 '-언제든 유 당수 만나- 박 대통령 '대화의 풍토' 강조-김상현 의원 맞아' 라는 제목하에 보도했다.

〈김상현 의원의 면담을 요청받은 박 대통령은 "야당도 정부의 옳은 일에 대해서는 협조하는 태도를 가져달라. 국민이 볼 때 야당이 정권을 인수할 수 있는 태세를 갖춤으로써 앞으로는 평화적인 정권 교체가 이루어지기 바란다"고 강조했다. (하략)〉

이날 약 1시간 20분 동안의 면담을 마치고 악수를 나눈 뒤에 집무실을 나오려는데 박 대통령은 "김 의원, 가지 마시고 잠깐 밖에서 기다리시오" 라고 했다. 그리고 박 대통령은 이 실장을 따로 부르더니 뭐라고 지시를 하고 있더란 것이다.

김상현 의원은 청와대 2층의 이후락 비서실장 방에서 서성이고 있었다. 잠시 이 실장이 분주하게 들락거리더니 두툼한 봉투 하나를 들고 나타났다고 한다.

"제가 청와대에 있으면서 각하께서 이런 일을 부탁하신 것은 처음 있는 일입니다. 이것 얼마 안 되지만 정치자금에 보태어 쓰십시오."

김 의원은 놀라서 두 손으로 돈 봉투를 막으며 거절했다.

"정말 감사합니다. 받은 걸로 하고, 저는 정치자금 필요 없습니다."

돈 봉투는 두 사람 사이에서 세 번을 왕복했다가 결국 이후락 실장의 손에 돌려졌다고 한다.

"아무리 어렵더라도 정치자금을 대통령으로부터 받는다는 것은 야당 의원으로서 도리가 아니라고 생각했기 때문입니다. 여러 복잡한 생각을 한 것도 아니었습니다."

무산된 영수회담

1968년 3월 7일 오후 3시경, 김상현 의원은 청와대 면담을 마친 뒤 兪鎭五(유진오) 당수 집으로 곧장 달려갔다. 면담 소식은 이미 라디오 방송을 통해 보도가 되고 있었다. 유진오 총재는 이발소에서 이발을 하던 중에 방송을 듣고 집으로 달려 들어오고 있었다. 30여 분 뒤엔 김영삼 의원이 달려왔다. 자신에게 한마디 상의 없이 그런 일을 할 수 있느냐는 표정이었지만 총재가 버티고 있어 김상현 의원에겐 한마디 말도 하지 못했다.

김상현 의원은 유진오 총재에게 이렇게 말했다고 한다.

“박정희 대통령으로 하여금 헌법을 지키는 대통령으로 만들기 위해서는 야당의 역할이 지금부터 필요합니다. 장기 집권을 막고, 여야 영수회담을 통해서 박 대통령이 야당이야말로 정말 애국심과 대안의 정당으로서 손색이 없다고 생각하고 안심하면 이 나라의 혼란이 없을 겁니다. 이런 것을 전략적으로 심어줄 필요가 있을 겁니다.”

“야당에 대한 신뢰를 심어주자… 좋소. 그럼 내일 아침 9시까지 김 의원은 내가 대통령을 만나면 무슨 이야기를 해야 할지를 메모 좀 해서 갖다 주시오.”

3월 8일 아침 9시, 김상현 의원이 유진오 총재 집으로 달려갔다. 그런데 유진오 총재는 방석에 앉아 고개를 숙인 채 반가워하는 기색이 아니었다. 유 총재는 김상현 의원을 보더니 고개를 설레설레 흔들며 이렇게 말했다고 한다.

“다 틀렸습니다. 다 틀렸습니다….”

“뭡니까?”

“유진산 부총재, 김영삼 총무에게서 전화가 왔습니다. 당에서는 영수회담을 하면 사쿠라로 몰린다며 난리가 났답니다. 다 틀렸습니다….”

이날부터 보름 동안 김 의원은 필동의 유진오 총재 집으로 출근했다고 한다.

“보름 동안 노력했지만 야당은 요지부동이었습니다. 허탈하더군요. 솔직히 말해서 저는 박정희 대통령의 3선 개헌은 야당의 책임이라고 생각합니다. 장기 집권의 명분을 야당이 계속 제공한 셈이었으니까요. 제가 그렇게 대통령과 허심탄회하게 털어놓고 이야기하고 영수회담을 추진시켰는데, 야당 스스로가 선명 투쟁인지 뭔지에 미련을 못 버리고 버틴 겁니다.

내가 박정희라도 '저런 ×들에게 정권 물려주었다가는 나라 다 말아먹게 생겼다' 고 생각할 수밖에 없게 되어 있었어요. 이것이 나의 솔직한 생각입니다. 그때나 지금이나 야당은 역사적인 인식을 갖고 민족의 입장을 생각하는 지도자를 만나지 못하는 것 같습니다."

박 대통령이 기대했던 여야 영수회담은 이렇게 해서 물거품이 되고 말았다. 당시 김상현 의원은 유진오 총재 집을 보름 동안 방문하면서 설득 끝에 이렇게 선언했다고 한다.

"총재님, 말씀드리기 죄송하지만, 저는 오늘 이후로 총재님 댁을 방문하지 않겠습니다. 앞으로 이 나라 역사가 대단히 어려워질 겁니다. 이렇게 정치가 불합리하게 진행되는데 앞으로 박정희의 수순이 뭐겠습니까. 야당 총재 자리는 총재께서 옛날에 계셨던 국민재건운동본부장 자리가 아닙니다. 저는 앞으로 정월 초하루만을 제외하고는 인사드리지 않겠습니다."

1971년 제7대 대선에 출마한 김대중 후보는 유세장에서 박정희 후보의 3선 개헌을 비판하는 가운데 1968년 김상현 의원과 박 대통령의 대화 내용을 이렇게 소개했다.

"박 대통령은 개헌을 강행하기 1년 전인 1968년 나의 측근인 김상현 의원과 청와대에서 만난 자리에서 이렇게 말했습니다.

'만약 내가 3선 개헌을 하려고 한다면, 김상현 의원 당신은 短刀(단도)를 가지고 나한테 덤비도록 하라. 당신들에게는 당연히 그렇게 할 만한 권리가 있다' 고 말입니다."(김대중 著 《행동하는 양심으로》에서)

이 대목에 대해 최근 필자와 만난 김상현 전 의원은 "김대중 의원이

다소 과장해서 말했던 것 같다" 고 바로잡아 주었다.

향토예비군 창설

1968년 2월 6일 밤, 청와대에서 김성은 국방부 장관에게 지시한 예비군 조직 편성은 한 달여 동안 곡절을 거쳤다.

김성은 전 장관의 회고.

"예비군 조직을 기획해 보라고 합참에 주었더니 며칠 뒤에 '예비군 사령부–군 사령부–군단–사단…' 식으로 군 조직처럼 만들어 갖고 왔어요. 공비를 잡기 위해서는 지휘 계통과 통신이 간단해야지 복잡하면 안 된다고 생각했습니다. 가끔 수해가 나서 경제기획원에 가보면 각 부처에서는 피해 보고와 복구 비용을 산출한 액수가 거의 동시에 올라오고 있었습니다. 하지만 군에서는 일주일이 넘게 걸렸어요. 군인들은 꼼꼼했지만 중대–대대–연대–사단–군단 식으로 全軍(전군)의 통계를 잡으려다 보니 꼬박 일주일이 넘게 걸리곤 했습니다. 그래서 수해 복구 추경예산은 다른 데서 다 따가고 국방부는 거의 빈손으로 돌아오곤 했습니다. 즉각 대응을 위한 군의 조직체계가 현대화되지 않았던 겁니다.

공비 출몰 시엔 즉각 대응해야 하는 관계로 상부에 보고한 뒤 지시받고 출동하는 식을 지양하고 예비군은 면·읍 단위에 중대급 규모를 넘지 않으니 1개 면마다 중대를 편성하게 하고 경찰 지서장이 마을 예비군을 지휘해서 선 조치, 후 보고하는 방식을 취하게 했습니다. 공비 출몰 신고는 합동참모본부에 보고되므로 여기서 전국 예비군망을 통해 비상을 걸면 공비들은 예비군이란 그물에 갇히게 됩니다. 거기에 현역 군인들을 기동타격대로 투입하면 섬멸된다는 구상을 하게 되었지요.

즉, 예비군들은 자기 구역 내에 침투한 공비들을 꼼짝 못 하게 가두는 역할을 하고 섬멸은 현역이 하는 개념이었습니다. 며칠 뒤 이 안을 대통령께 보고하자 박 대통령은 매우 기뻐하면서 '김 장관 案(안)대로 밀고 갑시다' 라고 말했지요."

김성은 국방장관은 예비군의 무장 문제도 해결했다. 그는 본스틸 유엔군 사령관을 통해 미군이 M16을 주력화기로 선택함으로써 폐기 장비가 된 카빈 소총과 M1 소총 100만 정 및 실탄 5,000만 발을 무상으로 지원받을 수 있게 했다.

향토예비군이 창설되는 과정에는 洪鍾哲(홍종철) 공보부 장관과 작곡가 李熙穆(이희목) 씨의 노력도 있었다. 홍 장관은 당시 유행하던 군가 '맹호는 간다' 와 '우리는 청룡이다' 를 작곡한 이희목 당시 중앙방송국 음악계장에게 예비군가의 작곡을 의뢰했다.

'맹호는 간다' 작곡 당시의 이희목 씨 회고.

"누군가가 이 노래를 듣더니 서두에 호랑이가 포효하는 소리를 넣자는 제안이 나왔어요. 창경원 동물원에서 방송요원이 호랑이 울음소리를 녹음하느라 애를 먹었지만 성공했지요. '맹호는 간다' 노래는 당시 최고 인기곡이 되었습니다.

박정희 대통령이 이 노래를 아주 좋아한다는 것을 안 홍종철 장관은 박 대통령이 KBS 라디오 정오 뉴스를 꼭 청취한다는 것을 알고 매일 뉴스가 끝난 뒤엔 반드시 이 노래를 보낸 뒤 정규 방송을 진행토록 했습니다. 홍 장관은 결재서류가 있으면 라디오에서 이 노래가 끝난 직후에 대통령께 결재를 받으러 갔다고 제게 말한 적도 있습니다."

홍종철 장관으로부터 '우리 맹호부대 계장'이란 별명을 얻었던 이희목은 평북 선천에서 태어나 1947년 월남하여 서울사대부고를 나왔다. 그는 이봉조, 박춘석 등 당대 유명 작곡가들과 어깨를 겨룰 만한 실력을 갖고 있었지만, 대중가요보다 국민가요에 능해 방송국 직원으로 일하며 부업으로 작곡을 했다. 무명이었던 이희목은 민정이양 직후 국민 계몽성 가요 '일하는 해'를 작곡하면서 정부와 관계를 맺었다.

이희목은 1968년 3월 초, 공보부 직원으로부터 "예비군가를 만들어 주되 작사자는 선생께서 알아서 선정하십시오"라는 부탁을 받았다고 한다. 이 씨는 당시 〈아리랑〉 잡지 기자 출신의 작사가 전우(작고) 씨에게 가사를 부탁한 뒤 일주일 만에 곡을 완성했다. 녹음 때는 봉봉 사중창단이 노래를 불렀다.

홍종철 장관은 공보부 직원들을 모아 놓고 李씨가 작곡한 노래를 함께 들은 뒤 "어때? 어때?" 하며 반응을 듣고는 그대로 박 대통령에게 전달했다. 박 대통령은 흡족해 하며 가사를 직접 옮겨 적었다고 한다.

1968년 4월 1일 대전 공설운동장에서 거행된 향토예비군 창설식에 참석한 박정희 대통령은 연설 마지막 대목에서 이 노래의 가사를 언급하기도 했다. 이날 박 대통령은 "지난날 멸공 전선에서 조국 수호를 위해서 같이 싸우며 생사고락을 같이하던 전우 여러분!"으로 시작하는 20여 분간의 연설을 했다.

〈예비군의 이상적인 모습은 논밭이나 직장에서 자기 일에 충실하고 훈련에 힘쓰다가 일단 공비가 나타나면 즉각 출동하여, 그 마을 그 직장에서 공비와 싸우는 전사가 되는 것입니다.

또한 모든 주민들도 산에서 들에서 길에서 바다에서 가정에서 일터에서 수상한 자가 나타나면 즉각 신고하여 '눈'이 되고 '귀'가 되는 것입니다. 경찰이나 군은 즉각 출동하여 적을 소탕해 버리는 것입니다. 그와 동시에 간첩이나 공비의 침투를 알리는 경종이나 '사이렌'이 울려 퍼지면 모든 주민들이 순식간에 공동 전선을 형성하게 될 것입니다. 이렇게 입체적인 작전을 전개할 때, 적은 '독 안에 든 쥐'처럼 꼼짝 못 하고 섬멸되고야 말 것입니다. 이러한 전술은 적에게 우리가 거꾸로 '게릴라'를 하는 전법입니다. (중략) 자유는 목숨을 건 싸움에서만 얻어지는 것입니다. 죽음을 각오한 방어만이 자유를 수호할 수 있습니다. 국가 안위에 관한 대비책을 당리당쟁의 대상으로 삼는 자유가 있다면, 그것은 정녕 '자기 파멸의 자유'라고 할 수밖에 없습니다.

우리의 국가 방위는 우리가 죽음을 각오하고 싸울 각오가 섰을 때에만 비로소 튼튼한 것입니다. 그러므로 우리는 북괴가 또다시 이 땅을 침략했을 때 나의 집, 나의 고향, 나의 직장에서 한 치도 양보해서는 안 됩니다. 끝까지 싸워서 지켜야 합니다. 내 마을 내 직장은 내가 최후까지 사수해야 할 방위선인 것입니다. (중략) 나는 예비군이 국난 극복의 신기원을 개척하고, 조국 근대화의 역군이 되어줄 것을 기대하면서 동지 여러분이 즐겨 부를 예비군가의 한 구절을 인용하여 여러분의 전도와 조국의 앞날을 축복하고자 합니다.

'歷戰의 戰友들이 다시 뭉쳤다.
총 들고 건설하며 보람에 산다.
예비군 가는 길엔 승리뿐이다.'
감사합니다〉

제31장

한국 전자공업의 元年

朴正熙

존슨의 평화협상 제의와 北爆 중단 선언

1968년 4월 4일 오후 늦게 朴正熙 대통령은 존슨 미 대통령으로부터 4월 8일 하와이 호놀룰루에서 정상회담을 갖자는 제의를 받았다. 미국이 갑자기 박 대통령을 초청하는 데엔 이유가 있었다.

4월 1일 오전 11시(미국 시각 3월 31일 밤 9시), 존슨 미 대통령은 전국 방송을 통해 30분간의 연설을 하면서 "나는 차기 대통령 후보로 출마하지 않고, 지명도 수락하지 않겠다" 고 선언했다. 존슨 미 대통령은 "나는 국론 분열과 그 추잡한 결과를 막도록 갈망한다"고 말하면서 눈물을 글썽였다. 이어서 존슨 미 대통령은 월맹지역에 대한 北爆(북폭)을 중단하겠다는 선언과 함께 평화협상을 제의했다.

이날 세계 언론은 존슨 대통령의 불출마 선언에 더 큰 관심을 보였다. 불출마 선언은 월남전에서 발을 빼기 위한 존슨 미 대통령의 苦肉之計(고육지계)였다.

존슨의 발표가 있기 하루 전인 3월 31일 오전 11시, 포터 주한 미국 대사가 청와대를 방문해 박정희 대통령에게 존슨 미 대통령의 출마 포기 선언과 월맹 북폭 중지에 관한 내용을 미리 전달했었다. 이날 박 대통령은 "미국의 이같은 일방적인 결정은 월남전 해결에 결코 기여하지 못할 것" 이라며 포터 대사에게 항의했었다.

4월 1일 대전 공설운동장에서 거행된 예비군 창설 기념행사에 박정희 대통령과 함께 참석한 정부 고위 인사들은 현지에서 존슨 미 대통령의 연설 소식을 듣고 어리둥절했다. 일행 중 누군가가 "오늘은 만우절이지?" 라며 믿으려 하지 않았다.

박 대통령은 존슨의 연설 소식에 일언반구 없이 행사에 따라온 국회의원들에게 "이런 데는 뭣 하러 왔소. 빨리 국회로 돌아가시오"라며 꾸지람을 했다. 의원들은 호텔 예약을 취소하고 서둘러 서울로 올라갔다.

4월 2일, 홍종철 장관은 "존슨 선언이 월남에 있어서 명예로운 평화를 이룩하려는 데 궁극적인 목표가 있다"고 발표했다. 그는 "한국 정부는 '명예로운 평화'를 위해 월남공화국의 정부와 국민이 주체가 되고 월남 참전국이 동등하게 참여하는 협상을 지지하며, 공산주의자들에게 악용될 斷爆(단폭)은 반대한다"는 입장을 밝혔다.

4월 3일 오전 박정희 대통령은 특별기편으로 제주도를 방문했다. 그는 순시하면서 具滋春(구자춘) 제주도지사로부터 제주 도정을 설명 듣고 제주도 개발을 위한 종합개발계획을 수립, 보고하도록 지시했다. 이날 오후 특별기편으로 귀경한 박 대통령은 청와대에 도착 즉시 정일권 국무총리로부터 존슨 대통령의 3·31 성명과 관련된 포터 대사와의 회담 내용을 보고받았다.

이날 밤 월남 참전 7개국 회담에 참석하기 위해 뉴질랜드 수도 웰링턴市(시)에 도착한 최규하 외무부 장관은 도착 직후 기자회견을 통해 "월남전쟁 해결을 위한 어떤 형태의 聯政(연정)에도 반대한다"면서 "한국은 월남 국민들이 그들의 정부와 생존의 길을 그들 자신이 선택하도록 돕는다는 중요한 목적을 가지고 한국군을 월남에 파병했었다"고 밝혔다.

한국 정부가 미국의 對월남 정책 변화에 반대 의사를 강력하게 표시하고 있을 즈음이던 4월 4일 오후, 존슨 미 대통령은 박 대통령과 긴급 정상회담을 하고싶다는 뜻을 포터 주한 미국대사를 통해 전달했다. 이날 밤 11시, 신범식 청와대 대변인은 "박 대통령이 존슨 대통령의 초청을 받아 호놀룰루로 비행, 4월 8일 하루 동안 한국 문제를 비롯한 동남아 문제에 관해 광범위하게 의견을 교환할 것"이라고 발표했다.

박정희-존슨 정상회담은 1968년 4월 4일 밤 미국의 흑인 민권지도자 마틴 루터 킹 목사의 암살사건으로 연기됐다.

킹 목사의 사망 소식과 함께 암살 용의자가 정부 측에 고용된 백인이란 유언비어가 퍼지자 이날부터 4일 동안 미국 내 116개 도시에서 29명의 사망자를 내게 되는 과격한 흑인 폭동이 일어났다.

워싱턴, 시카고, 볼티모어 등 주요 도시에서는 방화와 약탈이 심했다. 이 지역에 1만 4,000여 명의 연방군 병력과 공수특전단이 투입됐다. 폭동은 발생 5일 만에 수그러져 미국은 평온을 되찾기 시작했다.

호놀룰루 정상회담

1968년 4월 12일, 오후 申範植 청와대 대변인은 "박 대통령이 17일 오전 7시 존슨 대통령 전용기 편으로 호놀룰루로 떠난다"고 발표했다.

이날 청와대에서 열린 국무회의 석상에서 박정희 대통령은 "공무원들의 해외여행을 자제하고 선물 보따리를 가능한 한 들고 오지 말 것"을 강조하면서 "대통령의 외국 방문 환송 행사를 이번에는 하지 말도록 하라"고 지시했다.

朴 대통령은 출국 하루를 남겨둔 4월 16일 오전, 정부와 여당 수뇌

를 청와대로 불러 호놀룰루 회담에 대한 정부의 대책을 최종적으로 협의했다. 이날 회의에서는 지난 4월 5일 군 수뇌부와의 회의 결론을 재삼 확인했다. 신범식 청와대 대변인은 기자들에게 "6 · 25 당시 판문점 정전회담의 쓴맛을 경험한 우리로서는 공산침략자와의 협상이 뭐가 달갑겠나"라면서 "우리 정부는 얼마 동안 미국과 월맹의 협상 추이를 관망할 것"이라고 말했다. 한국의 입장은 아시아 우방국들의 입장을 대변하는 것이기도 했다.

4월 15일자 〈워싱턴 포스트〉지는 '현안인 미 · 월맹 평화회담과 관련, 아시아 연합국들의 우려를 불식시키기 위해 존슨 미 대통령은 한국 대표를 옵서버로 평화회담에 파견토록 박 대통령에게 요청할 것'이란 보도를 했다. 〈스타〉지는 1면 머리기사에서 '호놀룰루 회담의 주요 목적은 미국이 월남 참전 아시아 국가들을 배신할지도 모른다는 아시아 우방들의 의심을 불식하려는 데 있다' 고 보도했다.

4월 17일 이른 아침, 김포공항에는 500여 명의 환송객들만 나왔다. 박 대통령의 지시에 따라 공항에서의 의식이 생략되고 김포가도에도 환송 대열이나 환송 현수막이 보이지 않았다. 오전 7시 20분, 박 대통령은 영부인 육영수 여사와 책가방을 든 아들 지만(당시 서울사대부속국민학교 4학년) 군과 함께 헬리콥터 편으로 공항에 도착했다. 박 대통령은 환송하러 나온 내외 인사들과 악수를 나눈 뒤 공군 도열병들의 경례를 받으며 층계를 올랐다.

특별기가 이륙한 뒤 機內에서 박 대통령은 기자들과 환담을 나누며 "지난 1 · 21 청와대 기습사건 때 존슨 대통령이 즉각 경호관들을 보내 청와대 주변을 샅샅이 돌아보게 했다"면서 존슨 대통령의 각별한 관심을 소개했다.

하와이 현지 시각 16일 오후 8시 50분(한국 시각 4월 17일 오후 3시 30분) 박정희 대통령과 일행을 태운 특별기가 호놀룰루 공항에 도착했다. 박 대통령이 존슨 미 대통령의 출영을 받으며 비행기 트랩에서 내려서자 하와이 아가씨들이 레이(꽃다발)를 박 대통령의 목에 걸어주었다. 환영 나온 300여 명의 교포들은 태극기와 'God bless you! Dear Mr. President!(신이여, 대통령에게 축복을 내리소서!)' 라는 영문 플래카드를 흔들며 박 대통령을 환영했다.

교포들에게 손을 흔들어 답례를 하던 박정희 대통령은 존슨 대통령과 함께 대기하고 있던 헬리콥터에 탑승, 숙소인 카할라 힐튼 호텔로 이동해 여장을 풀었다.

제1차 단독 정상회담은 17일 오전 10시(한국 시각 18일 오전 5시경)부터 12시 30분까지 두 시간 반 동안 오하우 섬 동단에 위치한 카이저 하우스(注-하와이 대부호인 造船王 故 헨리 카이저 씨의 대저택)에서 열렸다.

박 대통령은 흰색 링컨 컨티넨탈 리무진을 타고 회담 장소에 도착하여 5분 전부터 현관에 나와 기다리고 있던 존슨 대통령과 뒤뜰에서 약 10분간 담소를 나누었다.

양국 원수는 응접실에서도 10여 분간 담소한 뒤 수행원들을 별실에 남겨두고 각각 통역 담당 의전비서관만을 데리고 저택 서재로 들어갔다. 두 시간 반 뒤 회담을 마치고 나온 양국 정상은 웃음을 머금은 표정이었다. 이 자리에서 존슨 대통령은 미국 대통령 휘장이 새겨진 금시계를 선물했다. 박 대통령은 아무런 선물도 준비하지 않아 겸연쩍

어했다.

존슨 대통령은 기자들에게 "조만간 텍사스에서 말안장을 만들 터인데 만드는 김에 두 개를 만들어 승마를 잘하는 박 대통령에게 한 개를 보내주겠다"고 약속했다.

양국 정상은 32명의 수행원들과 함께 식당에서 간단한 점심을 들었다. 식사 후 약 한 시간 동안 휴식시간이 예정되어 있었으나 두 정상은 곧장 제2차 정상회담에 들어가 오후 6시까지 마주앉았다.

2차에 걸친 회담을 마친 양국 정상은 이날 오후 7시 공동성명을 발표했다. 한국 관련 항목에서는 "한국에 대한 북괴의 더 이상의 무력 침공은 한국 평화에 중대한 위협이 될 것"이라고 선언하고, "북괴 재침 시 한미상호방위조약에 따른 행동을 '즉각 결정' 할 것"이라고 발표했다. 2·15 한미 공동성명 당시의 '즉각 협의' 에서 한 걸음 더 나아간 것이다. 미국의 대월남 정책이 존슨 미 대통령의 3·31 성명으로 분명히 변화하고 있었지만 이날 발표된 공동성명은 1966년 10월 마닐라 선언과 1967년 워싱턴 선언을 재확인하는 수준이었다.

정상회담이 끝난 다음날인 1968년 4월 18일 박 대통령은 별다른 일정 없이 몇몇 수행원들과 숙소인 와이키키 해변에 있는 카할라 힐튼 호텔 수영장에서 휴식을 즐겼다. 오후에는 와이알라에 컨트리 클럽에서 골프를 친 뒤 해변을 산책하고, 저녁에는 한국 총영사관에서 열린 만찬에 참석, 교포들을 격려했다.

4월 19일 오전 7시 박 대통령은 호놀룰루 펀치볼 국립묘지를 참배, 헌화했다. 이어 수행원들과 함께 귀국길에 올라 한국 시각으로 4월 20일 오후 3시 김포공항으로 입국했다.

한국 전자공업의 가정교사 金玩熙 박사

1968년 4월 18일경 하와이 호놀룰루에 머물고 있었던 박 대통령은 李厚洛 비서실장을 통해 편지 한 통을 받았다. 미국 컬럼비아대학교 전자공학과 교수로 재직 중인 金玩熙(김완희) 박사가 보낸 편지였다. 편지는 '미국까지 오셔서 뵙고 싶었는데 제 사정이 여의치 않아 안부 편지로 대신합니다. 조만간 보고서를 마치는 대로 귀국하여 찾아뵙겠습니다' 란 내용이었다.

김완희 박사는 민간인 자격으로 1960년대 후반부터 10여 년 동안 박 대통령의 전자공업 육성과 관련하여 자문 역할을 했다. 1968년 그는 트랜지스터도 제대로 만들지 못하던 한국의 전자업계를 고무시키면서 한국형 전자산업 육성 방안을 제시했고, 박 대통령은 전적으로 그 계획을 지원하고 있었다.

김완희 박사는 1926년 경기도 화성군 오산에서 태어났다. 그는 경기중학교를 졸업하고 서울대학교 공과대학에서 전기공학을 전공했다. 이어 1953년부터 1955년까지 미국 유타대학 대학원에서 박사과정을 밟았다. 이때 그는 '전자공학계의 피타고라스 정리' 라 할 정도로 유명한 '브루니 정리' 의 예외를 발견, 이를 박사학위 논문으로 발표했다.

김완희 박사의 이론은 전자공학계의 기초 발견으로서 전자회로 설계에 중요한 표준으로 자리 잡았다. 그는 이 논문을 통해 국제적인 명성을 얻고 1958년부터 컬럼비아대학 전자공학과 교수로 재직하고 있었다.

김완희 박사가 박 대통령을 처음 본 것은 1961년 5·16 직후인 11월, 박정희 대장이 미국을 방문하여 한국전에 참전한 미군 장군들이 마련한 자리에 초대받아 갔을 때였다. 김 박사는 컬럼비아대학의 유일한 한국인이란 이유로 맨 앞자리에 앉아 박정희 장군이 연단에 올라서서 연설하는 모습을 자세히 지켜보았다.

"박 장군이 성명서를 손에 들고 읽는데 손이 바들바들 떨리고 있었어요. 군복 차림의 수행원들도 시골티가 줄줄 흘렀지요. 첫 인상은 그다지 좋지 않았습니다. 그 자리엔 아는 사람도 없었고 강의 시간도 있고 해서 리셉션 중간에 빠져 나오고 말았어요."

박정희 대통령과의 두 번째 만남은 1965년 5월 19일, 박 대통령이 뉴욕을 방문했을 때였다. 뉴욕 시장 와그너가 워돌프 아스토리아 호텔에서 박 대통령을 위한 만찬을 열었다. 김완희 박사도 초청을 받아 그 자리에 참석했다.

"뉴욕시 의전관의 호명에 따라 아내와 함께 단 위에 올라가 악수를 하며 본 박 대통령은 예전 같지 않고 당당해 보였어요."

두 사람의 인연은 여기서 끝나지 않았다. 1967년 8월 말, 김완희 박사는 朴忠勳(박충훈) 상공부 장관으로부터 초청장을 받았다. 당시 김 박사는 전자 및 컴퓨터공학 주임교수로 미국 정부 지원을 받는 연구 프로젝트를 수행하고 있었다. 뿐만 아니라 두 번째 교과서를 집필하느라 여름방학을 바쁘게 보내고 있었다. 틈을 내기가 어려웠다. 그런데 뉴욕 주재 한국 총영사관에 근무하던 서기관이 찾아와 "사실은 청와대에서 초청한 겁니다"라며 귀띔해 주었다. 한국 정부는 김 박사가 언제라도 출발할 수 있도록 팬 아메리칸 항공사의 비행기 표를 미리 준비해 두기까지 했다.

마침 박 대통령은 전자공업 분야의 在美(재미) 과학자를 찾고 있었다. 韓準石(한준석) 비서관과 秋仁錫(추인석) 비서관이 당시 창설 중인 KIST(한국과학기술연구소) 소장 崔亨燮(최형섭) 박사와 상의 끝에 김완희 박사를 추천했다.

1967년 9월 4일 한국에 도착한 김완희 박사는 박충훈 상공부 장관으로부터 한국의 '전기기계공업' 의 실정에 관한 설명을 들었다. '전기기계공업' 은 일본에서 만든 용어로 '전자공업' 혹은 '전자산업' 이란 말은 그때까지 사용된 적이 없었다. 김완희 박사가 이 무렵 '전자(Electronics)' 란 글자와 '산업(Industry)' 이란 글자를 조합해 전자산업 혹은 전자공업이라 쓰기 시작했고, 뒤따라 일본에서도 이 단어를 사용했다.

당시 우리나라는 발전-송전-배전 등 이른바 전력 분야 사업이 대부분이었다. 전자산업이라 칭할 만한 업종은 라디오와 텔레비전 등을 조립하는 초보적인 제조업 수준에 머물러 있었고, 이를 '전기기계공업' 이라고 분류하고 있을 뿐이었다.

미국에서는 1950년대 중반부터 반도체, 컴퓨터, 무선통신 및 데이터 통신 등과 관련된 학문과 산업이 활발하게 일어나고 있었다. 전력계통의 공업은 사양길로 접어들어 일류 대학에서도 전기공학은 교과목에서 사라지고 있었다.

박충훈 장관은 김 박사에게 "우리도 일본처럼 빨리 육성할 수 있는 정책을 세우려 하니 도와주시오. 이것은 '각하의 뜻' 입니다. 내일 당장 관련 연구소와 생산 공장을 직접 둘러보도록 하시지요"라고 강권

했다.

"바로 그 다음날부터 상공부 李喆承(이철승) 차관과 함께 한국전력, 대한전선, 전파연구소, 중앙공업연구소, 부산 동래에 있던 금성사 등을 돌아보았죠. 당시로서는 그게 전부였어요. 다 보고 나니 짐작이 가더군요. 한마디로 서구와 비교하면 원시적인 수준이었습니다.

그나마 생산되는 전자 부품은 지독하게 조잡했어요. 전자업계의 맏형이라는 금성사조차 홍콩제 트랜지스터 라디오를 본떠서 만드는 이른바 '리버스 엔지니어링'으로 국산 라디오를 만들고자 노력하던 때였으니까요."

김완희 박사는 4일간 전국을 돌며 한국 전자업계의 현황을 살펴본 뒤 보고를 위한 차트를 준비했다. 이때 상공부 전기기계공업과 尹禎宇(윤정우) 계장과 직원 및 李泰久(이태구) 상무 등이 김 박사를 도왔다.

1967년 9월 13일 오전 10시. 청와대 대통령 집무실에서 김 박사의 보고가 시작됐다. 박정희 대통령, 박충훈 상공부 장관, 신범식 대변인, 한준석 비서관 등이 참석했다. 김 박사는 생각보다 참석자가 적어 실망스런 마음으로 설명을 시작했다고 한다.

두 시간 반 동안 보고를 진행하던 김완희 박사는 처음으로 박정희란 인물에 대해 호감이 갔다고 한다.

"박 대통령은 정말 꼼짝도 하지 않았어요. 차트에서 눈을 뗀 적도 없었습니다. 교단에서 많은 학생들을 가르쳐 왔지만 박 대통령만큼 집중해서 듣는 학생을 본 적이 없었거든요. 보고를 하면서 보니 다소 전문적인 내용까지도 박 대통령은 이해하는 듯했어요."

보고는 12시 30분에 끝나고 김 박사는 박 대통령과 식사를 함께 했다. 박 대통령은 김완희 박사의 숟가락 위로 깻잎을 얹어주며 말했다.

"김 박사, 이거 기억납니까? 나는 별로 좋아하지 않는데 김 박사가 왔다니까 집사람이 준비한 모양이오."

김완희 박사의 회고.

"대통령의 식단이라고 믿을 수 없을 정도로 검소했어요. 육류라고는 유일하게 갈비찜이 전부였어요. 그 갈비찜도 박 대통령이 거의 다 내 밥 위로 올려주곤 했습니다."

식사가 끝나자 박 대통령은 김완희 박사를 서재로 안내했다. 잠시 후 박 대통령은 서랍에서 뭔가를 꺼내더니 탁자 위에 놓으면서 이렇게 말하더란 것이다.

"김 박사, 미국 모토롤라社(사)가 한국에서 이걸 만들겠다고 하면서 공장 부지 매입을 허가해 달랍니다."

탁자 위에 올려진 것은 작은 트랜지스터였다.

"요 쪼매난(조그마한) 것이 한 개 20~30달러나 하고, 손가방 하나면 몇 만 달러가 된다고 합디다. 그런데 우리는 지금도 면직물밖에 수출하지 못하니…. 차로 한 곳간을 채워도 손가방 하나만큼도 못하니…. 내 이래서 김 박사를 보자고 한 겁니다. 김 박사, 우리나라도 전자공업을 육성하고 싶은데 도와주시오."

김완희 박사는 잠시 생각해 본 뒤 "저 혼자 힘으로는 벅차고 미국에 돌아가 전문가의 도움을 받아야 합니다"라고 대답했다. 박 대통령은 비용이 얼마나 드느냐고 물었다.

"어림잡아 20만 달러 정도는 있어야 합니다. 일을 시작하려면 우선

10만 달러가 필요합니다."

작별 인사를 하고 청와대를 나오려는데 박 대통령이 2,000달러가 든 누런 봉투를 김완희 박사에게 주었다. 이 액수는 당시 약 100만 원에 해당하는 돈으로, 미국을 왕복하는 항공료와 비슷했다. 1979년 10월 26일 박 대통령이 사망할 때까지 매년 3~4차례 한국을 드나들게 된 김완희 박사에게 박 대통령이 직접 준 돈 봉투엔 항상 이만큼의 액수가 들어 있었다.

이날 오후 2시쯤 청와대 현관에서 대통령과 작별 인사를 하려는데 난데없이 상공부 윤정우 계장이 나타났다. 박 대통령도 놀랐다. 윤 계장은 차트를 들고 김 박사를 따라 청와대로 들어온 뒤 집무실 옆에 있는 대기실에 갇혀 있다가 보고가 끝난 뒤에도 경호원들이 무서워 밖으로 나오지 못했다고 털어놓았다. 꼬박 4시간 동안 대기실에 앉아 있었던 셈이다. 박 대통령도 그 말을 듣고 껄껄 웃었다. 이날 저녁 라디오와 신문에서는 정부의 전자공업 육성 방침을 발표하고 있었다.

1967년 9월 말, 김 박사가 미국에 돌아오니 상공부로부터 그에게 10만 달러가 송금되어 있었다.

"가난한 한국 정부가 거액의 돈을 부친 것을 보니 그만큼 박 대통령이 전자공업에 상당한 기대를 걸고 재촉한다는 걸 느낄 수 있었습니다. 나는 그동안 밀린 업무를 처리한 뒤 본격적으로 보고서 구상을 하기 시작했지요."

김 박사가 세운 목표는 한국 실정에 맞는 '한국형' 전자공업. 그는 다른 나라의 성공 사례를 알아보기 위해 미국 내 전문가들에게 조사 용역을 의뢰하고 한국에 있는 KIST를 통해 전자공업에 관한 한국의 실정을 조사해 달라고 용역을 주었다.

1968년 1월, 김완희 박사는 용역처로부터 보고받은 자료를 토대로 '전자공업센터 설립 계획안–국가의 기초산업과 수출산업으로서의 전자공업 중점 육성책의 근거' 란 보고서를 작성했다.

김완희 박사가 다시 한국을 찾은 때는 1968년 3월 7일, 중간 보고를 위해서였다. 이때 김 박사는 컬럼비아대학 공과대학장 헤네시 박사와 음향과 오디오 분야의 세계적인 권위자이자 전기 및 건축학 교수인 해리스 박사, 시장조사 전문업체인 체이스사의 체이스 회장, 방위산업체 하버드 인더스트리를 경영하는 국방전자공업 전문가 헐리 사장 등을 대동하고 방한했다.

대통령의 편지

1968년 3월 7일 김완희 박사와 함께 방한한 미국인 전자산업 전문가 일행은 9일 동안 국내 전자공업의 실상을 확인하며 상공부 등 관계 기관 및 업체와 의견 교환을 했다. 김 박사는 3월 13일, 이들과 함께 청와대를 예방하고 박정희 대통령에게 소개했다.

"내 생각에 미국에 親(친)한국적인 인사가 많아야 한미 관계가 돈독해지고 미국의 지원을 이끌어내 한국의 공업이 안정될 수 있다고 믿었습니다. 박 대통령은 특히 헐리 사장에게 대구의 병참본부를 돌아보고 개선 방안을 건의해 달라고 부탁하기도 했습니다."

한국 방문을 마치고 미국으로 돌아간 김 박사가 5월 말까지 보고서를 작성하기 위해 박차를 가하고 있을 무렵 마틴 루터 킹 목사가 암살

당했다. 컬럼비아대학과 얼마 떨어지지 않은 곳에 있는 흑인 거주 지역 할렘가에서 소요가 일어날 조짐이 보이자 학교 당국은 일몰 후와 휴일에는 학교 출입을 금지시켰다.

그로부터 약 2주일 뒤인 4월 18일, 박정희 대통령과 존슨 미 대통령의 정상회담이 하와이 호놀룰루에서 열리고 있었다. 김완희 박사는 찾아뵙지 못해 죄송하다는 편지를 보내는 것으로 인사를 대신했던 것이다. 5월 초순이 되자 한국 총영사관에서 김완희 박사에게 박 대통령의 친서를 보내왔다.

세로줄이 그어진 두 장의 대통령 용지에 박 대통령은 다음과 같이 편지를 썼다.

〈친애하는 김완희 박사에게!

貴翰(귀한) 감사합니다. 하와이 방문은 많은 재미 교포들의 따뜻한 환영을 받아서 깊은 감명을 받았습니다. 북미 본토에 계시는 교포들도 똑같이 환영해 주시는 뜻을 잊지 않겠습니다. 덕택으로 여행을 무사히 마치고 4월 20일 귀국했습니다. 7월경에 귀국하신다니 또다시 상봉의 機(기)를 고대하면서-. 귀 가정에 만복이 깃들기를 축원합니다.

4월 27일 박정희 배〉

"박 대통령으로부터 처음 받은 친서였어요. 봉투가 너무 초라해서 대통령이 보내온 서신인지 의심이 갈 정도였지만 내용엔 정감이 깊이 묻어 있더군요."

김완희 박사는 그해 7월 8일 귀국, 워커힐에 숙소를 정한 뒤 영어로 작성된 보고서를 우리말로 번역하고 있었다. 7월 15일, 대통령 비서실로부터 들어오라는 연락이 왔다.

약 두 시간 동안 박 대통령은 김 박사에게 마틴 루터 킹 목사 암살 사건 이후 미국의 움직임에 관해 상세하게 물어보는 등 다른 이야기를 나누었다. 그리고는 "저녁에 김 박사 환영회를 하려 하니 그때 우리 한 잔 합시다"라며 봉투 하나를 김 박사에게 주면서 이렇게 말했다는 것이다.

"김 박사, 오랜만에 가족과 같이 왔는데 아이들에게 선물이나 사 주시오."

봉투 안엔 100만 원과 메모가 들어 있었다고 한다.

이날 저녁 김완희 박사는 다시 청와대로 들어갔다. 박 대통령은 불도 켜지 않은 컴컴한 집무실에서 혼자 책을 읽고 있었다. 金基衡(김기형) 과기처 장관, 최형섭 KIST 소장, 申東植(신동식) 경제제2(과학담당)수석비서관이 기다리고 있었다.

김완희 박사는 박 대통령에게 과기처와 KIST 등의 중요성과 과학기술적 이해와 안목 없이는 전자공업을 제대로 육성할 수 없다는 점을 알려주고 싶었다고 한다.

"전자공업은 다른 산업에 비해 첨단 기술에 대한 이해 없이는 정책 수립은 물론 지원도 어려운 분야입니다. 정책을 주도하는 사람들은 세계 시장을 선점하고 리드해가는 기술을 이해하고 그 진행 방향을 짐작하여 정책에 충분히 반영시켜야 하거든요. 그러지 않고서는 세계 시장에 발을 붙일 수 없어요.

다행히 1960년대 말, 세계의 전자공업은 막 출발하려던 기차와 같았어요. 우리는 그 막차 맨 끝 칸을 타려고 했던 겁니다. 1970년대를 지나면서 기차의 속도는 빨라졌고 지금은 제품이 시장에 나오면 3개월 뒤엔 다른 제품이 그 자리를 차지할 정도로 변화의 속도가 빨라졌어요. 이런 판에 후진국들이 제 아무리 흉내 내며 따라오려 해도 불가능하게 되었어요. 지금 생각하면 우린 그때 참 운이 좋았던 거죠. 그런 면에서 박정희란 분을 대통령으로 만난 것은 한국민들에게 행운이었다고 봐요."

박정희 대통령의 환대 속에 청와대를 방문했던 김완희 박사는 그때까지 박 대통령의 협조 요청에 결심을 굳히지 못했다고 한다. 김완희 박사의 결심이 선 것은 그날 회식이 끝난 뒤였다.

"그날 자리를 파하고 일어나 청와대를 떠나려는데 박 대통령이 현관까지 배웅하러 나오셨어요. 우리들이 차에 탈 동안 밤하늘을 올려다보면서 심호흡을 하시더군요. 그리고 차가 떠날 때까지 그 자리에 그대로 서 계셨습니다. 어둠 속에 홀로 서 있는 박 대통령이 너무나 외로워 보였습니다. 말끝마다 '가난한 한국을 부강하게 만들어야 한다' 고 강조하는 박정희 대통령을 도와 드려야겠다고 그때 차중에서 결심했던 겁니다."

"우리 金 박사"

1968년 8월 1일 오전 9시, 청와대 집무실에는 박정희 대통령을 중심으로 김정렴 상공부 장관, 신범식 대변인, 신동식 수석 비서관, 김동수 비서관 등이 배석했다. 김완희 박사의 첫 번째 공식 보고가 시작됐다. 총 80매의 차트가 모두 넘어갔다가 제자리로 돌아올 때까지 세 시간 30분이 걸렸다. 에어컨을 켜지 않아 김 박사와 차트를 넘기던 상공부 박임숙 국장의 이마엔 땀방울이 뚝뚝 떨어지고 있었다.

결론에 이르자 김완희 박사는 이런 건의를 했다.

"…이처럼 전자공업은 제품 사이클이 매우 짧아서 국내에서 진득하게 독자 기술을 개발해서는 이미 늦어버립니다. 어떻게 하든 선진기술을 도입해 수출제품부터 개발해야 합니다. 이를 위해서는 전자공업진흥원을 설립하여 거국적인 지원으로 단기간에 전자공업을 육성해야 합니다. 이상입니다."

잠시 침묵이 흘렀다. 박 대통령은 "수고 많았소. 점심 들면서 얘기를 계속합시다"라며 자리에서 일어섰다.

식사 중에 생긴 에피소드 한 토막.

金正濂(김정렴) 상공부 장관이 김완희 박사를 칭찬할 겸 자신을 낮출 겸해서 한마디를 했다.

"김 박사님, 수고 많으셨습니다. 그런데, 브리핑에 전문적인 용어가 너무 많아서 나는 아직도 잘 모르겠습니다. 예를 들면 축전기와 축전지가 어떻게 다른지 모르겠습니다."

그러자 식사를 하던 박 대통령이 말했다.

"아, 이 사람아. 축전기는 콘덴서(Condenser)고 축전지는 배터리(Battery) 아니여!"

김완희 박사는 속으로 혀를 내둘렀다고 한다. 식사를 마칠 때쯤 박 대통령은 김완희 박사가 제의한 전자공업진흥원에 대해 이런 질문을 했다.

"김 박사, 그런데 누가 이것을 추진하지요?"

김 박사가 대답을 찾지 못하고 있자 박 대통령은 다시 "누가 진흥원을 책임지지?"라고 물었다. 김정렴 장관이 대답했다.

"각하, 이 안을 만든 김 박사가 아니고는 이 일을 추진할 사람이 없습니다."

박 대통령은 시선을 김완희 박사에게 돌린 뒤 신중하게 물었다.

"김 박사, 돌아오겠소?"

김완희 박사는 순간 당황했다. 그는 박 대통령에게 설명을 했다.

"컬럼비아대학에서 박사과정에 있는 학생을 여러 명 지도하고 있는 중입니다. 또 그들과 함께 미국 정부로부터 지원을 받는 대규모 프로젝트를 진행하고 있습니다. 제가 돌아올 경우 여러 명의 젊은 학자들과 연구 프로젝트들이 큰 타격을 입습니다. 곤란할 것 같은데요."

잠시 침묵이 흘렀다. 김완희 박사는 박 대통령이 무리하게 일을 추진하지 않는 분이란 걸 그때 알았다고 회고했다. 박 대통령은 김정렴 장관에게 이렇게 말하더란 것이다.

"김 장관, 그러면 기구를 따로 만들 것 없이 지금 있는 것을 활용하지. 어차피 김 박사 외에 자격 있는 사람이 없지 않은가!"

박 대통령이 언급한 '지금 있는 것'이란 정밀기기센터를 의미했다.

김완희 박사의 회고.

"그것은 내가 전혀 예측하지 못한 상황이었습니다. 과기처를 승격시켜 상공부의 업무를 일부 떼어다가 전자공업진흥원을 만들 수 있을 것이란 어렴풋한 생각은 가지고 있었지만 구체적인 진행은 한국 정부에서 잘하리라고 생각했죠. 저에게 진흥원을 맡기고 싶어 하리라고는 생각지 못했습니다."

전자공업진흥원 설립안은 그로부터 5년 동안 적임자를 찾지 못한 채 대통령의 서랍 속에서 잠을 자야 했다.

박정희 대통령은 김완희 박사를 통해 전자공업에 대한 확신을 가질 수 있었다. 김완희 박사는 박정희 대통령이 말년까지 가까이 했던 몇 안 되는 민간인에 속한다. 박 대통령은 상공부 공업국장에서 청와대 경제수석으로 근무했던 오원철 수석을 김완희 박사에게 소개하면서 "이쪽은 우리 오(吳) 수석, 아니 오 박사고, 또 이쪽은 우리 김(金) 박사요"라며 '우리'란 표현을 이름 앞에 붙이기 시작했다. 이후 김완희 박사가 한국에 들르면 "우리 김 박사, 어서 오시오"라며 반가이 맞아주었다. 김완희 박사는 공식 직제도 없이 상공부, 체신부, 과기처를 오가며 오늘날 정보통신부 관련 업무에 고문 역할을 계속했던 것이다.

박 대통령과 김완희 박사 사이에 오고간 편지는 130여 통에 달한다. 김완희 박사는 박 대통령의 지원하에 금성사, 삼성전자, 대우전자, 아남전자, 대한전선 등 국내 전자업계의 경영자들과 만나 정보를 주거나 외국의 믿을 만한 회사를 소개해 주었다. 국내 기업에서 요구하는 정보를 조사해 주기도 했다. 박 대통령은 그런 김 박사를 귀하게 여겼다.

김완희 박사가 1976년 1월 7일, 겨울 휴가를 받아 조선호텔에서 묵고 있을 때 청와대에서 연락이 왔다. 가보니 박 대통령이 포항 부근 유전 개발에 흥분해 있더란 것이다.

"집무실에서 박 대통령은 저에게 작은 유리병에 든 검은 기름 같은 걸 보여주시면서 매년 석유 수입에 들어가는 외화 규모와 석유를 자급자족하게 됐을 때 국가 이익과 산업 발전에 끼치는 영향 등을 열심히 설명했어요."

한참 신나서 이야기하던 박 대통령은 갑자기 멋쩍은지 "김 박사! 어린애들이 돈 몇 푼 얻어서는 무슨 사탕을 살까 이것저것 궁리하는 것 같지?"라며 껄껄 웃었다고 한다.

1968년 여름, 김완희 박사로부터 전자공업 관련 브리핑을 들으며 국제시장의 변화를 읽을 수 있게 된 박 대통령은 당시 성심여자고등학교 3학년에 재학 중이던 큰딸 근혜 양을 서강대학교 전자공학과로 진학시켰다.

1974년 8월 15일 육영수 여사가 피살된 뒤 박근혜 양이 퍼스트레이디 역할을 맡게 되자 김완희 박사는 근혜 양에게도 연락하는 것이 관례가 됐다. 전자공학을 전공한 근혜 양과 김 박사는 전문용어로 대화를 할 수 있어 의견 전달이 매우 용이하고 효과적이었다고 한다.

"한국 전자산업 발전에 근혜 양이 세운 공적은 외부 사람들이 짐작하기 어려울 정도입니다. 모친이 사망한 후부터 전자산업 육성에 큰 관심을 갖고 적극적으로 도왔기 때문에 오늘날 한국의 전자산업이 있다고 해도 과언이 아닙니다."

육영수 여사가 피살된 후 朴 대통령은 공식 행사나 테이프 커팅 같은 번거로운 행사를 부질없게 생각하며 꺼리기 시작했고, 그때마다 근혜 양이 그 자리를 대신했다. 특히 1969년부터 시작된 전자전시회는 매년 朴 대통령이 참관하며 관심을 표명했지만 1977년에는 근혜 양 단독으로 참가했다. 1978년의 전자전에는 근혜 양이 박 대통령을 설득해 함께 참관했다.

마지막 편지

1976년부터 청와대나 상공부에서 수출확대회의가 열리면 귀국했던 김완희 박사는 공식적으로 한국 전자업계를 대표해서 이 회의에 참석하게 된다. 이때 방직협회 회장이 상석에 앉고 김완희 박사가 차석에 앉았다. 섬유산업이 제1산업이고 전자산업은 제2산업이었다. 김 박사는 이것이 불만이었다고 한다.

"언젠가는 전자산업이 제1산업으로 인정받는 것을 보겠다고 다짐하고 1978년에는 컬럼비아대학 측의 양해를 얻어 휴직계를 내고 한국에서 전자진흥회 상근회장직을 맡아 본격적으로 일하기 시작했어요. 그리고 정신없이 1년 동안 뛰었습니다. 전자산업의 진흥을 위해 청와대, 정부, 국회, 교육계, 산업계 등 얼굴을 안 내민 데가 없었지요. 그리고 제10회 한국전자전람회를 1979년 9월 24일부터 10월 2일 사이에 개최하기로 결정했습니다."

그는 崔珏圭(최각규) 상공부 장관에게 박 대통령이 참석해 테이프 커팅을 해줄 것을 요청해달라고 했다. 육 여사 서거 후 박 대통령은 테이프 커팅 등에 참석하지 않는다는 답변을 장관으로부터 받았다. 총리도 개막식에 참석하지 못한다고 통보해 왔다. 김완희 박사는 화도 나고 답답하기도 했다.

"생각해 보세요. 전자공업 육성은 나보다 한국 정부가 원했던 겁니다. 대통령이 참석하는 것은 당연하고 또 그래야 전자업계의 사기가 올라가 전자공업 붐을 조성할 수 있잖습니까. 그런데 이제 주인이 나 몰라라 뒤로 앉아버리니 교수직까지 접어두고 한국에 와서 내가 왜

이 고생을 하나 하는 생각이 들었어요."

1979년 9월 18일, 김완희 박사는 박 대통령과 근혜 양에게 개막식에 참석해 달라고 부탁하는 편지를 써 청와대 부속실로 보냈다. 그러나 김 박사는 기대하지 않고 개막식 전날 밤까지 마지막 점검을 하고 밤늦게 숙소로 돌아왔다고 한다.

"밤 10시쯤이었을 거예요. 상공부 장관이 전화로 개막식에 박 대통령과 근혜 양이 참석해 점심식사까지 할 예정이니 준비하라는 겁니다. 당시 시국이 얼마나 어수선했어요. 대통령이 머무는 것은 사전에 현장 조사를 하고 식사할 경우에는 청와대에서 가구와 식기까지 가져올 정도였잖습니까. 개막식까지는 12시간도 남지 않았고 통행금지도 있는데 무슨 재간으로 준비를 해요."

김 박사가 다음날 새벽 통행금지가 풀리자마자 현장에 달려가 보니 밤새 경호실에서 분주히 움직여 준비를 해놓았더란 것이다.

박정희 대통령과 근혜 양은 이날 오전 10시부터 약 두 시간 동안 전시관을 둘러본 뒤 휴게실로 들어갔다. 朴 대통령은 최각규 상공부 장관과 金 박사를 들어오라고 했다.

김완희 박사는 최 장관에게 "각하께 컬러 TV 방영과 시판을 건의하겠습니다"라고 말했다. 당시까지 전자업계는 컬러 TV를 시판하지 못하고 있었고, 정부도 컬러 TV 방송을 허락하지 않았다. 김완희 박사는 이것이 한국 전자공업의 발목을 잡고 있는 것이라고 판단하고는 밀어붙이려 했지만 관료들은 박 대통령의 눈치만 보고 있었다.

김완희 박사가 컬러 TV 세트의 시판을 건의한 것은 이번이 처음은 아니었다.

“선진국에서는 1950년대부터 시작되었던 겁니다. 개발도상국 중에서도 1970년대까지 컬러 TV 방송을 하지 않는 나라는 한국뿐이었어요. 컬러 TV 방송은 1970년대 초부터 한국 전자업계의 숙원이기도 했지요. 컬러 TV 방영과 판매는 국내 전자공업의 육성은 물론이고 외화벌이를 위해서도 필요한 일이었습니다.

국내 방송사들도 이미 준비를 다 해놓은 상태였고 기술과 자본이 축적된 전자업체들은 컬러 TV를 생산해 미국 등지에 수출하고 있었어요. 그러나 미국은 한국에서는 시판도 안 하면서 남의 나라에 팔기만 하느냐고 제동을 걸었지요. 그런데 박 대통령은 막무가내였어요.”

1972년 김완희 박사가 처음 박 대통령을 설득하려 했다.

“각하, 국내 전자공업을 위해서도 돌파구를 열어주어야 합니다. 그러려면 컬러 TV 방영을 허락해 내수 시장을 넓히고 수출 물량도 늘려야 합니다. 3원색의 컬러 TV는 흑백 TV보다 부품이 세 배나 많이 필요합니다. 따라서 컬러 TV를 방영해야 국내 전자업계가 크게 신장할 수 있습니다. 특히 미국이 한국에서 팔지 않는 컬러 TV를 미국 시장에 수출만 한다고 수입 규제를 할 움직임도 있습니다. 게다가 이미 전 세계가 컬러 TV 시대에 돌입했습니다.”

박 대통령은 이렇게 말하더란 것이다.

“김 박사, 내가 대통령으로서 가장 듣기 싫은 말이 정부가 잘사는 사람만 위하고 가난한 사람들은 거들떠보지 않는다는 것이오. 흑백 TV도 없는 사람이 많은데 그보다 훨씬 비싼 컬러 TV가 나오면 없는 사람들은 더 비참한 생각을 갖게 될 거요. 나도 물론 청계천 다리 밑에 사는 사람들까지 다 잘살게 해줄 수는 없지만 못사는 사람들에게 더 초라한 생각을 갖게 해주기는 싫소. 그리고 김 박사 말이 사실이라면 왜 상공부는 정식으로 내게 건의하지 않는 거요?"

김완희 박사가 박 대통령에게 컬러 TV 방영 문제를 건의하겠다고 하자 최 장관은 "큰일 납니다. 각하가 가장 듣기 싫어하는 문제입니다. 여기서는 말하지 맙시다, 박사님!" 하며 완강하게 말렸다고 한다. 김완희 박사는 "장관에게 미리 말하지 말고 직소했어야만 했는데…" 하며 후회했다.

"그리고 휴게실에 들어갔는데 박 대통령은 몹시 피곤한 듯 의자에 기대앉아 계셨어요. 12년간을 가까이서 보아왔지만 그런 모습은 처음이었어요. 근혜 양이 그 옆에 꼿꼿이 앉아 있더군요."

박 대통령은 피곤한 표정으로 말했다.

"김 박사! 이제는 뭔가 좀 돼 가는 거요? 전시된 제품은 다 외국산이지요?"

박 대통령은 국내 업체들이 외국 제품을 외장만 조금 바꿔 직접 생산하는 것처럼 한다는 사실을 알고 있었다. 점심식사를 할 때엔 박 대통령과 근혜 양, 박충훈 무역협회장, 金桂元(김계원) 비서실장, 車智澈(차지철) 경호실장, 오원철 경제수석, 그리고 김완희 박사가 같은 테이블에 둘러앉아 식사를 했다.

"예전 같으면 박 대통령이 먼저 말을 했을 텐데 이날은 표정도 무겁고 말씀도 없으셨어요."

이때 김완희 박사의 의중을 잘 알고 있던 박충훈 무역협회장이 말을 꺼냈다.

"김 박사, 어떻습니까. 10년 전에 전자공업육성방안을 만들고 이제는 직접 진두지휘를 하시니…. 그때와는 많이 변했지요?"

"예, 그때 제가 5년 안에 전자제품 1억 달러 수출 계획을 세웠지만 다들 믿지 않았습니다. 그런데 3년이 안 돼 그 목표가 달성됐잖습니까. 이런 속도라면 곧 우리나라 제1산업이 될 수 있습니다. 그러려면 지금처럼 수출 일변도에서 탈피해 국내 시장을 함께 개척해야 합니다."

김완희 박사는 이야기를 컬러 TV 문제로 옮겨가기 위해 박 대통령을 힐끗 보았다.

"박 대통령은 아무런 이야기도 듣지 못한 표정으로 식사만 하고 계셨습니다. 피곤에 지치고, 착 가라앉은 듯한 표정이었어요. 거기서 제가 무슨 말을 합니까."

식사가 끝난 뒤 박 대통령과 근혜 양은 청와대로 돌아갔다. 오원철 수석이 김완희 박사에게 "저는 박사님께서 컬러 TV 문제를 각하께 진언하면 지원 사격할 생각이었는데요…" 하며 아쉬워했다. 대다수가 총대를 멜 각오를 하고 나왔지만 아무도 실행에 옮기지 못했다.

그로부터 20여 일이 지났다. 전시회가 끝나고 한숨 돌리던 김완희 박사는 다시 컬러 TV 문제가 떠올라 10월 26일 오전에 박 대통령에게 편지를 썼다.

〈일전에는 전자박람회에 나와 주셔서 우리 업계에 큰 격려가 됐으며 더욱 분발하기를 약속했습니다. 전자업계는 여전히 수출이 신장되고 있으며 목표액 이상을 달성하고자 끊임없이 노력하고 있습니다.

(중략) 다만 현재 큰 家電(가전) 생산업체들의 실정이 매우 어렵게 돼 있습니다. 금성, 삼성과 같은 대기업체들이 도산 위기에 직면해 있

습니다. 따라서 다음의 두 가지 문제를 해결해 주시면 전자업계는 비약적인 발전이 있을 것입니다.

(중략) 잘 알고 계시는 컬러 TV의 시판 문제입니다. 이것은 기술적으로나 경제적으로나 전자공업 진흥을 위하여 반드시 통과해야 되는 관문입니다…〉

김완희 박사는 이 편지를 부친 뒤 업무차 구미로 내려갔다가 다음 날 아침 朴 대통령의 서거 소식을 들었다. 김 박사의 마지막 편지는 박 대통령이 읽어볼 수 없었다.

"왜 그렇게 눈물이 쏟아지던지요. 온 세상이 무너지는 느낌이었습니다. 나는 그동안 컬럼비아대학에 돌아가지 않은 것에 대한 후회와 아쉬움을 박 대통령이 전자산업에 대한 기대를 저버리지 않았다는 것으로 달래고 있었죠. 그리고 박 대통령께 뭔가 보여주고 싶었습니다.

그것은 한국 전자공업이 세계 시장에 우뚝 서는 것이었습니다. 박정희 대통령이 나를 필요로 했던 단 한 가지 이유가 그것이었으니까요. 나는 그걸 해 보고 싶었던 겁니다.

얼마 뒤 컬럼비아대학에서 명예교수로 이름을 그대로 걸고 있겠느냐고 물어왔으나 거절했습니다. 내가 박 대통령을 잃은 순간 컬럼비아대학도 잃었다고 생각했으니까요."

박 대통령 서거 후 김완희 박사는 전자공업진흥회 상근회장, 전자공업협동조합 상근이사장직을 1984년까지 겸직하며 〈전자신문〉의 전신인 〈전자시보〉를 창간했다. 현재는 전자공업계의 정보지 〈The Dr. Kim Report on Korea〉의 발행인 겸 주간으로 활동하면서 TACI(국제기술평가주식회사)를 실리콘 밸리에 설립, 이사장 및 대표

이사로서 미국 산업기술의 국내 도입 전문 기업을 운영하고 있다. 그의 학문과 한국에 기여한 공로는 미 국무성 산하 단체인 US-Asia Institute로부터 인정받아 1989년 'Achievement Award' (성취의 상)를 받았다.

2000년 1월 초 방한한 김완희 박사는 기자에게 이런 말을 남겼다.

"박 대통령과 한 無言(무언)의 약속을 지키기 위해 한국 전자공업에 도움 되는 일을 평생 찾아서 할 겁니다."

民營고속도로 發想

1968년 5월 13일, 박정희 대통령은 자가용차에 몸을 싣고 京仁공업지대를 암행 시찰했다. 몇 차례 신호등에 걸려 섰다 갔다를 되풀이했다. 교통순경들도 지나간 다음에야 朴 대통령임을 알고 허둥지둥했다.

한국기계제작소에 들른 박 대통령은 보고를 들었다. 회사 측에선 "우리가 만들 수 있는 통신부품을 체신부에선 외국에서 수입하려 하고 있다"고 말했다. 박 대통령은 즉석에서 이후락 비서실장을 시켜 黃鍾律(황종률) 체신부 장관에게 전화를 걸게 했다.

"앞으로 한국기계제작소의 제품을 쓰는 것을 검토하라"고 지시했다. 이 회사가 신청한 산업은행으로부터의 융자 건도 즉석에서 해결해 주었다.

박 대통령은 서울로 돌아오는 길에 여의도 축대 공사장을 찾았다. 먼지가 뽀얗게 일고 있는 현장을 둘러봤다. 그는 건설사업소장에게 돈 봉투를 건네면서 노동자들을 위해서 쓰라고 당부했다.

박 대통령은 14일 오후 청와대에서 열린 정부·여당 연석회의에서 "기계공업을 육성하기 위해 상공부의 국산화 촉진위원회를 활용, 대통령 주재로 이 위원회를 정기적으로 개최하는 문제를 검토하라"고 지시 했다. 그는 또 공장을 지을 때 국내에서 기계를 살 수 있도록 여러 가지 특혜를 주라는 당부도 했다.

5월 16일, 박 대통령은 서울 시민회관에서 열린 군사혁명 7주년과 5·16 민족상 수상식에 참석, 치사를 했다. 박 대통령은 "우리 힘으로 내 조국, 내 향토를 지키겠다는 汎국민적인 기운을 조직화하고, 우리의 생활 자세와 정신적 태도를 합리화하고 경제화하여 자주국방과 자립경제 건설에 솔선수범하자"고 말했다.

그는 "우리 가슴속에도 환히 트인 마음의 고속도로를 건설하자"고 덧붙였다. 박 대통령은 "우리는 不遠(불원) 통일을 우리 힘을 주축으로 이룩할 단계에까지 왔다"고 말했다.

이날 오후 경회루에서 열린 축하연에는 혁명에 가담했다가 성공 후에 박정희-김종필 세력과 충돌하여 옥고를 치른 적이 있는 金東河(김동하·혁명 당시 예비역 해병 소장), 金在春(김재춘·혁명 당시 6관구 참모장, 중앙정보부장 역임), 朴蒼岩(박창암·혁명검찰부장 역임), 柳原植(유원식·최고회의 재경위원장 역임) 씨도 보였다.

박정희와 첫 부인 김호남 사이에 난 첫딸 박재옥은 남편 韓丙起(한병기)와 함께 나타났다. 그녀는 육영수 여사와 정답게 이야기를 나누었다. 박 씨는 혁명 전 육영수와 함께 살았는데, 분위기가 육 여사와 비슷하여 친딸이라고 생각하는 사람들이 많았다고 한다.

한병기는 박정희 사단장의 부관으로 있다가 박재옥과 결혼했었다. 5·16 군사혁명 뒤 그는 미국으로 건너가 뉴욕에서 살고 있었다. 그는 미국 신문에 한국 政情(정정)이 어지럽다는 기사가 연일 실려 울화통이 치밀었다. '이런 짓거리 하려면 5·16은 무엇하러 했는가' 하는 생각이 나더라고 한다.

그는 곧바로 서울로 날아왔다. 청와대에 들어가니 육영수 여사가 그의 손을 붙들고 울음보를 터뜨렸다. 그것을 보고 더욱 화가 치민 한병기는 장인을 만나면 싫은 소리를 해야겠다고 별렀다. 그날따라 박 대통령은 잔뜩 화가 나서 청와대로 돌아왔다. 한 씨가 집무실로 들어가니 박 대통령은 "왜 왔어?"라고 쏘아붙이듯 말했다.

"정치를 이 따위로 하시려면 윤보선 씨한테 줘버리는 게 낫겠습니다."

"이놈이!"

박 대통령이 재떨이를 집어던졌다. 韓 씨는 이를 피했다. '와장창' 하는 소리를 듣고 이후락 비서실장이 뛰어 들어왔다. 박 대통령은 나가라고 했다. 韓 씨는 박 대통령에게 계속 대들어 한 30분간 서로 언성을 높였다고 한다.

집무실을 나오니 박종규 경호실장이 韓 씨의 팔을 끌어가며 "왜 그랬느냐"고 했다. 韓 씨는 "각하 좀 똑똑히 모십시오!"라고 면박을 주었다. 그 뒤 김형욱 정보부장이 韓 씨를 불러 술을 사주고 돈도 많이 주었다. 韓 씨는 박 대통령이 金 부장에게 "이놈이 나한테 뗑깡을 부리더라"고 했고, 金 부장이 자신을 달래려고 그러는 것이라는 사실을 알았다.

5월 21일 박정희 대통령은 내무장관에 朴璟遠(박경원 · 당시 45세) 교통부 장관, 법무장관에 이호(54) 내무장관, 문교장관에 權五柄(권오병 · 53) 법무장관, 재무장관에 황종률(59) 체신장관, 농림장관에 李啓純(이계순 · 57) 경남도지사, 교통장관에 姜瑞龍(강서룡 · 51) 국방차관, 체신장관에 金泰東(김태동 · 50) 경제기획원 차관을 임명했다. 박정희 대통령은 당시 만 51세였다. 각료들도 50대가 주축이었다.

같은 날 兪鎭五(유진오) 신민당 총재는 金大中(김대중) 의원을 원내총무로 지명했으나 金泳三(김영삼) 당시 총무의 반대로 의원총회의 인준을 통과하지 못했다. 兪 총재는 鄭成太(정성태) 의원을 다시 지명하고 김영삼 의원을 설득한 끝에 겨우 총무 인준을 받을 수 있었다. 그 이후 30년 이상 한국 정치의 常數(상수)가 되는 양김의 경쟁관계는 이 시기부터 본격적으로 깊어지기 시작한다.

고려대 총장을 지낸 유진오 씨를 야당(당시는 민중당) 총재로 영입하는 데 있어서 김영삼 당시 정무위원이 교섭 대표였다. 김영삼 의원은 서울 중구 필동의 유진오 씨 집으로 찾아가서 입당을 권유했었다.

원래 민중당의 계획은 1967년 대통령 선거에서 그를 후보로 밀려고 했으나 윤보선에게 후보자리가 돌아갔고, 尹 후보의 패배 이후 유진오 씨가 통합 야당인 신민당의 총재가 되었던 것이다.

1968년 6월, 김영삼은 김대중 의원을 원내총무 후보로 지명한 유진오 총재에 대해 반기를 들었는데 이 소식을 안 유진오 당수는 의원들에게 일일이 전화를 걸어 협조를 부탁했다. 그는 유진산 부총재와 고흥문 사무총장을 김영삼 의원에게 보내 설득하려고 했으나 김 의원의 고집을 꺾을 수 없었다.

김영삼 전 대통령은 2001년 2월에 펴낸 회고록(대통령 시절 회고록이 아님)에서 이렇게 썼다.

〈당내에서는 모두들 김대중이 원내총무가 되기를 바라지 않는 분위기였다. 무엇보다도 그는 동료 의원들로부터 인간적인 신뢰감을 얻지 못했다. 김대중은 내가 원내총무로 있을 때 상도동 우리 집에 가장 많이 찾아 온 국회의원 중 한 사람이었다.

특히 분과위원회를 배정할 때면 자주 찾아왔다. 그는 언제나 재경분과위원회를 원했다. 재경위는 모든 국회의원이 바라던 노른자위로 알려져 있었다〉

6월 5일의 신민당 의원총회에서 김대중 총무 지명에 찬성한 의원은 16명, 반대가 23명, 기권 2표로 부결됐다. 5일 뒤 유진오 총재는 정성태 의원을 총무 후보로 지명했으나 김영삼의 협조를 얻지 못해 부결됐다. 너무했다고 생각했던지 김영삼은 유진오 총재를 찾아가 "이번에 후보로 지명하는 사람을 무조건 지지하겠다"고 약속했다.

유진오 총재는 정성태 의원을 재지명했고, 의원총회에서 인준됐다. 鄭 총무는 5개월가량 일하다가 사표를 냈고, 김영삼 의원이 그의 생애에서 네 번째로 원내총무가 됐다.

1968년 5월 22일, 박정희 대통령은 강원도 삼척군 북평읍의 雙龍(쌍용)시멘트 동해 대단위 공장을 시찰했다. 그는 보고회에서 직접 매직펜을 들고 '북평읍의 도시계획은 이렇게 하는 것이 좋겠다' 고 권고했다.

〈조선일보〉 정치부 崔秉烈(최병렬 · 전 한나라당 대표) 기자가 쓴 정치면 가십란에는 이런 지적이 있었다.

〈이곳 관리들은 (대통령으로부터) 브리핑을 듣는 입장에 서고 말았다. 서울 외곽의 도시계획도 대부분 박 대통령의 아이디어에 따라 하는 것이라는데, 그 실력이 여기서 처음으로 공개된 것이다.

박 대통령은 금년 8월부터 연간 180만 톤을 생산하여 동양 제일을 자랑하게 되는 쌍용시멘트가 오는 1971년부터는 연간 420만 톤 생산으로 규모를 확대, 단위 공장으로는 세계 제일의 규모가 된다는 보고를 받곤 철도 수송은 물론 해상 수송 등에 정부가 만반의 뒷받침을 해주라고 지시.

박 대통령은 특히 서울—삼척 간의 육상 수송에 도움이 된다는 김성곤 의원의 말을 듣고는 "쌍용이 주동이 되어 민간자본을 동원, 민영고속도로를 건설하는 것이 어떻겠는가"라고 한마디했다〉

흔히 박 대통령의 국가발전 전략을 국가 주도라고 한다. 박 대통령은 그러나 민간의 창의성과 자발성을 최대한 살리는 방향으로 국가가 개입해야 한다는 생각을 일찍부터 했다. 민영고속도로 발상도 그런 경우이다.

코너로 몰린 金鍾泌

1968년 5월 28일 워싱턴에서 한미 국방장관 회담을 마친 최영희 국방장관은 M16 소총 공장을 건설하기로 했다고 발표했다.

다음날 주월 미군 사령관 윌리엄 C. 웨스트모어랜드 장군이 방한했다. 그는 이튿날 한국을 떠나면서 "우리는 언제나 한국군의 증파를 환영한다"고 말했다. 미국은 이미 2개 전투사단을 월남전선에 파견해놓고 있던 한국 정부에 대해 1개 사단을 더 보내달라고 요구했으나 박정희 대통령은 거절했다. 1968년 1·21 청와대 습격사건 이후에 박 대통령은 한국 방어가 더욱 시급한 과제임을 인식하고 있었다.

1968년 5월 25일, 공화당은 의원총회를 긴급 소집, 당무위원인 金龍泰(김용태) 전 원내총무와 6대 공화당 의원이자 문공위원장 출신이던 崔永斗(최영두) 씨 및 宋相南(송상남·예비역 공군 대령) 씨를 害黨(해당) 행위 혐의로 제명을 결의했다. 제명 이유는 이들이 한국국민복지연구회라는 단체를 發起(발기)하여 같은 공화당원들을 대상으로 포섭함으로써 당 조직에 큰 차질을 가져왔다는 점이었다.

김용태 씨는 자신의 회고록에서 이 사건의 배경을 이렇게 적고 있다.

〈한국국민복지연구회라는 단체를 착상하여 주동적으로 추진해왔던 최영두 씨는 중앙정보부 연구실장 출신이요, 송상남 씨는 同(동)연구실 차장 출신이다. 이들은 나에게 회장직을 맡아달라고 했던 것이므로 나는 별 생각 없이 승낙을 했던 것이다. 그러고 나서 10일 만에 올가미에 걸려든 것인지 아니면 미리 파놓은 함정에 빠진 것인지는 잘 알 수 없으나 제명이란 전격 작전이 개시된 것이다.

그러나 세상만사에는 완전범죄도 없을 뿐 아니라 비밀도 없다. 그 사건이 일어난 지 10년도 안 되어 그 진상이 한 꺼풀씩 벗겨지기 시작했다. 즉, 5·16 혁명주체이며 인천 출신인 柳承源(유승원) 의원이 나에게 몇 번이나 미안하다는 사과를 했다. 국민복지연구회 사건은 당시 청와대 민정수석비서관이던 자신이 저지른 일이라고 실토했다. 그는 이미 고인이 되었으나, 나와 혁명동지요, 술을 좋아했던 서민적인 사람이었다.

柳 의원의 고백은 다음과 같았다.

"내가 군대에서 데리고 있던 張(장) 모 예비역 소령이 찾아와서 '공화당 내에 한국국민복지연구회라는 反국가단체가 조직되어 대통령 각하를 비방하고 있으니 그대로 방치할 수 없어 고발한다' 라고 하며 同연구회의 취지서와 입회원서를 갖다 주었다."

張은 나의 선거구인 大德(대덕) · 燕岐(연기) 지구당의 조직부장을 하던 사람인데 사고를 저질러 당에서 쫓겨나자 吉在號(길재호) 사무총장이 이용가치가 있다고 판단하여 오히려 그를 중앙당으로 데리고 가 썼던 것이다. 柳承源(유승원)은 진상을 파악하기 위하여 길재호 사무총장과 김형욱 중앙정보부장에게 확인을 시켜 박 대통령에게 보고를 했다는 것이다. 그러면서 "그 일은 참으로 미안하게 되었다"고 내게 몇 번이나 되풀이 사과를 했다.

참 어이없는 일이 아니겠는가. 張(장) 모는 조직부장에서 쫓겨나 내게 원한을 가지고 있었을 것이고, 또 그를 이용하여 자신들의 정치적 목적을 달성하려는 음모에는 서로 이해가 일치했던 것이므로 쉽게 이뤄질 수 있었다. 그러니 장이 누구의 흉계를 가지고 청와대를 찾아가게 되었나 하는 것은 삼척동자도 알 만한 일이요, 不問可知(불문가지)가 아니겠는가.

때마침 5월 23일, 박 대통령은 영남지방을 순시 중이며, 김종필 당의장은 제주도에 내려 가 있는 사이를 이용하여 나를 중앙정보부로 연행했던 것이다. 그리고 24시간 만에 당에서 제명하는 '번갯불에 콩구워 먹는 작전' 이 전개된 것이다〉

김용태를 연행한 정보부 수사관은 녹음준비를 한 다음 자백을 강요

했다고 한다. '박 대통령이 三選改憲(삼선개헌)을 해서 다시 출마하는 것은 결사반대한다' 하는 내용으로 자백하지 않으면 복지회의 각 도 지도위원으로 추대해 놓았다는 申允昌(신윤창), 李承春(이승춘), 吳元善(오원선), 柳光鉉(유광현), 朴鍾泰(박종태), 芮春浩(예춘호) 의원 등 전원을 反(반)국가단체 결성 혐의로 입건하겠다고 협박했다는 것이다.

김용태 씨는 "나는 그들로부터 그런 내락을 받은 사실이 없다"고 주장했으나 아무 소용이 없었다고 한다. 하도 우격다짐으로 나오기에 김용태 씨는 최영두, 송상남 씨와 대질시켜 달라고 요구했으나 그들은 듣지 않았다. 그는 자신이 3선 개헌을 반대한 것은 사실이지만 그 조직을 그런 목적으로 만든 것은 아니기 때문에 억울하기 짝이 없었다는 것이다. 그는 "3선 개헌 반대의 주동자로 몰려 모든 책임을 나 혼자 지기로 하고, 그 대신 누구에게도 피해를 입혀서는 안 된다는 약속 아래 공화당에서 떠나기로 결심했다"고 말했다.

김용태 씨는 '박 대통령 이외 딴 분이 정권을 잡았을 때는 자신들의 설 자리가 없어진다고 생각한 세력이 지금까지 누리고 있던 권세와 영화를 놓치지 않기 위해 기를 쓰고 삼선개헌을 추진했다' 고 썼다.

1968년 5월 27일자 〈동아일보〉 해설기사는 '당내 주류계의 보스로서 김종필 의장의 차기 집권을 바로 자기 일인 양 꾸준히 布石(포석)하고 활동해온 그(김용태를 지칭)의 정치적 성분에 비추어 그의 제명은 다름 아닌 당 주류의 비극으로 풀이된다' 고 했다.

이 신문은 이어서 '삼선개헌을 저지하는 등 護憲(호헌) 투쟁을 벌여 김종필 의장을 차기 대통령으로 밀기 위한 비밀 포섭공작을 전개했으며 이것이 당내 분파 행동을 했다는 이유가 되어 제명되었다는 것은 어느 모로 보나 당 주류에겐 치명적인 타격임에 틀림없다' 고 지적했다.

김용태, 최영두, 송상남 세 사람의 제명은 김종필 당의장이 박정희 대통령을 만나, 裁可(재가)를 받아 이루어졌다.

박정희는 나중에 정구영 공화당 고문에게 이런 말을 했다고 한다.

"김용태 의원이 최영두 전 의원과 같이 소위 복지회라는 것을 만들어 무슨 일을 저질렀다면서 김종필이 내게 왔었어요. 김종필 의장이 '이 서류에 결재를 해주십시오, 도무지 김용태 의원은 당 소속 의원으로서 있을 수 없는 행동을 한 것이니 제명을 해야겠습니다' 하고 서류를 내놓기에, '그렇다면 해야지' 하면서 '모든 걸 당의장한테 맡기겠다' 며 내가 사인을 했습니다. 당의장이 그렇게 하자고 해서 사인한 것뿐인데 그것이 어떻게 김 의장의 기분에 맞지 않았던 것인지 하여튼 좋지 않게 생각하여 별안간에 이렇게 탈당을 했으니 난들 어떻게 하겠습니까."(李英石 편《정구영 회고록》)

박 대통령의 이런 설명은 김종필의 다음 증언과 다르다.

"하루는 영감이 날 부르더니 '이런 게 있는데 이게 뭐냐' 그래서 '뭔지 잘 모르겠습니다. 알아보겠습니다' 그러고 나와서 김용태 씨한테 물었어요. '이게 뭐냐' 고. '저희들끼리 모여서 친목단체를 만든 건데, 그걸 하다가 보면 요다음 대통령은 아무개다 하는 소리가 나올 수 있는 거지, 그게 무슨 대통령 옹립을 위한 조직이 됩니까. 다 픽션을 만들어서 그러는 겁니다' 고 그럽디다.

박 대통령에게 그대로 보고를 드렸어요. 그랬더니 대통령께서 '아니래. 전국적으로 조직을 해가지고 이제 1971년 대통령 선거에서 날 제쳐놓고 임자가 뭘 한다며?' 이런 얘기를 하십니다. '천만에 말씀입니다. 그런 일도 없고, 되지도 않고, 또 제 자신도 그런 거 모릅니다. 김 모가 자꾸 꾸며서 그럽니다. 그러니 괘념 마십시오' 하고 말씀 드렸지요. 내가 1967년 대통령 선거만 끝나면 그만두겠다고 생각하고 있다가 기회를 놓쳐서 그러고 있던 참인데 나를 몰아내려고 그런 움직임(복지회 사건)이 있다는 걸 알았습니다. 속에서 불덩어리 같은 화가 치밀어 올랐습니다."

김종필은 그 전에도 당의장을 그만 두기로 작심한 적이 있었다. JP와는 육사 8기 동기인 尹必鏞(윤필용) 당시 육군방첩부대장의 증언이다.

1967년 5월의 6대 대통령 선거를 여섯 달쯤 앞 둔 1966년 말 윤필용 준장은 김종필 공화당 의장으로부터 "좀 와달라"는 연락을 받았다. 김 의장은 침통하게 말했다.

"윤 장군, 나 그만두기로 했소. 당의장인 내가 김형욱이한테 도청을 당하고, 우리집을 출입하는 사람은 일일이 체크되어 가택 수색까지 당하고 있어요. 국회의원들도 우리집을 드나들면 공천 길에서 멀어진다고 해요. 사흘간 골똘히 생각한 끝에 결심했어요. 각하께 누를 끼치지 않기 위해서 그만두기로 했어요."

尹 준장은 "0을 하나 더 보태 30일만 더 생각해 보라"고 했다. 김 당의장은 "그보다도 월등히 오랜 기간 생각해 왔다"면서 이미 대통령 면회신청을 해두었다고 말했다. 尹 준장은 김 당의장 집을 나오자마자 예고 없이 청와대로 갔다. 대통령 집무실로 올라가는데 이후락 실

장 방에서 나오는 이 실장 및 김형욱 부장과 딱 마주쳤다. 尹 준장이 "각하께 급한 보고가 있다"고 했더니 이 실장은 "아웃라인을 이야기 해줄 수 없느냐"고 했다고 한다.

"보고 전에는 이야기 못 하겠습니다."

"혹시 김 당의장에 관한 것도 들어 있습니까."

"있습니다."

"이미 그 문제에 관해서는 각하의 결심이 끝났습니다."

"그 외에도 긴급보고 사항이 있습니다."

이래서 윤 준장은 집무실에서 박 대통령과 獨對(독대)하게 됐다. 이 자리에서 이뤄진 대화를 윤 씨는 생생하게 기억하고 있다.

"선거를 앞두고 당의장을 바꾸면 안 됩니다."

"종필이는 너무 옹졸해. 남을 포용할 줄 몰라. 심지어 자네까지 자르라고 하더군."

"저는 백 번 잘려도 좋은데, 선거가 걱정입니다."

"이후락이는 나에게 종필이 칭찬을 많이 하는데 종필이는 이후락이 욕만 해."

"제가 두 사람이 멀어진 이유를 보고 드리겠습니다."

尹 준장의 간곡한 이야기를 다 듣고 난 박 대통령은 申範植(신범식) 대변인을 부르더니 "당의장 면회신청은 거절하라"고 지시했다. 그러고는 申 대변인을 통해 金 당의장에게 친서를 전했고, 그 일요일에 박 대통령이 당의장을 골프에 초대, 사의를 번복시켰다는 것이다.

尹 씨는 "그때 나는 누구 편도 아니었지만 선거를 생각하니 자연히 4인 체제보다는 김 씨 편을 들게 되더라"고 했다. 윤필용은 '박 대통령

이 김종필을 미워하고 있다'는 느낌을 받은 적이 많다고 했다. 김형욱 부장이 전과자를 고용해 김종필에게 위해를 가하려고 한 적이 있었다고 한다. 이 전과자가 방첩대에 자수해 윤 준장은 이를 박 대통령에게 보고했다.

'종필이가 너를 그렇게 미워한다면 넌들 가만히 있겠느냐'는 것이 박 대통령의 반응이었다고 한다.

金珍培 기자의 特種

1968년 5월 30일, 공화당 당무회의는 예정보다 30분이 늦게 오전 10시 30분경 시작됐다. 회의는 정부에서 넘어온 몇 건의 법률개정안을 검토했다. 낮 12시쯤 회의가 끝날 무렵 사회를 보던 金鍾泌(김종필) 당의장이 일어서서 천천히 입을 열었다.

"불원간 내 일생에 관한 중대한 결정을 내리려 합니다. 모든 공직에서 물러나 조용히 쉬고 싶습니다. 당무위원 등 당 중진 여러분들께서는 당과 나라를 위해 그동안 많은 수고를 했습니다. 앞으로도 당과 총재를 위해 더욱 일치단결하기 바랍니다. 특히 총재 각하를 정성껏 모시고 막중한 임무를 다해주기 바랍니다."

이야기를 마친 김 당의장은 "오늘 회의는 이만합시다"라는 말을 남기고 회의실을 나왔다. 회의가 끝난 뒤 金在淳(김재순) 대변인은 기자들에게 "당무회의에선 별다른 일은 없었고, 계류 중인 묘지관리법안을 놓고 잠시 의견을 나누었다"고 시치미를 뗐다. 당사를 나선 김종필 의장은 몇 의원들과 함께 서울 컨트리 클럽(지금의 서울 어린이대 공원 자리)에서 골프를 쳤다.

오후 2시경 자택으로 돌아오는 그를 취재 지프차로 미행한 기자가 있었다. 〈동아일보〉 정치부 金珍培(김진배·전 민주당 의원) 기자였다. 그는 김종필 의장의 신당동 자택으로 따라 들어갔다. 두 사람 사이엔 이런 대화가 오고 갔다.

—脫黨(탈당)한 이유는 무엇인가.

"내주 초 기자회견에서 밝히겠다."

—언제 결심했나. 김용태 의원 제명과 관련 있는가.

"작년 여름부터 내가 당에 있어야 할 것인지 깊이 생각해왔던 것을 실현했을 뿐이다. 김 의원 사건과는 관계없다. 이런 일신상의 이야기를 할 것이 아니라 그보다도 드골 프랑스 대통령은 하야할 것으로 보는지 그 얘기나 하자."

—드골 하야 여부는 외국 이야기이고, 골프장에서 왜 인코스나 인홀만 돌고 돌아왔는지 궁금하다.

"이제 나는 자유의 몸이 된 것이 시원스럽다. 당의장 사퇴 정도가 아니라 탈당하게 된 것은 당이나 국회에 수고를 끼치고 싶지 않았기 때문이다."

—탈당계를 이미 냈단 말인가.

"다시 묻지 않아도 된다. 그뿐 아니라 모든 공직에서 사퇴하기 위해 사퇴서를 이미 냈다."

—다른 공직은 무엇인가.

"보이 스카우트 총재, 기능올림픽 대표직, 동상건립추진위원회 위원장 등 내가 관계하는 모든 사회문화단체에 사표를 냈다. 다만 5·

16민족상 관계는 殘務(잔무) 정리가 있어 좀 있다 낼 생각이다."

—당 총재인 박 대통령에게도 탈당이나 당의장 사퇴관계 등을 사전에 의논했는가.

"말할 수 없다."

—당 총재가 탈당을 만류하고 사퇴서를 반려하면 어떻게 할 것인가.

"당 총재인 박 대통령의 애국심이나 그 분의 영도력을 존경하는 마음에는 변함이 없다. 그러나 내 발로 민주공화당에 입당했는데 내가 결심한 대로 나오지 못할 이유가 어디 있는가. 당 총재의 임명을 받은 당의장이지만 탈당하면 당원이 아닌데 반려 여부는 이미 생각할 필요도 없지 않은가."

—민주공화당은 (김 의장이) 군정시대에 사전조직의 욕까지 받아가면서 만든 당인데 갑자기 탈당한 것은 석연치 않은데….

"목수가 집을 짓는다 해서 자기가 살려고 짓는 것은 아니다. 이 나라 조국 근대화의 싹을 북돋기 위해 집을 짓는 데 도왔을 뿐이다. 한번 그만두었으면 더할 말이 없다."

—1971년(대선)을 앞둔 지금의 복잡한 정치정세와 관계가 있는 것으로 보는 견해에는 어떻게 생각하는가. 당이 앞으로 크게 흔들린다면 그것은 당의장의 책임으로 돌아갈 것이 아닌가.

"지금 말할 시기가 아니다. 나는 아무 욕심도 없는 사람인데 공연히 주위에서 이러쿵저러쿵한 것은 유감이다. 말 많은 세상에서 그 모략과 중상에서 벗어나고 싶을 뿐이다."

—내일 미국 평화봉사단 위문관계로 부산에 내려갈 예정은 혹 변경되는 것이 아닌가.

"탈당이 예정된 스케줄이듯이 예정된 부산行(행)도 변함이 없다."

—모든 공직에서 물러나면 무엇을 할 것인가.

"그저 쉴 뿐이다."

—작년 가을 6·8 선거 후유증으로 떠들썩할 무렵 목 디스크 때문에 해운대에서 쉬고 있을 때도 그저 쉬겠다고 했는데 쉰다는 말이 잘 믿어지지 않는데….

"그때도 괴로웠다. 내 한 몸이 얼마나 부자유스런 입장에 있는가를 느꼈다. 내가 전국을 갈고 돌아다녀도 말이 많고, 쉬어도 말이 많고…. 아주 공직을 다 내어버리면 말이 없을 것이 아닌가 하여 나대로 결단을 내린 것이다. 권력이나 재물에 욕심이 없으면 오해가 없는 줄로 알았는데 아무 욕심이 없어도 오해는 뒤따른다는 것이 世態(세태)라는 걸 또 하나 배웠다.

지금도 당신 같은 기자가 악착같이 뒤따라와서 말을 거니 아직 나는 해방되지 않은 모양이다. 오늘 한 말은 공식기자 회견 전에는 쓰지 않기를 바란다."

—정치인의 去就(거취)에는 이유가 있어야 한다. 만난 게 불행인지 모르지만 쓰고 안 쓰고는 내가 말할 입장이 아니다. 당의장이 공직에서 탈퇴할 자유가 있다면 기자도 쓸 자유쯤은 있어야 할 게 아닌가.

"……."

황성옛터

김진배 기자의 이 인터뷰는 한국 언론사에 남을 만한 특종이 됐다.

석간이었던 <동아일보>는 이날(1968년 5월 30일) 오후에 호외를 발행했다.

김종필은 오후 내내 집에 머물렀다. 2층 피아노 앞에 앉아 '황성옛터'를 치기도 했다. 이때 金澤壽(김택수), 楊淳稙(양순식), 芮春浩(예춘호) 씨와 청와대 趙始衡(조시형) 정무수석비서관이 찾아와 사퇴를 만류했다. 김종필은 그들에게 화를 냈다고 한다.

"나를 꼼짝달싹 못 하게 해놓고 무엇을 어찌하란 말인가. 그들이 원하는 대로 나만 물러나면 될 것 아닌가."

김종필은 미리 써둔 사퇴서를 조시형 정무수석에게 주며 총재에게 전해 달라고 했다. 그는 또 공화당 탈당 신고서를 부여 지구당에 등기우편으로 보내 그의 정치후퇴를 누구도 되돌려 놓을 수 없게 만들었다. 당시 헌법에 따르면 국회의원이 스스로 당적을 이탈하거나 변경할 경우 의원직을 잃게 되어 있었다.

예춘호(공화당 사무총장 역임)는 언젠가 박 대통령이 "종필이는 직접 이야기할 일을 남에게 시키는 버릇이 있다"고 한 것이 문득 생각이 나서, "의장님 이러시면 안 됩니다. 그것이 무엇인지 모르지만 박 대통령을 직접 만나 뵙고 고충을 말씀하셔야 합니다"라고 말했다. 김 의장은 그 말을 일축하고 조시형 비서관에게 사퇴서가 든 봉투를 건네주었다.

芮 씨는 조 비서관을 따라 밖으로 나와 "이 봉투를 박 대통령께 전하지 말고 김 의장이 괴로워하는 심정만 보고하는 것이 좋겠다"고 조언했다. 조 비서관은 청와대에 돌아가서 박 대통령께 보고를 드리고 퇴근하는 대로 예춘호와 만나 함께 김 의장에게 보고하자고 약속하고

헤어졌다. 조 비서관은 최고회의 시절엔 反김종필계였고 '5월 동지회' 에도 관계하였으나 그 후 김 의장을 이해하고 협조적인 인사였다.

저녁 6시경 조 비서관이 예춘호 집에 왔다. 두 사람은 金 의장 집으로 갔다. 그때 벌써 소식을 듣고 온 주류 의원들 수십 명이 좁은 응접실을 메우고 있었다. 두 사람이 왔다는 비서의 전갈을 받은 金 의장이 2층에서 내려와 반겨 주었다.

셋은 건넌방으로 자리를 옮겼다. 趙 비서관은, 오후 4시경 일선 시찰에서 돌아온 박 대통령이 金 의장이 취한 당무회의 전후의 상황을 어떻게 보고받았는지 소상히 알고 있더라고 전하면서 화를 내고 있는 데다 令息(영식) 지만 군이 감기로 열이 몹시 높아 신경을 곤두세우고 있어 눈치만 살피다가 말을 하지 못했다고 보고했다.

세 사람은 무거운 분위기 속에서 여러 가지 이야기를 나누면서 시간을 보냈다. 金 의장의 움직일 수 없는 결심을 짐작할 수 있었다.

다음날 오전 김종필은 미국 평화봉사단을 위문하기 위하여 부산으로 가는 비행기에 올랐다. 기자들이 동행했다. 비행기 안에서 기자들이 끈덕지게 질문을 퍼부어도 김종필은 "내 심정은 나만 알고 있다" 면서 默默不答(묵묵부답)이었다.

"나는 앞으로 한 달 동안 입을 다물고 있을 테니 그동안 여러분들이 어떤 추측 기사를 쓰는지 두고 볼 테야."

그는 시종 창 밖을 응시하다가 손에 든 책장을 넘기곤 했다. 그는 옆자리에서 자신에 관한 신문기사를 읽고 있던 아내 朴榮玉(박영옥) 씨에게는 "마치 남의 일같이 생각하는군"이란 농담도 건넸다. 김 의장은 부산 수영비행장에 내린 뒤 동래 관광호텔에 들러 점심을 먹고 부산대학교로 달렸다.

이때 수영비행장에서 부산대학으로 오고 있던 이후락 비서실장 차와 만났다. 군용기로 급히 내려온 李 실장은 차에서 내려 金 의장 차에 동승, 부산대학으로 향했다. 두 사람은 곧장 총장실로 들어가 10여 분간 요담했다.

밀담을 나누고 나오면서 李 실장은 "박 대통령이 김 의장의 탈당을 사전에 알지 못하여 무척 괴로워하고 있다는 것을 전했다"고 말했다.

그는 이어서 "김 의장이 공직에서 사퇴하겠다는 뜻이나 우리가 번의를 권유하는 심정이나 모두 박 대통령을 위한다는 뜻에서는 마찬가지이다. 이 어려운 시기에 당의장을 그만두어서는 안 된다고 강조했다"고 말했다. 그는 서둘러 수영비행장으로 향했다.

김종필은 부산대학 강당에서 70분간 연설했다. 그가 들어올 때와 나갈 때 학생들이 기립박수를 보냈다. 연설을 마친 뒤 그는 바다가 내려다보이는 산등성이의 해운대 컨트리 클럽 골프장으로 직행하여, 김택수, 韓泰日(한태일) 의원 및 姜錫鎭(강석진) 동명목재 사장과 함께 골프를 쳤다. 하얀 골프화, 짙은 감색 바지를 입고 색안경을 낀 김종필은 "공이 잘 맞는가" 란 기자들의 질문에 "항상 이렇다"고 답했다.

숙소인 극동호텔로 돌아온 김종필은 경남지역 출신 국회의원들과 저녁식사를 한 뒤 밤 10시부터는 윤천주 의원과 바둑을 두었다.

3選으로 가는 길목의 장애물 철거

1968년 6월 2일 오후 김종필은 具泰會(구태회) 의원과 바둑을 두고 있다가 그의 비서가 다가와 "탈당계가 수리되었답니다"라고 알리자 "알았어"라고 간단히 답했다.

이날 저녁 그는 극동호텔 701호실에서 기자들을 맞았다.

"올 여름에 나는 다시 해운대로 놀러오려고 하는데 기자들은 새 당 의장을 수행할 테니 못 내려오겠구먼"이라고 하자 아내 박영옥이 다가오더니 옆자리에 앉았다.

"이분 또 오발탄을 쏠까봐 감시해야겠어요"라고 하더니 박 씨는 이렇게 쏘아붙이듯 말했다.

"여러분, 나 참 행복하게 되었어요. 이분과 많은 시간을 보낼 수 있으니까요."

사퇴이유를 묻는 기자에게 김 의장은 "무슨 일만 있으면 나와 결부시키니 그런 쓸데없는 일들을 가지고 박정희 총재를 괴롭혀드리고 싶지 않았다"고 무슨 말인가를 쏟아 놓을 것 같이 말문을 열었다. 이때 박영옥이 남편의 허벅지를 두들기면서 말리는 바람에 김종필은 말문을 닫았다.

다음날 오전 비행기편으로 상경한 김종필은 청와대로 직행, 대통령을 만났다. 박 대통령은 만 70세의 윤치영 씨를 후임 공화당 의장서리로 임명했다. 김종필의 퇴장은 박정희 대통령에게 3선의 길을 터주었다. 일찌감치 1971년 선거에서 공화당 대통령 후보로 점찍혀 있었던 김종필은 박 대통령이 3선 개헌을 강행하는 길목에선 동행할 수 없었다. 大權(대권) 앞에서 김종필은 박정희의 라이벌일 수밖에 없었다.

박정희는 김종필이란 恒星(항성)이 물러나자 자신을 싸고 도는 이후락 비서실장, 김형욱 정보부장, 박종규 경호실장, 김성곤 공화당 재정위원장, 김진만 원내총무, 백남억 정책위 의장, 길재호 사무총장의 行星群(행성군)을 채찍질하여 3選의 길로 매진한다.

1968년 6월 20일 국회 국방위원회는 신민당이 제안한 향토예비군 설치법 폐지법안을 표결에 부쳐 在席(재석) 12명 중 찬성 3, 반대 9표로 부결시켰다.

제안설명에 나선 김영삼 의원은 예비군법의 폐지 이유로 "예비사단과 경찰력의 강화 및 장비 개선으로써 이 법 없이도 북괴의 도발을 막을 수 있고, 이 법은 국민의 인권을 저버리는 위헌법률이며, 그동안 운영결과 많은 문제점이 드러났기 때문"이라고 주장했다. 김 의원은 "예비군의 우월 의식으로 자유민주사회 제도의 기강을 문란케 하고 있다"고 말했다.

1·21 청와대 습격 사건과 푸에블로호 납북사건이 불과 6개월 전의 일이고 예비군이 창설된 지 불과 석 달인 시점에서, 그리고 남북한의 군사대치 상태가 6·25 남침 이후 최고조에 달한 때에 야당이 벌써 향토예비군의 폐지를 들고 나왔으니 박정희로선 기가 막힐 노릇이었을 것이다.

이날 국회는 국토통일원을 신설하기로 한 정부조직법 개정안을 만장일치로 통과시켰다. 박 대통령이 민족통일원이라고 부르지 않고 국토통일원이라고 이름 붙인 것은 그의 정확한 통일관을 엿보게 한다. 남북통일은 한민족의 통일이 아니다. 한민족을 통일대상으로 삼으면 중국의 朝鮮族(조선족)까지 포섭해야 한다. 우리가 통일하려는 것은 한반도의 통일이고 그것은 엄격하게 말해서 민족통일이 아닌 것이다.

박정희는 언어감각이 대단히 뛰어나 정치적 용어를 선택할 때 정확성과 과학성을 중시했다. 1968년 7월 8일 월간 경제 동향 보고회에서 박정희 대통령은 畜産(축산)진흥에 대해 많은 관심을 보였다. 농림부는 이날 회의 자료를 준비하기 위하여 金庸來(김용래) 축산국장이 과로로 쓰러질 정도로 애를 썼다고 한다. 李啓純(이계순) 농림부 장관으로부터 보고를 받은 박 대통령은 축산 문제점에 관한 대책을 세워 다시 보고하도록 지시했다.

박 대통령은 이 무렵 "우리나라의 지형과 날씨에선 축산이 잘 되지 않는다"는 건의를 많이 받고 있어 짜증을 낼 때도 있었다. 박 대통령은 車均禧(차균희) 농어촌개발공사 사장에게 "축산에 대해서도 관심을 가져라"고 당부하기도 했다.

7월 9일 박 대통령은 경북도청을 순시한 자리에서 도내 모내기 현황에 대해 보고를 받았다. 박 대통령은 이 자리에서 "요즘 기상예보는 맞지 않아 안 하는 것만 못하다"고 말했다. "농민들이 안 맞는 예보만 믿고 비를 기다리다가 代播(대파: 모를 내지 못 하는 논에 다른 곡식을 심음)도 못 하고 모도 못 내는 경향이 있다"고 말했다.

박 대통령이 예고 없이 대구에 헬리콥터로 오는 바람에 出迎客(출영객)은 이효상 국회의장과 梁燦植(양창식) 지사뿐이었다. 점심도 샌드위치로 때웠다. 도청 주변에선 대통령이 다녀갔는지도 모를 정도였다.

7월 12일 최영희 국방장관은 한국군이 팬텀 전폭기와 M16 소총을 연내에 도입하게 될 것이며 우리 해군 함정에도 미사일 등 전자 장비를 갖추는 방안이 한미 간에 검토되고 있다고 기자회견에서 밝혔다.

당시 한국 공군의 주력기는 F-86세이버, F-5A 프리덤 파이터였다. 이들 가운데 F-86D형만 레이더를 장착하고 있었다. 다른 機種(기종)은 날씨가 나쁘다든지 밤이 되면 작전이 곤란한 형편이었다. 팬텀은 고성능 레이더를 장착하고 조종자 이외에 무기통제사를 태운 뒤 적기를 20~30km 거리에서도 포착, 육안으로 보지 않고도 미사일로 격추시킬 수 있었다. 한국 공군력의 획기적인 增强(증강)이었다.

茌子島 간첩단 사건

1968년 7월 15일 이효상 국회의장은 기자협회 초청 연설에서 개헌 문제에 대해 공식적으로 언급했다. 그는 "공화당이 현명하다면 대통령 3선을 가능하게 하는 개헌은 하지 않을 것이다"고 말했다. 그는 "3선 개헌을 해가지고는 1971년에 재집권을 할 수 없을 것이다"고 말했다.

이 발언의 의미는 개헌을 안 하겠다는 데 있는 것이 아니고 그런 발언이 나올 정도로 개헌 가능성이 떠오르고 있었고 이 점을 확인해준 데 있었다. 개헌이란 말이 공개적으로 논의되기 시작했다는 것이 심상치 않은 조짐이었다.

이날 문교부는 중학교 입시 과열 문제를 해소하기 위해 1969학년도부터 서울의 각 중학교를 學群制(학군제)로 나누어 무시험 추첨 입학을 실시키로 했다. 2차 연도인 1970학년도에는 전국 5개 도시로 이 제도를 확대하고, 1971년도까지는 전국적으로 실시하여 중학교 입시를 없애버리기로 한 것이다. 이 제도개혁의 발표는 權五柄(권오병) 문교장관이 했다.

7월 19일 해군 기지가 있는 경남 진해 앞바다에선 구축함 '서울함'의 이름을 붙이는 命名式(명명식)이 있었다. 박 대통령은 諭示(유시)에서 "전쟁을 좋아하는 국민은 망하고 전쟁을 잊어버린 국민은 위태롭다"란 孫子(손자)의 말을 인용했다.

그는 서울함 내부를 둘러보다가 즉석에서 '有備無患'(유비무환)이라고 붓글씨를 써 주었다. 북한정권 측의 對南침투가 최고조에 달한 1968년에 만들어진 유비무환은 '한 손에 망치 들고 한 손에 소총 들고 일하면서 싸우고 싸우면서 건설하던' 시대의 가장 유명한 구호가 된다.

중앙정보부장 김형욱은 7월 20일 목포 앞 荏子島(임자도)를 거점으로 하여 暗躍(암약)해온 북괴 간첩단을 적발, 118명 중 간첩 27명을 구속, 검찰로 보냈다고 발표했다. 정보부는 발표문을 통해서 '지하당 전남도책인 鄭泰洪(정태홍) 등 간첩단은 1962~1967년 사이 북한을 오가며 1,845만원의 공작금을 받아 지하당을 조직, 활동해왔다'고 밝혔다. 이 간첩단의 두목 격인 정태홍은 45세로서 전남 목포시 출생, 전 남로당원으로서 국가 보안법 위반죄로 징역 7년을 선고받고 복역 중 6·25 전쟁으로 탈옥, 북한에 4회 왕복, 노동당 입당, 공작금 800만 원 수령, 지하당 포섭활동을 벌인 것으로 발표됐다.

이 간첩단이 받은 공작 지령 가운데는 '혁신계통 중간 정당에 침투하라', 1967년 5월의 대통령 선거 때는 '제1야당 후보를 지원하라', 같은 해의 국회의원 선거 때는 '극렬적인 야당인사를 지원하라', '출판사를 경영하되 반공법에 저촉되지 않는 범위 안에서 반미-반정부 사상을 고취하라'는 내용도 있었다는 것이다.

이 사건과 관련하여 신민당 김대중 의원은 정보부의 조사를 받았다.

〈임자도 간첩 사건의 주범 鄭泰默(정태묵-필자 註 · 정보부 발표문에선 정태홍)은 본인의 목포 상업학교 1년 선배이며 선거기간에도 2~3차 만나서 본인의 선거에 협력하는 태도를 표시한 바 있음. 그는 광복 직후의 좌익활동을 청산하고 가업인 염전에만 전념하는 줄 알았지 그런 엄청난 일을 하는 줄 몰랐음. 그는 매일 시내의 다방에 나오고 거리를 활보하고 다녀서 일반 시민하고 조금도 다를 바 없었음.

동 사건이 나자 하루는 당시 정보부 김형욱 부장의 보좌관이 와서 출두를 요청하므로 시청 앞 뉴코리아 호텔에서 김 부장을 만났음. 김 부장은 "임자도 사건의 주범 정태묵을 조사 중 김 선생의 이름이 나왔는데 사건과는 전혀 관련이 없으나, 일단 이름이 거명된 이상 서류 정리상 조서를 안 받을 수 없으니 미안하지만 참고인 조서에 응해달라"는 요청을 받았음.

그리하여 선거기간 중 타인과 同席(동석)으로 2~3차 만났으며 선거 후도 서울서 1차 만난 것을 사실대로 진술해 주었음. 이것은 후 일에 간접적으로 들은 이야기이나 정태묵은 정보부에서 취조받던 중 진술하기를 "선거기간 중 김대중의 연설을 들으니 반공정신이 투철하여 전혀 다른 말을 꺼낼 여지가 없는 것으로 보고 아예 공작하려는 생각을 갖지 않았었다"고 했다는 말을 들었음〉(1980년 5월 20일 군검찰 진술서에서 인용)

7월 26일 문교부는 국민교육헌장 초안을 발표했다. 이 초안의 전문별 작성자는 정치 朴俊圭(박준규 · 서울대 문리대 교수), 사회 李萬甲(이만갑 · 서울대 문리대 교수), 역사 金聲近(김성근 · 서울사대 교수),

교육 鄭範謨(정범모·서울사대 교수), 철학 李奎浩(이규호·연세대 문리대 교수) 씨였다.

박 대통령은 헌장 심의회에서 "큰 의의를 갖는 이 헌장제정이 몇몇 인사나 정부 의사로 좌우되어서는 안 되며, 국민의 예지와 總和(총화)로 만들어져야 한다"고 말했다. 이 초안은 여러 차례의 수정을 가하여 다듬어졌고 1968년 말에 공포됐다.

이 국민교육헌장 제정은 1968년 7월 4일 박 대통령이 교육장전을 만들라는 지시를 권오병 문교부 장관에게 내려 보낸 것이 계기가 되어 착수된 것이다. 박 대통령은 "교육장전이 민족주체성 확립에 기여할 수 있도록 연구하라"면서 "서구문화의 도입에만 의존하지 말고 우리 고유문화의 바탕 위에서 새로운 민족관을 세워야 한다"고 강조했었다.

박정희는 서구식 자유민주주의를 부정하지는 않았지만 그런 외래사상이 한국의 역사와 전통, 그리고 문화에 뿌리박아야 한다는 생각에 투철했다. 민주주의의 土着(토착)을 가능케 하는 것은 민족주체성이고, 이는 국적 있는 교육을 통해서만 구현될 수 있다는 것이 그의 신념이었다.

색인

【ㅈ】

【ㅊ】

【ㅋ】

【ㅍ】

【ㅎ】

朴正熙 9 – “총 들고 건설하며 보람에 산다”

지은이 | 趙甲濟
펴낸이 | 趙甲濟
펴낸곳 | 조갑제닷컴

초판 1쇄 | 2007년 4월16일
개정판 2쇄 | 2018년 5월23일
개정판 3쇄 | 2022년 1월22일

주소 | 서울 종로구 새문안로3길 36
전화 | 02-722-9411~3
팩스 | 02-722-9414
이메일 | webmaster@chogabje.com
홈페이지 | chogabje.com

등록번호 | 2005년 12월2일(제300-2005-202호)

ISBN 979-11-85701-22-6

값 12,000원